《中外热点论争》丛书

主　编 ◎ 程恩富
副主编 ◎ 李建国

XIFANG WEIJI
ZHIZHENG

危机
西方
之争

陈人江 ◎ 编

中国社会科学出版社

图书在版编目(CIP)数据

西方危机之争 / 陈人江编. —北京：中国社会科学
出版社，2013.3
ISBN 978 - 7 - 5161 - 1482 - 7

Ⅰ.①西…　Ⅱ.①陈…　Ⅲ.①金融危机—世界—文集
Ⅳ.①F831.59 - 53

中国版本图书馆 CIP 数据核字(2012)第 228643 号

出 版 人	赵剑英
责任编辑	杨晓芳
责任校对	邓如心
责任印制	戴　宽

出　　版	中国社会科学出版社
社　　址	北京鼓楼西大街甲 158 号 （邮编100720）
网　　址	http://www.csspw.cn
	中文域名:中国社科网　　010 - 64070619
发 行 部	010 - 84083685
门 市 部	010 - 84029450
经　　销	新华书店及其他书店

印刷装订	三河市君旺印装厂
版　　次	2013 年 3 月第 1 版
印　　次	2013 年 3 月第 1 次印刷

开　　本	710×1000　1/16
印　　张	16.5
字　　数	229 千字
定　　价	34.00 元

前言

    始于 2007 年的美国次贷危机，不到一年内扩散为国际金融危机，并最终演变成 20 世纪 30 年代以来规模最大的新一轮全球经济危机——这一连串戏剧性事件犹如滚滚惊雷，使沉浸在资本美梦中的人们为之响震失色。不过，危机也为经济学思想的较量提供了绝佳舞台。各路学者纷纷上阵现身说法，表明自己的立场，阐释自身的主张，并围绕危机的起因、影响和出路展开激烈的交锋。本书收录了有关此轮危机的一系列学术文章，集中展示了危机背景下经济学界的思想交锋与智慧碰撞。

    围绕本轮危机争鸣的观点大体可分为三派。一派观点立足于对自由市场的极度信仰和推崇。他们认为，危机的爆发和扩大是由于政府的不当干预措施（比如央行的货币政策失误），因而让市场充分自发调节才能得以解决。持这类主张的人基本上是新自由主义者，他们坚信，即便危机愈演愈烈，资本主义的前景依然令人乐观。

    另一派观点与前一派有些针锋相对：他们认为，危机的根源不是政府，而恰恰是自由放任的市场，尤其是不受管制或管制不到位的金融市场，持这类观点的人主要是凯恩斯主义者。他们承认，资本主义有其内在缺陷（譬如市场失灵），而为了弥补这些缺陷和应对危机，需要有效发挥政府对市场的干预作用。上述两派尽管在若干具体问题上有尖锐对立，但在对经济危机的认识上，他们有一个共同的底线，即都认为资本主义的经济制度是最有效率、无可取代的；同时，他们都不把危机看做资本主义的制度性危机。

　　与前两派都有根本区别的是第三派观点，即马克思主义的观点。在马克思主义者看来，本次金融/经济危机本质上仍应归结为资本主义生产社会化与生产资料私人占有制的基本矛盾，因此，必须超越具体现象和技术层面来探讨危机的根源。此外，这一基本矛盾在具体历史情境下展开的方式会有所不同，因此，马克思主义者又分别抓住其展开的不同环节，以及在时代阶段性上的不同表现形式来剖析危机：或从社会阶级结构及其矛盾的演变出发，或围绕资本主义在新自由主义发展阶段的积累特征，或立足于对金融资本内部矛盾的揭示，或侧重对虚拟资本全球化的批判，等等。马克思主义者普遍认为，本次危机是资本主义一次重大的制度性危机，它再次证明了替代资本主义的必要性。相应地，要根本解决危机，必须超越新自由主义和凯恩斯主义，积极探索新路。

目录

目

录 ⋯⋯⋯⋯⋯⋯

003

A 方

危机的直接原因来自于新自由主义的自由放任政策，
但深层原因是资本主义制度的固有矛盾，
不能把危机仅归结于技术与管理操作层面，
应从制度上找深刻原因。

运用马克思主义科学认识美国金融危机的本质和原因

王伟光　中国社会科学院党组副书记、常务副院长

仅局限于从金融和金融危机现象本身来看待这场危机，不联系私有制条件下商品和商品交换的二重性内在矛盾，不联系金融资本逐利本性，不联系资本主义制度本质，就难以回答像美国这样的所谓"完美"的市场制度为什么没有能防止金融危机的爆发，难以看清危机的实质，难以认清资本主义制度是造成危机的根本原因。对于中国这样实行社会主义市场经济的国家来说，如果不更深一步地从根本制度上认识这场危机的成因、本质，就无法从根本上找到规避、防范、克服危机的办法和措施。

2007年8月，美国次贷危机突然爆发，导致美国陷入自20世纪30年代大萧条以来最为严重的金融危机。继而金融风暴席卷全球，全世界正面临自20世纪30年代以来最严重的金融危机。这场全球性金融危机已引发了不同程度的世界性经济社会危机，目前还未见底，今后会出现什么样的情况还需要进一步观察。

当前，摆在我们面前一项重要任务就是，运用马克思主义立场、观点

和方法，科学揭示这场危机的深刻本质和根本成因，提出有效的规避和防范措施，建立制度保障和长效机制，保证中国特色社会主义健康稳定发展。

一 必须联系资本主义制度本质，认清金融危机的实质和原因

仅局限于从金融和金融危机现象本身来看待这场危机，不联系私有制条件下商品和商品交换的二重性内在矛盾，不联系金融资本逐利本性，不联系资本主义制度本质，就难以回答像美国这样的所谓"完美"的市场制度为什么没有能防止金融危机的爆发，难以看清危机的实质，难以认清资本主义制度是造成危机的根本原因。

关于美国次贷危机引发的全球性金融危机产生的原因，对我国造成的影响和解救的措施，发表的见解已很多，其中不乏真知灼见。总的来看，目前有许多解释还停留在现象层面、非本质层面上，即技术操作、治理理念和运行模式、管理体制等方面，如超前过度消费、房地产泡沫、金融衍生品泛滥、金融创新过度、金融监管不严、新自由主义思想作祟等等。当然也有从资本主义弊病、从资本的逐利本性和金融资本的贪婪性来分析金融危机的成因，在一定程度上涉及了资本主义的根本制度问题。但是运用马克思主义的立场、观点和方法，从本质上，从制度层面科学揭示危机产生的原因，预测危机的发展趋势，提出防范解救的措施，尚远远不够。

对于这场"前所未有"的危机，资本主义政府大多将其归咎为"金融市场上的投机活动失控"、"不良竞争"或"借贷过度"，并希望通过政府救市，"规范"资本主义现行体制、机制，以达到解决危机、恢复繁荣的目的。与之大相径庭的是，欧美一些资本主义国家的共产党人既看到了监管缺位、金融政策不当、金融发展失衡等酿成这场危机的直接原因，又反

对将这场金融危机简单归结为金融生态出了问题,他们普遍认为危机的产生有其深刻的制度根源,危机标志着新自由主义的破产,是资本主义固有矛盾发展的必然结果。

看来,仅局限于从金融和金融危机现象本身来看待这场危机,不联系私有制条件下商品和商品交换的二重性内在矛盾,不联系金融资本逐利本性,不联系资本主义制度本质,就难以回答像美国这样的所谓"完美"的市场制度为什么没有能防止金融危机的爆发,难以看清危机的实质,难以认清资本主义制度是造成危机的根本原因。

对于中国这样实行社会主义市场经济的国家来说,如果不更深一步地从根本制度上认识这场危机的成因、本质,就无法从根本上找到规避、防范、克服危机的办法和措施。不看到本质,不在病根下药,就很难建立防范危机于未然的制度性、长效性的规避防范体系。认清这场危机的本质,对于中国建立规避、防范、克服危机的制度保障和长效机制,无疑有着深远的现实意义。

二 商品内在二重性矛盾潜伏危机产生的可能性,资本主义私人占有制度使危机爆发成为必然现实

资本主义私有制是形成金融危机的深层制度原因,金融资本的独立性、逐利性和贪婪性是形成金融危机的直接原因。

认识危机的成因和本质,应该学会运用马克思揭示资本主义不可克服的内在矛盾及其历史必然灭亡趋势的科学方法,从资本主义经济最基本的细胞——商品的二重性内在矛盾入手开始分析。

马克思从商品入手分析资本主义是有科学道理的。商品是市场经济的细胞,是市场经济中最普遍的存在,商品交换是市场经济中最基本的关

系。商品和商品交换的内在矛盾体现了市场经济和市场经济占主导地位的社会形态的基本矛盾。中国人民创立了中国特色的社会主义市场经济，市场经济在人类历史上第一次实现了与公有制制度结合起来的形式，即社会主义市场经济。而在此之前，市场经济只与私有制制度相结合。商品与商品交换是伴随着社会分工与私有制的产生而逐渐发展起来的，资本主义市场经济是私有制条件下商品生产发展到一定程度的产物。

马克思具体分析了资本主义私有制条件下商品的内在二重性矛盾的不可克服性。在私有制条件下，具体劳动和抽象劳动这对矛盾表现为私人劳动和社会劳动的矛盾，构成了商品生产的基本矛盾。由于商品生产是私人生产，商品是私有的，这就会使价值与使用价值、商品与货币、具体劳动与抽象劳动的分离和对立具有不可调和的对抗性质，造成周期性经济危机的恶性循环。商品所内含的劳动二重性矛盾决定了价值和使用价值的二重性矛盾的进一步演变，表现为商品与货币的对立，进一步表现为实体经济与虚拟经济的对立。私有制使商品的内在二重性矛盾在一定条件下越来越激化，具有深刻的对抗性和不可克服性。在资本主义几百年的历史中，货币越来越背离商品，虚拟经济越来越背离实体经济，成为金融泡沫、金融危机乃至全面经济危机的内在成因。

资本主义私有制是形成金融危机的深层制度原因，金融资本的独立性、逐利性和贪婪性是形成金融危机的直接原因。资本主义危机产生的根本原因在于私有化制度，一方面生产力发展到高度社会化，资本也高度社会化；另一方面生产资料和成果越来越为一小撮垄断寡头所有，这种生产的社会性同生产资料私有性的资本主义基本矛盾，使商品经济内含的危机可能性转变成必然性。由此看来，经济危机是资本主义经济制度本身所造成的，是资本主义生产方式内在矛盾的产物。要消灭危机就必须消灭资本主义制度。商品经济内在二重性矛盾只构成产生危机的可能，而资本主义私有制度使危机的产生成为现实。

三　美国金融危机是资本主义制度性危机，最终是无法克服的；市场经济与社会主义制度相结合，使防范规避危机成为可能

这次危机具有颠覆性、全面性、深度性和长期性的负面效应，将给世界经济社会发展带来重大和持续的破坏性影响，世界局势乃至格局将发生重大变化，世界发展进程和历史也将会发生重大转折。

美国金融危机引发的全球性危机既是一场严重的金融危机，又是一场深度的经济危机、思想危机、社会危机和资本主义制度危机，是资本主义的全面危机。危机伴随社会的深刻变化。历史上，资本主义几次带有全球性的危机都曾引起时代和世界格局的重大变化。从长期来看，美国金融危机的结局将使世界经济进入一个大调整、大动荡时期。这次危机具有颠覆性、全面性、深度性和长期性的负面效应，将给世界经济社会发展带来重大和持续的破坏性影响，世界局势乃至格局将发生重大变化，世界发展进程和历史也将会发生重大转折。

（一）美国金融危机及其引发的波及全球的危机是资本主义的全面危机

此次危机自金融领域爆发、集中于金融领域，对金融体系的破坏性最大，但又不限于金融领域，由金融向非金融领域蔓延，由虚拟经济向实体经济蔓延，由经济领域向社会领域蔓延，由技术操作层面向理念、模式、体制层面再向制度层面蔓延，渗透、影响到了全球资本主义世界的各个领域、各个层面、各个方面。

（二）美国金融危机及其引发的波及全球的危机是资本主义的全球性危机

资本主义全球化，就是资本主义生产关系的全球化，资本主义全球化危机是资本主义危机的全球化。这次危机自美国爆发，又迅速波及全球，

美国闯祸，全世界埋单，这就是全球化的负面效应。美国金融垄断资产阶级是向全世界转嫁危机的好手，他们向资本主义其他国家、向发展中国家、向一切国家转嫁危机，引起全球性恐慌与危机。

（三）美国金融危机及其引发的波及全球的危机是资本主义的制度性危机

美国金融危机并不是美国专利，而是典型的资本主义性质的制度危机。社会生产力的高度全球化、社会化，与国际金融高度垄断于一小撮金融寡头的矛盾是当代资本主义基本矛盾的表现。从根本上说，这场危机是资本主义制度不可克服的内在矛盾演变而成的，是其内在矛盾激化的外部表现，是资本主义制度必然灭亡趋势的阶段性反映。这场危机告诉我们，资本主义基本矛盾不仅没有克服，而且以新的更尖锐的形式表现出来。有人把美国金融危机归结为新自由主义治理理念和模式的失败，反证有管制的资本主义治理理念和模式的合理性。这种说法也只是体制层面的说法，并没有涉及制度层面。实质上，无论是自由主义还是保守主义，都是治理资本主义市场经济的具体药方，只能缓解而不能从根本上挽救资本主义的制度危机。

（四）美国金融危机及其引发的波及全球的危机是资本主义的意识形态危机

这场危机使人们重新思考资本主义制度的弊病，重新审视资本主义意识形态的虚伪性和反科学性。这场危机表面看是新自由主义等资产阶级思潮的危机，实质却是资本主义核心价值观、普世价值观、人权观、民主观的意识形态危机。新自由主义就意识形态层面来说，实际是代表超级垄断资产阶级利益的一种意识形态，完全适应超级金融垄断资产阶级操纵金融市场剥夺全世界的需要。在这场危机中，资本主义国家的有识者开始对新自由主义反思，同时对资本主义制度也开始有所反思。另一方面，由于社会主义中国改革成功，公有制市场经济试验成功，更加使顽固坚持资本主义制度的那些人加紧推行西方意识形态，加大对我国的西化、分化和私有化的力度，这恰恰又从反面说明了资本主义意识形态的危机。

美国金融危机反证了中国特色社会主义市场经济的成功。社会主义和资本主义的本质区别是生产资料占有方式的不同，社会主义市场经济与资本主义市场经济的本质区别也是生产资料占有方式的不同。资本主义生产资料私有制决定了商品经济二重矛盾引发的危机最终是不可救药的。社会主义市场经济决定了商品二重性矛盾可能会产生危机，而社会主义生产资料公有制又决定了危机是可以规避和防范的，一旦发生是可以治理和化解的。社会主义市场经济具有市场经济的特性，商品内在矛盾是不可改变的，改变的只是它的不可克服性。在社会主义市场经济条件下，警惕性不高，防范措施不力，可能会演变出危机。因此要清醒认识资本特别是金融资本的逐利性，防止资本和金融资本的无序化、极端化。在公有制条件下，资本逐利性是可以调节和控制的，但私有制条件下，资本逐利性变成贪婪性，暂时可以管制并缓解，最终是无法管制的。

四 资本主义与自由主义是两个层面的问题，一个是制度层面、本质层面，另一个是体制层面、技术操作层面

迷信新自由主义和迷信资本主义是两个层面的问题。迷信新自由主义是对资本主义运用何种理念、采取何种模式治理市场经济的迷信，迷信资本主义则是对根本制度的迷信。这两个迷信又是一致的，对新自由主义的迷信实质上就是对资本主义制度的迷信，对资本主义制度的迷信又会影响对新自由主义的迷信。

波及全球的美国金融危机，使人们对新自由主义的市场经济治理理念和运行模式进而对资本主义制度有了清醒的认识，对那些迷信自由主义、

迷信资本主义的人不啻是一剂良药。然而迷信新自由主义和迷信资本主义又是两个层面的问题。迷信新自由主义是对资本主义运用何种理念、采取何种模式治理市场经济的迷信，迷信资本主义则是对根本制度的迷信。当然，这两个迷信又是一致的，对新自由主义的迷信实质上就是对资本主义制度的迷信，对资本主义制度的迷信又会影响对新自由主义的迷信。

资本主义与自由主义是两个层面的问题，既一致又有区别。一个是制度层面、本质层面、根本性层面的问题；另一个是体制层面、表现层面、技术操作层面的问题。

新自由主义的特点是高度崇拜资本主义自由市场力量，认为资本主义条件下的市场是高效率的，甚至是万能的。经济运行中的所有问题都可以由市场自行调节和解决。主张彻底私有化，反对国有化，放松政府管制，主张进一步开放国际国内市场，实行贸易自由化、利率市场化，将各个国家的经济纳入由世界银行、国际货币基金组织和世界贸易组织主导的经济全球化体系当中。新自由主义极力鼓励以超级大国为主导的全球一体化，着力强调要推行以超级大国为主导的全球经济、政治、文化一体化，即全球资本主义化。新自由主义本质上是反对社会主义制度的。

新自由主义一方面作为当代资本主义的主流意识形态，是金融垄断和国际垄断集团的核心理念和价值观念，必须坚决批判反对；另一方面它又是治理资本主义市场经济的理念，自由主义作为治理市场经济的理念和操作方法，对市场运作有一定的积极作用，我们可以批判地借鉴其中一些有价值的认识和做法。从这个意义上来说，新自由主义又是技术操作层面、体制层面上的问题，与资本主义根本制度有所区别。资本主义制度是本质、根本，同一制度可以运用不同的治理理念、体制、模式、操作方法。制度决定体制，体制服务于制度。但二者又可以分开，同一体制可以服务于不同的制度，同一制度又可以有不同的体制。资本主义在发展过程中，创造过不同的体制、模式，但始终没有改变其制度和本质。

运用马克思
主义科学认
识美国金融
危机的本质
和原因

011

关于自由资本主义的特征，马克思、恩格斯作了深刻的剖析，同时又从自由竞争资本主义特征上升到对资本主义一般特征的认识，得出资本主义必然灭亡的客观趋势的判断。列宁运用马克思主义的方法，对垄断资本主义作了科学分析，揭示了垄断并没有改变资本主义固有的内在矛盾，而是加剧了该矛盾的发展，作出了帝国主义是资本主义的最高阶段，是垄断的、腐朽的、垂死的资本主义的重要结论。尽管列宁对全球垄断资产阶级走向灭亡的时间估计短了，但对垄断资产阶级的总特征和总趋势的判断是正确的。战后资本主义基本矛盾进一步激化。社会主义的兴起、资本主义的内外交困、经济危机和社会危机的周期性爆发、当代资本主义的发展状况，都深刻说明马克思、列宁的判断是正确的。从制度层面上来说，资本主义已从早期具有革命进步性的上升期，转入危机起伏期、相对缓和发展期，其基本的趋势是走向灭亡。

当今发生的这场危机的直接原因来自于新自由主义的自由放任政策，但深层原因是资本主义制度的固有矛盾，不能把危机仅归结于技术与管理操作层面，应从制度上找深刻原因。这次危机说明了自由主义治理理念和模式的破产，更说明了资本主义制度的必然灭亡性。

五　应对金融风险，既要治标，更要治本，既要从操作层面、体制层面，更要从制度层面全面采取防范规避措施

当今发生的这场危机的直接原因来自于新自由主义的自由放任政策，但深层原因是资本主义制度的固有矛盾，不能把危机仅归结于技术与管理操作层面，应从制度上找深刻原因。

马克思关于资本主义基本矛盾和制度本质的分析思路和基本观点，为我们解析这场美国金融危机及其引发的全球性危机，以及思考如何有效规

避防范危机，提供了重要启示。

1. 要从私有制条件下商品及商品交换的内在矛盾出发来认识资本主义制度不可克服的内在矛盾，进而认识这场危机的内在原因及其制度本质。资本主义制度不可克服的内在矛盾潜伏在商品和商品交换的内在矛盾中，资本主义生产资料的私人占有性决定了商品和商品交换的内在矛盾具有对抗性和不可克服性，这是资本主义周期性经济危机爆发的根本原因。科学解释这场危机的本质、原因，必须从制度层面上认识。这场危机是资本主义制度不可克服的内在矛盾演变的集中反映。美国金融危机说明资本主义是必然要灭亡的，但从现阶段来说，美国金融危机又是可以缓解的，可以渡过去的，但资本主义正是在一波又一波的金融危机和各种危机中走向灭亡的。

2. 要从制度层面上、从本质层面上认识社会主义市场经济与资本主义市场经济的一致与差别，科学解析社会主义市场经济发生危机的可能性和有效规避防范风险的可行性。马克思对商品和商品交换内在矛盾，从而对市场经济内在矛盾的科学分析，适用于任何形式的市场经济，无论是资本主义市场经济，还是社会主义市场经济，概莫能外。然而同样的市场经济与不同的生产资料占有方式，与不同的社会制度相结合，会有不同的性质和特点，产生不同的结果。资本主义市场经济的私有制本质决定了经济危机的最终不可避免性，社会主义市场经济的公有制本质决定了经济危机的可规避性、可防范性。中国的社会主义市场经济是与公有制度相联系的市场经济，它有一般商品生产的特性、一般商品生产所具有的内在矛盾，因而也有一般市场经济内在矛盾引发金融危机和经济危机爆发的可能性。如果对发生危机的可能趋势不重视，不采取措施加以规避和防范，也会影响社会主义经济的健康发展。但另外，它又具有与资本主义市场经济不同的本质特性，它与公有制度相联系，通过采取有效措施，是可以规避和防范一般商品经济的内在矛盾可能引发的金融危机和经济危机的。

3. 必须充分认识市场经济和资本的两面性，发挥社会主义制度的优越性，规避市场经济和资本的消极面。市场经济具有两面性：积极的一面是能够最有效地配置资源，最大限度地调动各方面的积极性，推动经济的发展；消极的一面是它的发展具有很大的盲目性，在企业追求利润最大化的情况下，容易造成生产过剩，引发经济危机。在资本主义私有制条件下，市场经济一方面发挥其强大的推动经济发展的作用，在资本主义几百年的发展历程中创造了巨大发展成就。但另一方面资本主义的私人占有性又使市场经济的消极面不断膨胀，不断背离积极面，使商品和商品交换固有的内在矛盾不断激化，引发一波又一波的经济危机。市场经济所孕育出来的资本也具有与生俱来的两面性：一方面资本逐利性对调节市场、配置资源、调动积极性、推动经济发展具有积极作用；另一方面资本的逐利性又会导致经济失衡，两极分化，造成严重危机，对经济社会发展产生消极破坏。在资本主义私有制条件下，资本的贪婪本性是无法最终受到遏制的，美元帝国的确立就是一个明证。正是金融资本的投机贪婪性，直接造成了今天的金融危机。

4. 中国应对金融风险，既要治标，又要治本，既要从体制层面上防范，又要从制度层面上加强防范。要从三个方面入手进行对金融危机的规避和防范：一是从制度方面，坚定不移地坚持社会主义的公有制为主体的经济制度和人民当家做主的政治制度，从制度层面防范和规避金融风险，对私营经济、市场经济、虚拟经济建立规范管理的根本措施。二是从体制方面，坚定不移地建立健全完善的社会主义市场经济体制，以及与其相关的信用体制，从体制上加以防范。三是从对市场的调控管制方面，建立有效的监管、调控、防范措施，特别是对金融业、垄断行业要建立有效的管制体系。

（来源：《光明日报》2009 年 5 月 12 日）

当今资本主义经济危机的成因及应对

李慎明　中国社会科学院副院长

美国发生金融危机的直接原因是次级房贷，深层原因是金融体制漏洞和政府监管不力，而在直接原因和深层原因中都有公众信心问题。从技术经济学、经济运营学、经济管理学或公众心理学的角度，可以讲清美国这场金融危机的直接原因或间接原因，但却无法讲清导致这次金融危机的深刻根源。只有从马克思主义政治经济学视角，才能讲清其根源。这也正是马克思的《资本论》在西方重获青睐的缘由。

二战结束以来，世界上发生了三件分外值得关注的大事：一是1949年中华人民共和国成立；二是1991年苏联解体及苏东剧变；三是当前这场由美国开始并席卷全球的金融危机。这三件大事对世界格局都已产生或正在产生巨大的影响。目前，美国金融危机带来的全球经济动荡，仍在急剧演进。从现在起直到21世纪前二三十年乃至上半世纪，世界将处于一种动荡、激烈变化的时期。这种激烈变动发端于世界经济，并由此必然带来世界政治格局新变化。胡锦涛总书记在党的十七大报告中明确指出："当今世界正处在大变革大调整之中。"实践已证明这一判断的正确性。

一 美国爆发金融危机的根源

金融垄断和全球化的不断推进，不仅会促进更大规模的生产全球化和金融全球化，而且会使生产资料和金融财富更大规模地向少数人和少数国家集中。

美国发生金融危机的直接原因是次级房贷，深层原因是金融体制漏洞和政府监管不力，而在直接原因和深层原因中都有公众信心问题。从技术经济学、经济运营学、经济管理学或公众心理学的角度，可以讲清美国这场金融危机的直接或间接原因，但却无法讲清导致这次金融危机的深刻根源。只有从马克思主义政治经济学视角，才能讲清其根源。这也正是马克思的《资本论》在西方重获青睐的缘由。

资本主义的发展经历了两个阶段，即自由竞争资本主义阶段和垄断资本主义即帝国主义阶段。在第一次世界大战前，资本主义已经进入帝国主义阶段，与此同时，人类社会也进入帝国主义时代。时代作为一个历史过程不是固定不变的，而是一个不断发展变化的复杂过程。在历史发展过程中，可能出现若干不同的发展阶段。在每个阶段，决定时代性质及其基本特征的那些基本矛盾依然存在，但这些基本矛盾的表现形式、相互关系、起主导作用的主要矛盾会发生变化，因而时代的内涵会发展，时代的主题会改变。列宁有段著名论述："这里谈的是大的历史时代。……我们能够知道，而且确实知道，哪一个阶级是这个或那个时代的中心，决定着时代的主要内容、时代发展的主要方向、时代的历史背景的主要特点等等。"（《列宁全集》第26卷第143页）这就是说，时代是世界范围内按一定标准划分的社会发展的一定历史阶段；处在时代中心的一定阶级决定着时代的主要内容、时代发展的主要方向，亦即时代的性质。时代主题或时代特征，是一定"时代的历史背景的主要特点"，也是一定时代的不同时期所需要解决的主要矛盾，是世界社会力量斗争的焦点。从时间上看，时代是比较漫长的历史阶段，常以数百年时间为单位；而时代主题，则可能因世界格局的重大变化而进行转换，常以数十年时间为单位。处在时代中心的一定阶级决定着时代的性质，进而决定着时代的主题或时代的特征。经济全球化的深入发展和高新技术革命的加速推进，使得时代主题或时代特征发生了新的重大变化，邓小平同志和我们党及时提出了当今时代的主题是"和平与发展"，这就从对国际环境的认识角度为把我国工作重心转移到经济建设上来提供了坚实的理论支撑。

应该说，这次美国爆发的金融危机是世界各国人民反对霸权主义和强权政治、进一步推进世界多极化与国际关系民主化的大好时机，是进一步昂扬和平与发展时代主题的大好时机，为弘扬和平与发展的时代主题又增添了诸多极其有利的条件。对和平与发展仍然是当今时代的主题，我们一定要清醒认识、坚定不移，决不能轻易发生动摇。早在 20 世纪 90 年代初邓小平同志在一次谈话中就明确指出，列宁所讲的大时代不要去动它。1992 年春，邓小平同志在南方谈话中又特别谈道："世界和平与发展这两大问题，至今一个也没有解决。"江泽民同志在 2000 年也明确指出，当今世界的经济全球化，由西方发达国家为主导。邓小平、江泽民同志的有关论述告诉我们，"帝国主义时代"这个本质并没有改变，如果轻易认为时代性质发生了根本性变化，把"和平与发展为主题"误认为已经进入"和平与发展的时代"，就是不顾客观事实，犯了急于跨越社会大的发展阶段即资本主义最高阶段的"左派"幼稚病的错误或别的什么错误。如果认为我们现在不是处于资本主义的最高阶段，我们就不可能认清导致当前全球性经济危机的根源，也就无法找到应对全球性经济危机的正确措施。

近百年来，随着垄断资本主义的形成与发展，随着高新技术革命的推广与深化，在行业上，垄断资本主义逐渐从产业垄断向金融垄断发展；在空间上，垄断资本主义逐渐从国家垄断向全球垄断扩展。资本主义的基本矛盾是生产社会化与生产资料私人占有之间的矛盾，这个基本矛盾在当今非但没有消逝，反而在新形势下有了新变化。金融垄断和全球化的不断推进，不仅会促进更大规模的生产全球化和金融全球化，而且会使生产资料和金融财富更大规模地向少数人和少数国家集中。这一基本矛盾的存在和发展，只会使穷国穷人越来越穷，富国富人越来越富，从而在全球范围加剧资本家与劳动人民大众之间的矛盾。

苏东剧变导致其实行的全面社会福利体系坍塌，美国、瑞典、法国、德国等西方发达国家不仅在所有制、分配、政治体制、意识形态等方面全面右转，就连已建立的福利体系都在右转。据美国官方报告，2005 年总收入增长了近 9%，但美国 90% 社会底层人的平均收入却比前一年下降了172 美元，占 0.6%。2000 年，美国贫困人口为 3160 万人，2001 年增加130 万人，2002 年又增加 170 万人，达到 3460 万人。到 2007 年，已增至3620 万人，其中有 2950 万人靠领取食品券过活。这极大地抑制了全球包括美国国内的消费，也从根本上抑制了全球包括美国国内生产力的发展。

2000 年美国股市泡沫破灭，为挽救其经济颓势，美国将美元利息降到1%，并规定可以用房屋增值部分到银行进行再抵押，美国房市因此大涨，其后 5 年上涨了 60% 以上。美国新增 GDP 中，有 50% 以上来自房地产。近年来，美国居民总计每年从房地产增值中获利近万亿美元，消费也因此旺盛，储蓄率到 2006 年 7 月跌破 -1.5%。这就是美国巨大贸易逆差的原因。由于财政和对外贸易连续数年的高额双赤字，美国亟须引入外资填充。而外资的进入需要提高利率，所以，从 2004 年 6 月到 2006 年的两年中，美联储共 17 次提息，利率从 1% 升至 5.25%，后来，长期房地产抵押贷款利率升为 6.8%。利率的高调，直接打击了房地产行业。房地产投资放缓，新房销售量急剧下降，房屋抵押贷款申请也连续下降，这又直接打击了美国 GDP 的增长。这就是美国次贷危机爆发的直接原因。

按照美国信用评级公司的规定，个人信用评级分为5级，其中差级以下的最高值为619分，美国共有总资金余额为近两万亿的差级以下次贷。金融资本明知差级以下次贷存在高度风险，仍执意放贷，其主要用意就是想继续寻求高额增值。当然，不排除美当局想通过改善中低收入人群住房条件来标榜自由资本主义的"优越"，其用意是进一步向发展中国家推销美国的"民主制度"。从本质上看，1929年美国等西方强国发生的经济大萧条是信贷扩张引起实体经济领域的生产过剩危机；这次美国次贷危机则是信贷扩张引起消费领域特别是房地产领域的生产过剩危机。马克思在《资本论》中指出："一切真正的危机的最根本的原因，总不外乎群众的贫困和他们的有限消费，资本主义生产却不顾这种情况而力图发展生产力，好像只有社会的绝对消费力才是生产力发展的界限。"1929年与2008年的危机表现形式虽然不同，但说到底，依然是美国普通老百姓收入少、消费不足的结果。这仍然是马克思所揭示的"生产社会化与生产资料私人占有"这一基本矛盾所决定的。

这也充分说明，目前的这场金融危机，从本质和根本上说，并不只是什么监管不力、信心不足等所造成，更是资本主义制度本身深层次矛盾积累并进而爆发的必然结果。还有一种国际舆论，甚至想把此责任强加到我国人民头上，而那种认为中国人天生爱储蓄，怀揣近两万亿美元的外汇储备舍不得花，是导致美国金融危机爆发原因的说法，则更为荒谬。

古人云，无敌国外患者，国恒亡。用这句话来解析当前美国金融危机的成因，同样有一定的意义。苏联解体、东欧剧变后，美国一国独大。美国用其金融霸权的地位，放肆地张着大嘴吃世界。1980年，美国财政赤字为762亿美元，而从2008年10月开始的2009财年预算赤字将从往年的4000多亿美元激增到1.75万亿美元，占GDP的12.3%，为二战以来的最高。2006年美国的经常项目赤字8567亿美元。自1994年以来，美国贸易逆差逐年升高，1999年达3000多亿美元，而2006年对外贸易赤字已攀升到 8830 亿美元；美国每年外贸逆差相当于其他国家每年为美国每个家庭补贴 9000 美元。美国资本主义的挥霍无度充分反映了帝国主义的腐朽，从而也引发了美国今天严重的金融危机。

二　美国爆发金融危机后，为何美元仍坚挺

正因为在金融帝国的时代，金融市场形成了独立于实物经济的单独体系，所以，当金融危机到来之时，正像马克思所说，资本家特别是金融家的灵魂渴求货币这唯一的财富，就像鹿渴求清水一样。

美国等西方发达国家，把高耗能、高污染的工业转移到发展中国家，自己却大搞所谓第三产业中的核心产业——金融创新，结果使其进一步崛起，成为超级金融帝国，其所谓金融创新成果的虚拟经济和金融衍生品在全球大肆泛滥。有报告说，美国金融市场为典型的倒金字塔结构，最下一层是次级贷款，约为两万亿美元；倒数第二层是普通房贷，约 10 万亿美元。现在这两层已经暴露出问题；倒数第三层是企业债，包括企业之间各种债券，约为 60 万亿美元；最上层是各种金融衍生品，约为 340 万亿美元。2007 年，全球的实物经济总计为 10 万多亿美元，GDP 约 54 万亿美元，按照国际清算银行数据，全球金融衍生品的市值为 681 万亿美元，全球 GDP 与金融衍生品市值相比为 1:13。2007 年，美国 GDP 近 14 万亿美元，与其金融衍生品比，竟为 1:29；若按实物经济与金融衍生品比，则为 1:68。恩格斯在 1889 年就指出："金融市场也会有自己的危机，工业中的直接的紊乱对这种危机只起从属的作用，或者甚至根本不起作用。"列宁在《帝国主义是资本主义的最高阶段》中说："帝国主义的特点，恰好不是工业资本而是金融资本。"他还说："金融资本是一种存在于一切经济关系和一切国际关系中的巨大力量，可以说是起决定作用的力量，它甚至能

够支配而且实际上已经支配着一些政治上完全独立的国家。"重读这些论述，可以说明，马克思主义的基本原理并未过时，并且有着无比强大的生命力和历史穿透力。正因为在金融帝国的时代，金融市场形成了独立于实物经济的单独体系，所以，当金融危机到来之时，正像马克思所说，资本家特别是金融家的灵魂渴求货币这唯一的财富，就像鹿渴求清水一样。

美元是世界货币，当全球性金融危机爆发之时，世界各国包括美国的各大投行和银行为了免于破产，纷纷把自己的各种资产置换成美元，这是当前美元坚挺的第一个原因。第二个原因是，美国金融、经济出了大的问题，政府采取刺激经济计划，需要投入大量美元，必然要增发货币，大举国债。美国凭借美元作为世界货币的地位发行债券，只有保持其汇率的坚挺，其他国家才会心甘情愿地继续购买美国的包括国债在内的各种金融产品。但是，只要美元毫无节制地滥加发行，从中长期来说，美元必然要大幅贬值，这样便等于其他国家为美国的过度消费埋单。美国指责中国操纵人民币汇率，其实质倒可能是美国在操纵美元汇率使之坚挺。

三　应对世界金融、经济危机的两点建议

苏联解体后，西方敌对势力已把中国视为最大的潜在对手。鉴于用武力解决中国问题的希望越来越小，他们一是可能用文化、价值观侵蚀的办法，二是可能用金融手段。因此，研究金融危机问题，不能就事论事，就金融研究金融，也不能仅限于金融领域工作的同志研究此问题。

1. 进一步认真贯彻科学发展观，更加紧密地统筹国际国内两个大局，从基础理论和宏观、战略、前瞻、全局的高度加强对美国金融危机的研究，以进一步完善战略指导思想和指导方针。金融是国民经济和世界经济的命脉和血液，金融资本是资本最高和最抽象的表现形式，是资本对人类

社会的最高统治。国际金融垄断是帝国主义发展的新的最高阶段。特别是在苏联解体后，西方敌对势力已把中国视为最大的潜在对手。鉴于用武力解决中国问题的希望越来越小，他们一是可能用文化、价值观侵蚀的办法，二是可能用金融手段。因此，研究金融危机问题，不能就事论事，就金融研究金融，也不能仅限于金融领域工作的同志研究此问题，各方持不同意见、不同学术观点的人士，特别是有马克思主义理论功底和从事宏观战略研究的同志，都应参与到对这一问题的研究中来。

2. 高度重视我国的分配问题，以进一步启动我国的内需，这是我国应对国际金融危机的根本办法。在初次分配中，我国劳动者报酬占 GDP 的比重逐年下降。1990 年占 53.4%，2005 年下降到 41.4%，15 年间下降了12%；近几年仍在下降。但一般市场经济国家劳动报酬都要占 GDP 的60% 以上。2007 年，中国平安保险董事长的税前收入竟达 6616 万元的天文数字。1993 年 9 月，邓小平同志在同其弟邓垦的谈话中讲道：分配的问题大得很。我们讲要防止两极分化，实际上两极分化自然出现。要利用各种手段、各种方法、各种方案来解决这些问题。……少部分人获得那么多财富，大多数人没有，这样发展下去总有一天会出问题。分配不公，会导致两极分化，到一定时候问题就会出来。邓小平同志这次谈话和胡锦涛同志在十六届四中全会上强调的要高度重视解决分配问题，意义十分深远。

我们要确保小康社会的实现，就必须培育消费市场。培育消费市场，最根本的是要坚决贯彻科学发展观，统筹全国的分配，让广大人民群众共享改革发展的成果。但收入的差距，目前仍在增大，而不是缩小。从中长期看，这必然会制约经济的发展，包括影响社会稳定。生产力决定生产关系，生产关系反作用于生产力。分配属于生产关系的范畴，分配搞不好，最终会制约甚至破坏生产力的发展。所以，研究经济问题，不仅要从生产力的角度，更要注重从生产关系的角度来研究。

（来源：《红旗文稿》2009 年 6 月 30 日）

国际金融危机对资本主义生存与发展的影响

程恩富　中国社会科学院马克思主义研究院院长

杨　斌　中国社会科学院马克思主义研究院研究员

西方垄断财团一方面竭力贬低维护社会利益的国家调节，另一方面毫不犹豫地操纵政府为其谋求私利。资产阶级政党轮流执政和政治制度的低效率，主张"自私经济人"的理念和行为，必然导致市场失灵和伦理失灵基础上的国家调节失灵，从而影响资本主义的生存和发展。

一　这次国际金融危机的新特点和根源

在过去的资本主义经济危机中，有效需求不足直接表现为生产过剩。但在这次危机中，有效需求不足则表现为"次贷"规模的过度膨胀，高风险与"次贷"相关的金融衍生品泛滥成灾，最终因大规模"次贷"违约引爆金融危机。

当前国际金融危机出现了一些值得密切关注的新特点。2008 年，美国金融危机迅速蔓延扩散，演变为一场波及全世界的严重经济危机。当前美国官方宣布美国经济已恢复增长，但这不值得人们乐观并放松警惕，美国巨大债务泡沫的破裂随时可能导致经济形势恶化，出现大萧条时期那样的双底型或多底型经济衰退。倘若美国的金融危机确实起源于市场恐慌和信心不足，那么美国政府采取注资挽救市场，应使投资者克服恐慌获得信心，市场应恢复正常运转。但事实是，通过扩大货币发行、消费信贷和政府借债都只是暂时推迟、缓解基本矛盾的激化，根本无法阻止矛盾不断积累。

广大民众购买力不足形成的生产相对过剩，在当代资本主义条件下主要表现为债务泡沫膨胀，越来越依靠寅吃卯粮的借贷消费来弥补需求不足。在过去的资本主义经济危机中，有效需求不足直接表现为生产过剩。但在这次危机中，有效需求不足则表现为"次贷"规模的过度膨胀，高风险与"次贷"相关的金融衍生品泛滥成灾，最终因大规模"次贷"违约引爆金融危机。

这次西方国家爆发严重的金融和经济危机是1980年以来新自由主义在全世界泛滥所导致的一个非常符合逻辑的结果。当今世界资本主义经济的基本矛盾，通过四种具体矛盾和中间环节导致金融危机和经济危机。其一，从微观基础分析，私有制及其企业管理模式容易形成高级管理层为取得个人巨额收入极大化而追求利润极大化，日益采用风险较大的金融工具以及"次贷"方式，从而酿成各种危机。其二，从经济结构分析，私有制条件下的市场经济容易造成生产相对过剩，实体经济与虚拟经济的比例失衡，从而酿成各种危机。其三，从经济调节分析，私有制垄断集团和金融寡头容易反对国家监管和调控，而资本主义国家又为私有制经济服务，导致市场和国家调节双失灵，从而酿成各种危机。其四，从分配消费分析，私有制条件下的市场经济容易造成社会财富和收入分配的贫富分化，导致生产的无限扩大与群众有支付能力需求相对缩小的矛盾，群众被迫进行维持生计的含"次贷"在内的过度消费信贷，从而酿成各种危机。

二 西方资本主义可能陷入长期动荡甚至生存危机

这次国际金融危机的严重程度超过普通经济危机，原因在于美欧流行的金融创新具有两面性，即使金融创新的初始功能具有避险作用，但资本主义生产关系决定了其必须服从资本谋利贪欲。

（一）危机凸显金融体系的"有毒资产"难以根治

2009 年 3 月在英国伦敦召开的 20 国集团（G20）峰会上，美欧各国领导人有意回避了银行体系的巨额"有毒资产"问题。尽管他们也承认，不解决这一关键性问题，经济刺激计划将难以推动全球经济的复苏。"有毒资产"指的是表面上仍有价值而实际上将会变成坏账、亏损的资产，如"金融创新"制造出的各种衍生证券等。不同于正常经营中出现的不良资产，"有毒资产"往往涉及高杠杆金融投机的欺诈骗局。国际货币基金总裁卡恩认为，根据以前发生的 120 次银行危机的经验，不解决银行不良资产问题，就不可能出现真正的经济复苏。美国"次贷"危机引发了全球金融海啸，主要原因是金融衍生品损失远远超过"次贷"直接损失，导致美欧银行普遍陷入困境并形成巨额"有毒资产"。由于美欧长期缺乏金融监管已造成严重的恶果，故仅仅承诺未来加强监管而不解决监管缺失的后果，不消除由于监管长期缺失而形成的巨额银行"有毒资产"，就无法消除危害社会公众的安全隐患。特别危险的是，美欧银行体系暴露出更令人惊讶的"有毒资产"数据，表明已显示出的问题可能只是"冰山一角"。

2009 年 2 月 11 日，英国《每日电讯报》网站曾披露欧盟委员会的一份内部报告的数据，显示欧盟区整个银行体系的"有毒资产"数额高达 25 万亿美元，其庞大规模相当于 2006 年 13.6 万亿美元的欧盟区国内生产总值的 183%。这个数据充分揭示了欧洲国家央行注入的数万亿欧元的流动性为何无效，因为相对于 25 万亿美元的银行"有毒资产"，这的确只是杯水车薪。正如美国经济学家斯蒂格利茨指出，美欧国家巨资救市仿佛"采取输血的办法挽救内脏大出血病人"，使巨额资金被银行"有毒资产"的黑洞白白浪费掉，导致缺乏资金的实体经济部门陷入资金更加匮乏的局面。

欧盟整个银行体系的"有毒资产"，其来源不是面向实体经济贷款形成的不良资产，而是来自高杠杆的金融衍生品投机泡沫形成的坏账，否则，它不可能以如此大的幅度超过欧盟国内生产总值的规模。同时，这也揭示出美欧巨资救市是徒劳无功的。难怪《每日电讯报》网站次日又匆忙删去了有关银行"有毒资产"的详细数据。这种欲盖弥彰的做法是为了掩盖欧洲银行坏账的严重程度，以免人们认识到事情的真相后彻底丧失救市信心，迫使政府不得不采取触动金融财团利益的措施。

在这次国际金融危机中，金融衍生品对扩大风险的作用，充分暴露出其不是避险工具而是投机谋利手段。这次国际金融危机的严重程度超过普通经济危机，原因在于美欧流行的金融创新具有两面性，即使金融创新的初始功能具有避险作用，但资本主义生产关系决定了其必须服从资本谋利贪欲。金融创新促使资本主义剥削形式发生变化，大大扩展了剥削的对象、程度和时空范围，使之延伸到各实体经济领域及不同地区和国家，牵涉各种社会阶层甚至未来几代人。华尔街通过金融创新制造出的金融衍生品泡沫，由于具有高杠杆性质，使金融投机获得了广阔空间，摆脱了自有资本的局限和政府金融监管的限制，可以依照金融资本的自由意志无束缚发展，加深了全球贫富分化和资本主义的基本矛盾。

（二）危机凸显私有制公司治理的弊端

在当前西方不断进行金融衍生品创新的大环境下，以私有产权为基础的股份公司治理结构正面临着巨大危机。资本主义总是不断进行各个层面的创新活动，包括生产力方面的科学技术创新，生产关系方面的剥削方式创新。这种剥削方式创新不断酿成巨大风险。西方的代议制民主政体架构，现代企业制度的公司治理架构，都无法抵御金融衍生品创新的诱惑腐蚀。

近10年来，华尔街花了50亿美元游说、贿赂美国国会议员，促使国会在明知金融衍生品存在巨大风险的情况下，仍然通过了一系列放松监管的金融自由化法案。在金融衍生品创新的巨大诱惑之下，股份公司的治理结构难以遏制来自内部的腐败。即使高层经理在股份公司里拥有较大比重的股权，如10%、20%的股权，其一年收益也远远小于一次金融衍生品作弊的收益。西方大公司高管年薪一般为数千万美元，但金融衍生品的交易动辄成百上千亿美元，通过金融衍生品作弊带来的利益要大得多。政府不拥有企业产权，无法深入股份公司内部，无法掌握会计审计、重大交易的详细信息，仅仅从外部监管不仅成本很高而且难以奏效。况且政府高官、美联储本身也是垄断财团利益的代理人，即使在风险充分曝光后，它们仍继续纵容金融衍生品投机。从微观经济角度分析，私有制企业为了追求私人巨额收入，会不计风险地采用"次贷"及相关的金融衍生品工具，并不断游说政府、国会为金融投机创造宽松条件，导致伦理失灵、市场失灵和政府监管失灵。

这次危机说明，金融衍生品泡沫对实体经济的巨大破坏，正日益瓦解西方资本主义的经济基础，并促使其面临日益深刻的生存挑战。西方社会改良时期，推行严格限制金融投机的监管政策，超出了凯恩斯主张的宏观货币财政政策范围，更多地是迫于社会主义国家形成的强大压力，借鉴了马克思列宁主义关于金融必须为实体经济服务的理论。因此，二战后西方经济周期缓和，非但不能证明马克思列宁主义理论失效，反而恰恰证明了马克思列宁主义理论，具有影响现实和改变世界历史进程的强大生命力。即使在社会改良时期，美国金融财团也始终渴望回到甚至比大萧条前更少管制的资本主义。金融垄断财团始终将社会改良视为被迫采取的权宜之计，始终竭力支持新自由主义以求恢复自由放任资本主义。例如，花旗银行的老板沃特·瑞斯顿为恢复自由放任资本主义，竭力支持哈耶克、弗里德曼等新自由主义经济学家。

（三）危机凸显贫富分化的加剧

20世纪80年代以来，里根政府推行新自由主义造成了日益严重的贫富分化，GDP增长的绝大部分都进入了少数富有阶层的口袋。2005年，美国最富有的1%和1‰的人所拥有的财富都达到了1928年以来的最高水平。最富有的1‰人口只有30万，他们的收入与最穷的50%人口的总收入相当，而最穷的50%人口有1.5亿。美国最富的10%家庭的财富占社会财富的比例高达70%。由美国"次贷"危机引爆国际金融和经济危机的一个重要原因，就是贫富差距拉大，负债经济难以为继。其他发达国家也面临同样的问题，英国、法国超过10%的富人占据社会财富的50%。危机进一步增加了发达国家的贫困人口。

世界财富分配失衡和南北发展严重失衡。联合国大学世界经济发展研究所于2006年12月发布的《世界家庭财富分配报告》显示：从人口分布看，全球最富有的10%的人拥有世界财富的85%，世界底层的半数人口仅拥有世界财富的1%。从区域分布看，世界上的财富主要集中在北美、欧洲和亚太地区部分经济发达的国家和地区，这些国家和地区的人拥有世界上近90%的财富。可以说，财富分配不平衡是发展中国家消费不足的根本原因，也是此次全球性金融和经济危机的一个重要原因。资本主义国家无法从根本上解决财富和收入的贫富对立，必然引起资本主义生存和发展的一系列问题。

（四）危机凸显国家调节的低效

当前美国经济呈现复苏迹象，得益于政府的巨额注资措施。美国著名金融评论家、《利率观察家》杂志主编吉姆格雷特认为，在美国二战后经历的前10次经济衰退中，美国政府平均采取的财政、货币刺激力度，仅为国内生产总值的 2.9%，而当前美国政府采取的财政、货币刺激力度，达到了超过以前 10 倍以上的前所未有的规模；20 世纪 30 年代的大萧条中，美国的国内生产总值下降了 27%，当时政府采取的财政、货币刺激力度，也仅为国内生产总值的 8.3%。据计算，同大萧条时期相比，美国为挽救 1 个百分点的经济衰退，付出的代价相当于大萧条时期的 54 倍，即为挽救危机所付出的代价，远远超过危机本身造成的损失。

尽管美国政府和央行不断出台规模庞大的各种救市计划，国债泡沫和美元债务泡沫膨胀达到空前规模，但美国经济尚未完全摆脱金融危机的影响，依然处于不稳定的震荡状态。即使今后债务泡沫膨胀，刺激国内生产总值恢复增长，也只是从经济危机的"自然爆发状态"变成"人为压抑状态"。债务泡沫暂时压抑的需求不足矛盾仍在不断蓄积能量，债务清算期来临时就会更加强烈地爆发。

西方垄断财团一方面竭力贬低维护社会利益的国家调节，另一方面毫不犹豫地操纵政府为其谋求私利。资产阶级政党轮流执政和政治制度的低效率，主张"自私经济人"的理念和行为，必然导致市场失灵和伦理失灵基础上的国家调节失灵，从而影响资本主义的生存和发展。

三 危机可能迫使美国采取特殊手段维护全球霸权

美国作为拥有全球经济军事霸权的资本主义国家，不会坐视金融和经济危机侵蚀其国际地位，不会容忍美元霸权走向衰落。金融和经济危机削弱了美国的整体经济和军事实力，给美国的全球霸权地位带来了严重挑战，迫使美国采取一系列特殊措施挽救全球霸权。

美国作为拥有全球经济军事霸权的资本主义国家，不会坐视金融和经济危机侵蚀其国际地位，不会容忍美元霸权走向衰落。金融和经济危机削弱了美国的整体经济和军事实力，给美国的全球霸权地位带来了严重挑战。2009 年美国财政赤字达到创纪录的 1.4 万亿元，挽救金融危机代价猛增，限制了美国在全球的庞大军事开支。美联储滥发货币挽救危机导致美元大幅度贬值，发展中国家纷纷提出以超主权国际货币替代美元。美元霸权地位面临着比布雷顿森林体系解体更为严重的挑战，迫使美国采取一系列特殊措施挽救全球霸权。

（一）借助美元霸权转嫁危机的损失，并掠夺全世界财富

美国纽约大学经济学教授鲁比尼曾准确预见了"次贷"危机，他称，现在美国整个国家的运作方式已经沦为骗局之国，政府、企业和银行都采取类似麦道夫的庞氏骗局，依靠不断制造绚丽的资产泡沫吸引并掠夺全世界的财富。根据美国财政部公布的统计数据，美国政府为应对危机致使财政赤字急剧扩大，不断膨胀的国债达到了惊人的规模，其中不少卖给了世界各国的投资者。2010 年美国政府的财政赤字预计将达到 1.5 万亿美元，美国政府维持运转迫切需要筹集 3 万亿美元，而美国一年的国内全部储蓄总额仅为 6000 亿美元。这就意味着美国必须继续制造泡沫，源源不断地吸收全世界财富，或者利用美元霸权滥发货币向全世界转嫁危机。正因为如此，美国金融财团正再次制造金融衍生品泡沫，促使全球资金流向美国。

（二）借助国家调节力量，扩大美国金融垄断财团对其他行业和其他国家的影响

2008 年爆发金融危机之后，美国注入巨资挽救华尔街金融资本的各种救市计划，本质上是华尔街金融资本挟持政府和公众，为继续获取超额利润进行的一种新的剥削形式创新。美国华尔街金融资本以公众银行存款和养老金等为人质，还以世界各国的外汇储备为人质要挟美国及其他国家政府参与共同救市，收获丰厚赎金的效应已经产生严重的道德风险，数十、数百亿的救市注资远远超过正常经营收入。美国大银行凭借规模巨大的金融衍生品坏账，就可以要挟纳税人、政府和央行持续不断注资救市，何必还要辛苦地向实体经济发放贷款获得微薄收益。这就更加促使美国金融机构沉溺于虚拟泡沫经济。统计数据显示，美国金融机构利润更加依赖于投机赌博性交易，高盛的高风险投机性日均交易额达到 2.45 亿美元，同"次贷"危机前 2007 年第一季度的数据相比增加了一倍，显示出美国银行业潜伏着比"次贷"危机前更大的风险。

（三）加强对资源、碳排放交易、知识产权和自然垄断行业的控制，以继续谋取超额利润

美国为维护全球霸权，特别重视加强对全球范围内自然资源的控制，中东、非洲地区的许多战争、冲突，都是围绕争夺自然资源展开的。美国垄断财团在许多投机泡沫破灭的情况下，更加重视将投资方向转向控制自然资源，波斯湾、中亚里海地区、南中国海、尼罗河流域等，都成为美国垄断资本为争夺资源竭力渗透并控制的地区。美国垄断财团还积极利用环保议题制造新的经济泡沫，利用气候变化问题创造一个巨大的碳排放限额及其衍生品交易市场，其规模将达到上万亿美元，并且随着碳减排计划实施而不断膨胀。据美国媒体揭露，碳排放限额交易制度实质上是允许华尔街将碳排放市场纳入其私人征税计划，通过向所有国家排放碳的实体经济部门征税来谋利，进一步加深有利于西方金融垄断资本的财富转移。美国还将通过碳排放征税来限制发展中国家增长。美国操纵国际组织在全球范围推行自然垄断和公益事业领域的私有化，逼迫发展中国家向跨国公司出售自然垄断行业的国有企业。它们鼓吹新自由主义，主张即使在自然垄断行业和公益事业领域，也必须取消政府管制和公共企业，并推行彻底的私有化，包括铁路、公路、供电、燃气、自来水、医院等等。许多拉丁美洲和亚洲国家，接受新自由主义的经济改革和全面私有化方案，结果导致水、电等生活必需品的价格大幅度上涨，严重损害了公众利益，甚至引起社会动荡。

（四）利用新自由主义政策误导各国经济金融改革，策划隐蔽的经济金融战争，打击别国经济和货币体系

美国为应对金融危机，采取了一系列与"华盛顿共识"截然相反的政策，但是，它在操纵国际货币基金组织，向许多发展中国家提供危机援助时，依然要求其接受"华盛顿共识"的一系列苛刻附加条件。20 世纪八九十年代，美国曾操纵国际货币基金组织推动金融自由化政策，导致拉美、日本、东南亚、俄罗斯爆发严重的金融危机，达到打击国际对手，掠夺财富并维护美元霸权地位的目的。美国金融危机猛烈爆发之后，美国财长、高盛前总裁保尔森还公开"警告"中国不要因美国金融危机而放弃金融自由化的改革方向。2009 年美元面临大幅度贬值时，美国金融垄断财团有意加速引爆迪拜、希腊等国债务泡沫危机，促使人们出于避险恐慌而大量买入美元，导致美元大幅度反弹，从而缓解了美元危机。据英国《每日电讯报》披露，在美国爆发金融危机前夜，美国华尔街重要金融机构曾在华盛顿召开会议，主要议题是利用所谓的"金融快速反应部队"——金融机构与对冲基金组织，针对中国发动一场"没有硝烟的金融战争"。美国金融界专家认为，一个国家金融市场逐步开放的 5—8 年时间内，其金融体系相对脆弱，实施金融袭击的成功可能性最大，因而未来 3 年到 5 年内是争取"延缓中国崛起"的机会。美国策划对华金融战的重点是通过理论和政策误导，诱使中国实行刺激泡沫经济的宏观货币政策，同时施压中国向西方银行开放投资和金融市场，通过炒作股市、楼市攫取投机暴利，然后趁泡沫破裂之机控制中国的银行业等战略行业。

（五）一方面，通过滥发美元，掠夺全世界财富，转嫁危机损失；另一方面，为美元衰败后继续控制全球金融准备替代方案

美国乔治城大学教授、前总统克林顿的导师奎格利，是一位深得西方金融权势集团信任的学者，他著书透露，垄断财团的御用智库早就拟订详细计划，逐步建立一种由少数金融寡头统治世界的新秩序，最终发行由少数金融寡头控制的超主权世界货币。西方金融权势集团构想的这种超主权世界货币，与中国提出的替代美元的超主权世界货币截然不同。中国的设想是维护世界各国的金融货币主权，将超主权世界货币的作用局限于国际贸易、金融领域；而西方金融权势集团构想的超主权世界货币，将会彻底剥夺世界各国的经济金融主权，由西方金融寡头控制的世界货币替代各国的主权货币。西方金融权势集团深知这将会遭到各国民众反对，有意推行旨在诱发全球金融危机和长期动荡的政策，同时诱惑各国央行推行天量信贷政策来挽救金融危机，以便在经济崩溃与恶性通货膨胀并存的全球灾难到来之时，归咎于各国央行和主权货币，误导各国民众出于对恶性通货膨胀造成极度痛苦的恐惧，愿意放弃各国主权货币，并接受金融寡头的全球统治。倘若美国金融财团剥夺各国金融主权的图谋得逞，就意味着，即使金融危机最终导致美元彻底丧失信誉，国际金融寡头也能通过其控制的新型世界储备货币，更加直接、有效地控制各国经济金融命脉，并掠夺其财富。

（来源：《红旗文稿》2010 年第 11 期）

应对资本主义危机要超越新自由主义和凯恩斯主义

程恩富　中国社会科学院马克思主义研究院院长

100多年前，马克思就指出，世界市场危机必须看做资产阶级经济一切矛盾的现实综合和强制平衡。100多年过去了，资本主义经济仍然需要通过一次次经济危机这种强制平衡来延续，危机的根源即资本主义基本矛盾仍然没有改变，改变的不过是它的表现形式。危机明显地暴露了资本主义的非理性和新自由主义行为的非法化。从根本上解决当前和今后金融和经济危机的理论和政策，必须超越各种新自由主义和凯恩斯主义。对于资本主义制造的巨大麻烦，马克思主义政治经济学家有责任面向急切的公众给出问题的答案。

破解经济危机带来的困局，实现公平而持续的经济发展，是各国关心的共同主题。由于国际金融危机的肆虐，当前世界经济、贸易和工业生产增速出现了放缓趋势。尽管各主要经济体都采取了反危机的各种措施，但资本主义各国经济复苏乏力。美国产能利用率仍处较低水平，而失业率居高不下；欧盟经济受主权债务危机拖累，被迫紧缩财政赤字，可能像日本一样滑向迷失的十年；日本经济继续面临通货紧缩压力，经济增长缓慢。而新兴市场国家经济增长也有快有慢，通胀压力普遍较大。由于各国经济刺激计划已陆续出台，就业、赤字、债务、产能过剩、通胀和美国量化宽松政策等引发的不确定性风险可能继续释放，世界经济发展面临严峻的挑战。

100多年前，马克思就指出，世界市场危机必须看做资产阶级经济一切矛盾的现实综合和强制平衡。100多年过去了，资本主义经济仍然需要通过一次次经济危机这种强制平衡来延续，危机的根源即资本主义基本矛盾仍然没有改变，改变的不过是它的表现形式。当新自由主义在全球肆意横行、有人高呼社会主义"历史终结"的时候，嬗变为国际垄断资本的经济范式和政治纲领的新自由主义和凯恩斯主义药方，并没有给世界经济带来繁荣，却带来了全球性的经济动荡，世界贫富分化的矛盾更加尖锐，地区差距、国家差距、民族差距和阶级差距变得更大。断言以资本主义私有化和西方自由民主制度为人类方向的"普世价值"和"历史终结"神话并没有变成现实，由经济基础决定的世界政治和军事形势也没有因为"一超"主导和欧盟"集体帝国主义"（萨米尔·阿明语）行为而变得更加稳定，资本主义经济、政治、文化和军事的价值观带给世界的不是劳动人民的自由，而是垄断资本的自由及其所导致的前所未有的混乱和无序。现在，一切不带偏见的人都可以看出，由美国主导的各种资产阶级理论和政策，不但不能挽救资本主义，反而大大地加深了世界经济体系的矛盾，成了历史的反面教材。就连曾经主张"历史终结论"的福山也不得不在其《新保守主义之后》一书中承认：对美国保守主义的批评实在是很让人信服的，而解决方法则是去改善既成事实，搭建一个"多极世界"。

资本主义危机是一面镜子，折射了世界的未来发展方向。在资本主义危机下，资本增值要求与劳动者生活状态恶化、国际垄断资本扩张与民族经济发展、经济增长与生态环境等之间的紧张关系不断加剧，将大大加快世界经济的分化、重组和重建进程，世界格局和世界秩序"一超独霸"的时代也将一去不复返。可以预见，未来世界格局将发生三个"超越"。一是在经济发展上将超越新自由主义和凯恩斯主义的理论枷锁，重新认识国际垄断资本主导下的自由化、私有化、市场化的局限性，使普通民众摆脱贫困的努力建立在其真正的经济权利、特别是对生产资料所有权的掌控之上，构建公正的经济全球化、地区化和集团化机制。二是在政治发展上超越"一超"主导的世界政治力量版图，摆脱少数西方国家频频干涉别国内政和人权进步的状态，保障自由民主的人民性、自由民主表达的多样性，构建民主的政治多极化和国防自卫化机制。三是在文化发展上将超越资本主义的单一价值观，确认各国和各民族文化的差异性，构建丰富的文化多样化和交互化机制。有理由相信，仍在发展和深化的资本主义危机，将不断唤醒世界各国人民对更高社会形态的渴望和探索，逐渐增强世界社会主义理论和运动的力量。

对后资本主义的未来和更高社会形态的不懈探索，是 20 世纪以来人类社会的伟大壮举，其中既有成功的经验，也有严重的曲折。今年是苏联解体 20 周年，苏联的解体使世界由两极对立演变为"一超"主导格局，加速了资本主义在全球的扩张，导致世界范围内的金融、资源、环境、领土、民族、宗教等问题也日益突出。苏联解体并不表明社会主义行不通，更不表明马克思主义已经过时。大量的文献研究表明，苏联解体的最主要原因不在于所谓的苏联计划经济缺陷和生活水平低下以及民主程度不够等，而是苏联领导集团主动背叛马克思主义、放弃社会主义制度的结果。然而，抛弃社会主义制度并没有给俄罗斯和东欧国家带来经济奇迹，却纷纷陷入了经济衰退和发展缓慢的泥潭。

与此同时，实行社会主义市场经济的中国和越南、实行"市场社会主义"的白俄罗斯以及实行"21 世纪社会主义"的委内瑞拉等国家，都呈现发展又好又快的新局面。这些国家的成功经验表明，各种社会主义特征的新型经济体制模式，比美国等新自由主义和北欧等凯恩斯主义主导下的资本主义经济体制框架更加有效。中国特色社会主义道路是发展中大国的一种有益探索。中国经济体制的目标模式是实行公有主体型的多种类产权制度、劳动主体型的多要素分配制度、国家主导型的多结构市场制度和自立主导型的多方位开放制度。中国需要在各种挑战中继续坚持和完善社会主义经济体制和机制。

应当指出，西方国家通过诺贝尔经济学奖在全世界推广其经济价值观、理论和政策。而这个所谓的诺贝尔经济学奖，其全称是"瑞典国家银行纪念阿尔弗雷德·诺贝尔经济学奖"，但"瑞典银行"的股权并不由瑞典人拥有，也不是由瑞典国家拥有，而是由"国际出资人"拥有，使该奖实质上成为借诺贝尔之名颁发的资产阶级经济学奖。它以半秘密的右翼团体即共济会的主流意识形态为标准，具有鲜明的政治和意识形态含义。美国倡导"新社会主义"的加尔布雷斯、英国沟通凯恩斯主义和马克思主义的"剑桥学派"等带有一定进步性的资产阶级和小资产阶级经济学家，都被排挤而未曾获得此奖。对于这种情况，诺贝尔侄孙彼得·诺贝尔先生称之为"占诺贝尔之名的布谷鸟"。

2011年5月29日第六届世界政治经济学学会论坛，发表了题为"对资本主义危机的回应：超越新自由主义与凯恩斯主义"的共同宣言，其要义是：

鉴于当前大多数资本主义国家的经济产出已在某种程度上恢复，一些分析人士声称经济大衰退已经结束。然而，始于2007—2008年间的经济危机并未结束。当资本家收益增加、首席执行官们涨工资的时候，大多数国家失业率仍居高不下，工人们工资持续减少，中等人均收入都在下降，公共服务和社会事务质量骤降正影响着数以百万的人们。贫穷和饥饿的情形仍很严重。

2008—2009年间，大银行和非金融公司面临倒闭的威胁，资本主义宣称暂时放弃浮夸的自由市场策略，用纳税人的钱帮助他们脱离困境，与此同时，制订高开支计划来阻止经济崩盘。一旦完成救助，经济产出上的一落千丈的状况停下来，"精英舆论"将迅速变为支持财政紧缩的政策。

全球资产阶级正设法利用经济危机的形势更加全面地执行如今声名狼藉的新自由主义行为。他们突然发现政府预算平衡的优点，并借此来掩盖他们的行动：收回工人阶级在过去政治斗争中所赢得的一切社会利益，暗中破坏公共部门的工会运动。我们不同意把当今财政问题归咎于社会项目法规的论断，我们也尤为反对这种变相的美国式危害：过高地发放工资和红利；我们更加拒斥那些公共部门工人的工会代表权。很多实际问题是晚期资本主义所特有：毫无节制的金融投机，为保护企业利润的减薪需要，勉强要求有钱人公平缴纳应付的税款，高额的私有化医疗开支、军费开支、帝国主义战争开支（最后一条在美国尤为严重）。资本家们甚至连福利领域的增值机会都不放过，例如电力、市容、医疗、电信服务等。

在诸如此次的资本主义经济危机时期总会构成重大的危险。正当无数人遭受着经济危机所带来的负面影响时，右翼学术和政治势力正试图把人们的视线从大银行、大公司和资本主义制度这些经济危机的罪魁祸首身上引开，而将贫困移民、少数民族或非主流宗教作为替罪羊，以赢得公众的支持。在美国，相关的危险还来自对其他国家发展的恐惧。不择手段的政客们把自身的问题怪罪到其他国家。例如，美国的政客和大众媒体将他们的愤怒发泄到近期经济发展迅速而过去贫穷的国家，尤其是中国和印度。

现代马克思主义政治经济学在这场理论和政策斗争中应发挥如下作用：一是推动各个国家出台调控政策和经济计划，以迅速扭转工人所处的恶化环境。二是批判右翼学术和政治势力将人们的注意力从实际问题转向全球和各国工人阶级的主张。三是推动发展非传统意义的21世纪社会主义，以解决资本主义所产生的各种问题。四是分析新自由资本主义导致产生这场经济危机的路径和制度根源。五是制止以新帝国主义战争作为解救资本主义危机的手段。

当下的经济危机为我们提供了机遇和挑战。危机明显地暴露了资本主义的非理性和新自由主义行为的非法化。从根本上解决当前和今后金融和经济危机的理论和政策，必须超越各种新自由主义和凯恩斯主义。我们相信，对世界上绝大多数人来说，很多经济问题的长远解决方案是放弃资本主义，建立全球的社会主义制度。对于资本主义制造的巨大麻烦，马克思主义政治经济学家有责任面向急切的公众给出问题的答案。

在理想的社会主义制度之下，每个人都能获得一份工作和满意的工作环境，而不是失业和过劳。每个人都会有一份足够的收入，而不是一小部分人富有而大多数人过着入不敷出的生活。国家将会为人们提供共同的消费需求，而不是去削减有价值的公共项目。保证每个人从出生到终老都有满意的居住条件，而不是资本主义经济所固有的持续不稳定状况。全球的社会主义制度是使得相互尊重国家主权的和平国际关系成为可能的制度，而不是被富于侵略性的资本主义驱使去控制他国的市场、技术、资源和生态。社会主义将会给世界带来一个基于合作和互利之上的经济制度，而不是以全世界工人在持续到底的战斗中彼此对抗为前提的国际经济部署。

全世界的马克思主义经济学家应联合起来，让我们通过文章、交流、合作、组织等各种研究方式，为实现上述价值目标而努力。

（来源：《红旗文稿》2011 年第 18 期）

美国金融危机与国际金融垄断资本主义

何秉孟　中国社会科学院学部主席团原秘书长

在资本主义的国际金融资本垄断阶段，生产社会化同生产资料私人占有之间的矛盾在进一步发展，企业内部尤其是金融企业内部的有组织性、计划性同超越国界的全球性的无政府状态间的矛盾空前尖锐，生产无限制扩大的趋势同劳动大众相对贫困导致有支付能力的社会购买力不足的矛盾在进一步激化，国际金融垄断资本的寄生性、从而腐朽性在日益加深。这一切表明，美国当前爆发这一场近百年来最严重的金融危机，并很快席卷全球，绝非偶然，是美国国际金融垄断资本的寄生性和腐朽性日益加深、国际金融垄断资本主义的基本矛盾日益激化的必然结果。

国际金融垄断资本主义必然导致全球性金融危机。

资本主义由国家垄断加速向国际金融资本垄断过渡，不仅提高了生产社会化的程度，同时在更大的范围内实现了生产资料的私人占有，无疑进一步加剧了资本主义制度所固有的基本矛盾及其他主要矛盾。从美国近二三十年的历史进程来看，国际金融垄断资本在运作过程中，已逐步呈现出了同国家垄断资本既有某种联系、继承，又有显著差别的若干基本特征：

其一，经济加速金融化，金融资本成为经济乃至政治的主宰。所谓经济金融化，用美国著名左翼学者威廉·K. 塔布的话说，既是经济上的，又是政治上的。集中表现在：社会资本创造的利润越来越多地被金融资本所占有，因此推动金融资本（金融企业资本＋虚拟资本）相对于实体经济企业资本迅速膨胀。20 世纪六七十年代后，由于实体经济企业的资本利润率趋于下降，面对激烈竞争，实体经济企业不得不通过并购等手段"做大"自己。而实体经济企业要完成并购行为，必须向银行贷款融资。金融资本垄断寡头正是利用金融作为现代经济运行的血液和命脉的特殊地位，逐步实现了对实体经济企业的操控，并越来越多地占有实体经济企业资本在生产过程中所攫取的剩余。据有的学者研究，20 世纪 70 年代，美国金融部门所获得的利润尚仅仅是非金融部门所获利润的 1/5，到了 20 世纪末，这一比例就上升到了 70% 左右。另据美国学者统计，整个美国金融行业在2004 年所"创造"的利润约为 3000 亿美元左右，而美国国内所有非金融行业所"创造"的利润则为 5340 亿美元，就是说，美国金融行业"创造"了美国所有国内企业利润的 40% 左右。而在 40 年前，也就是 20 世纪 60 年代，金融行业所"创造"的利润不到国内所有企业所"创造"的利润的2%。仅仅 40 年，这一比重就增长了 19 倍！

在自由竞争资本主义阶段，借贷职能的资本从社会资本中独立出来形成金融资本，是为提高为实体经济服务的效率，其收入——利息，来自生产资本所攫取的剩余价值，也就是从实体企业的剩余价值中分割出来的一部分。当资本主义发展到 20 世纪八九十年代之后，国际金融垄断资本再也不满足于生产资本的"从属"、"配角"地位，逐步与实体经济脱节，完成了由服务于生产资本向主宰生产资本的异化，完成了"协助"生产资本"圈地"（办实体经济企业），并由分割其部分剩余价值向直接"圈钱"的演化。正如威廉·K. 塔布所说："金融体系似乎已产生了一种新的、魔术般的'货币—货币'循环，在此循环中，仅用货币本身就能制造出货币来，而无须实际生产的介入。"所谓"货币—货币"（G—G′）或者"货币＜货币"（G＜G′）循环中的"魔术"，除了金融寡头凭借其对实体经济企业的操控向实体经济分割尽可能多的"企业剩余"外，更主要的是以各种手段，包括打着"金融创新"的旗号，推出名目繁多、令人眼花缭乱的金融衍生品，并通过高杠杆，或者相互间甚或对广大中小投资者进行诈骗，将全球股市、基金债券市场变成同实体经济完全不相关的大赌场，不仅使经济关系越来越表现为债权股权等金融关系，甚至使社会资产也金融化而异化为金融资产。

其二，金融虚拟化、泡沫化。资本的本性就是要在循环中尽快增值。既然无须经过实体经济生产运作，仅仅货币自身循环就能生出更多的货币（G＜G′），加上美国自20世纪六七十年代以后实体经济领域资本利润率持续下降，导致大量的社会资本涌入金融领域。据有关统计，20世纪50年代至70年代，美国金融资产流量对GDP之比平均为257倍，1980—2007年这一比例迅速上升到418倍；不仅如此，近一二十年来，即使是非金融公司，其资产总额中金融资产也在迅速增长，所占比重越来越高。20世纪70年代，非金融公司的金融资产与实体经济资产之比为40%多，到90年代，这一比例已接近90%。

金融资本本身并不创造剩余价值，货币循环（G＜G′）之所以能生出更多货币，全靠投机诈骗、高杠杆运作。正是这种在高杠杆运作中的投机诈骗能带来高额回报，给极具冒险性的资本以强烈刺激，不惜举借高于自身资产数倍、数十倍、成百倍的银行贷款去购买美国的金融资产、股票债券及其他形形色色的金融衍生品。在这种完全脱离实体经济的货币循环中，出现一个十分奇特的现象："债务"成为重要的"发酵剂"。美国的各种所谓"金融创新产品"或金融衍生品，大都由美国政府债务、公司债务以至普通消费者的消费抵押债务等包装而成；同时，要高杠杆运作，购买这些金融衍生产品，又需要举借新的债务。正是在这种"举债"购买由各类债券包装成的金融衍生产品的恶性循环中，导致美国经济中由金融衍生产品（其中相当部分是"有毒"的）所形成的虚假财富如脱缰之马急剧膨胀。据国际货币基金组织（IMF）最近的报告，目前全球的金融衍生产品总值已达596万亿美元，是全球股市总值65万亿美元的9倍，是全球GDP总量54.5万亿美元的11倍。其中美国的金融衍生产品总值占全球的50%以上，已高达300多万亿美元，是美国号称的13万亿美元GDP的25倍。日本学者的上述估算应该说还是比较保守的，据2008年10月7日出版的《东方日报》所载之文称，美国市场的金融衍生产品的总值高达455万亿美元，占全球金融衍生产品总值的76%，相当于美国号称的年GDP 13万亿美元的35倍。文章援引美国前总统布什的哀叹："华尔街醉了，什么时候不再搞这么多花巧得令人头晕脑涨的金融产品，才算醒醒了！"但布什哪里知道，在新自由主义金融自由化的主导之下，华尔街是不可能"醒醒"的！因为，美国的众多金融机构，都是由这种虚拟的、泡沫化的有毒金融衍生产品撑起来的。以美国最大的房产抵押金融机构房利美、房地美为例，其核心资产总共为750亿美元，但它们所发出的衍生金融债券竟高达52000亿美元，是其核心资产的近70倍，泡沫之大令人瞠目结舌。可见，被有些人视为天堂的美国，就是建筑在这种虚拟的、有毒的金融衍生产品泡沫之上的。如果把这些泡沫都挤掉，美国还剩下什么？当然，不论是共和党的布什当政也好，还是民主党的奥巴马当政也好，都不可能动真格的去挤掉这些有毒的泡沫！

其三，金融资本流动、金融运作自由化。金融行业是一个具有战略意义的、非常特殊的行业。首先，因为现代金融是现代经济的中心，是一个国家的整个经济体的血液和命脉。其次，还因为金融产品是一种特殊商品：作为商品，金融产品的流动，要求以市场为基础并自由流动；但作为一般等价物，也即作为商品交换结算工具的货币市场工具，以及作为资产储备或转移资金、安排资产风险结构等的资本市场工具，它必须在国家计划的调控下，在国家有关法律的框架内，在国家有关部门的严密监控之下流动，以确保金融体系健康运行。最后，随着现代金融衍生产品的增多和金融产品的虚拟化，其流动性进一步增强，尤其是现代金融产品同当代高新技术——信息技术、网络技术结合之后，其流动之迅速、流动量之大，从而形成的对一个国家的金融系统乃至整个国民经济的冲击力之大，常常出乎人们的想象。正因为如此，迄今为止，世界上还没有哪一个国家实行金融自由化的金融体制而未遭受金融货币危机打击的成功范例！

对此，美国的国际金融垄断资本集团及其守门人——美国执政当局心里十分清楚。也正因为如此，为实现其尽快增值的目标，美国国际金融垄断资本不满足于仅主宰美国经济，而且要掌控整个世界经济体系，实现"全球一体化"即"美国化"，其重要杠杆之一，就是"金融自由化"。关于这一点，威廉·K. 塔布在对美国国际金融垄断资本的嬗变过程进行跟踪分析时指出："因为金融部门已经取得了对（美国）其他经济部门的操控，实际上也取得了指挥债务人、弱势公司和（美国）政府的权力。由于它的权力增长，它可以要求在更大程度上不受管制，从而使得它进一步膨胀，并危及更大的经济系统的稳定性。"

美国国际金融资本垄断集团及其守门人美国当局推行的"金融自由化"，主要有两个方面的含义：其一是金融资本流动自由化。20 世纪八九十年代以来，美国国际金融垄断资本集团加大在全球推行金融自由化的力度，要求各国改变境内外金融市场的分离状态，对外开放金融市场，实行外汇交易自由化等等；1990 年出笼的"华盛顿共识"明确要求"放松对外资的限制"，这一切的要害在于，削弱他国的经济主权、金融主权，为其国际金融垄断资本自由进出他国"圈钱"、进而控制他国经济扫清道路。

还应该指出的是，在推行"金融资本流动自由化"方面，美国当局历来实行双重标准：他们鼓吹的"金融自由化"，仅适用于美国的金融垄断资本及其豢养的大大小小金融巨鳄进入其他国家的金融、资本市场，如果其他国家的资本进入美国市场，将会遇到法律的甚至行政的种种壁垒，受到严格的限制、审查甚至被拒之门外。近几十年来，美国当局在维护其"国家安全"的名义下，通过立法或发布行政条例，对其他国家的金融资本进入美国进行严格限制和严密金融监管，其法律的或行政法规的条款多达1000余条。

美国当局推行的"金融自由化"的第二个方面的含义，就是主张金融运作自由化，取消金融运作中必不可少的监管环节。监管环节的缺失，使大大小小在货币循环中运用欺诈手段"圈钱"的金融巨鳄获得空前"解放"，近二三十年来，"金融创新"被亵渎，成了"金融诈骗"；金融衍生产品大多被毒化，成了美国产另类"摇头丸"。正是在美国这样一个充满欺诈、剧毒的金融、资本市场上演的一幕幕"圈钱"大比拼过程中，孵化出了一批又一批麦道夫、斯坦福之流的超级欺诈骗子，甚至连号称美国金融市场看门人的穆迪、标准普尔、惠誉等信用评级机构，在美国的充满尔虞我诈的金融大染缸里也被熏陶为专事出卖灵魂（穆迪高管："我们为了赚钱，把灵魂出卖给了魔鬼。"）、同金融巨鳄们沆瀣一气、将大批"有毒债券"贴上"优质"、"3A"标志，去坑蒙全球投资者的制度性毒瘤。所有这一切，都是对美国推行的"金融自由化"的经典注释！

其四，实体经济逐步空心化。近二三十年来，美国经济金融化、金融虚拟化、金融衍生产品泡沫化，仅仅是美国经济畸形发展的一个方面。美国经济畸形发展的另一个方面，是实体经济逐步萎缩、国民经济空心化。实体经济的主体制造业也就是第二产业在GDP中的比重，1990年仅为24%，2007年进一步下降至18%；制造业投资的增长率2006年仅为2.7%，投资额仅相当于GDP的2.1%。20世纪的八九十年代，美国的服务性行业（主要是金融行业），已占GDP的70%左右，在实体经济领域，除军事工业仍为全球之冠外，其余仅石油、IT、房产、汽车、飞机制造以及农业等产业还能称雄于全世界。但自进入21世纪后，先是IT产业泡沫破灭受沉重打击，继而因"9·11"事件使飞机制造业遭重创；21世纪初为摆脱经济衰退，实行30年期购房贷款60年来最低利率以刺激住宅销售，营造了房地产业的巨大泡沫。2007年房地产因泡沫破灭而一蹶不振；在由此引发的金融危机中，美国所剩为数不多的实体支柱产业——汽车行业又遭重创，克莱斯勒、通用、福特三大汽车巨头因汽车销量骤降、经营出现巨额亏损——仅2008年第三季度这三家公司亏损共达240多亿美元、债务负担过重、股价暴跌至垃圾股边缘而深陷困境，克莱斯勒、通用两公司不得不先后申请破产保护，福特公司也在考虑出卖所持马自达的股份以维持运转。至此，美国这个庞然大物稍有竞争力的实体经济产业已经所剩无几了，扳起指头数了数，仅军工、石油、农业而已！

顺便指出，近几年来，美国号称其年GDP已达13万亿美元左右。现在看来，这也是一个为维持美元霸主地位而被注水稀释了的数字。进入新世纪后，在美国经济中，金融业占半壁江山。然而美国的金融业除美钞印制外，毕竟是虚拟的、泡沫化的，今年虚拟资产估值10万亿美元，明年金融市场、资本市场一旦动荡，马上会缩水至6万亿美元甚至更少。比如，据私募基金百仕通集团执行长史瓦兹曼统计，此次金融危机在不到一年半的时间即毁掉45%的世界财富。另据美联储2009年3月12日公布的资料，美国家庭的财富（房产、银行存款、股票资产减去债务）2007年第二季度为64.4万亿美元，至2008年年底剩下51.5万亿美元，一年多缩水20%，仅2008年第四季度即缩水9%。到目前为止，美国的金融危机和全面经济危机还在发展，其金融系统近乎腐烂，信誉也丧失殆尽，金融企业大都亏损、缩水，美国的年GDP到底剩下几何，这可能是一个美国政府不愿正视的数字。关于这个问题，头顶"商品大王"桂冠的罗杰斯（Jim Roqtrs）曾有一段精彩的点评："我不会相信政府公布的任何数据，美国政府无论通胀数据或经济增长都讲了十多年的大话……我不会在意政府公布的数据。"

其五，在所谓"效率优先"的新自由主义政策主导下，美国劳动大众日益贫困化。以自由化特别是金融自由化、私有化、市场化或市场原教旨主义为灵魂的新自由主义，是为国际金融垄断资本榨取尽可能多的劳动者血汗服务的。所谓"效率优先"本质是"资本效率优先"、"资本增值效率优先"。私有化、市场化、自由化之于"资本增值效率"，犹如水之于鱼；只有在不受制约的市场里，资本尽快增值的"效率"才能得以彰显或实现。然而，满足资本尽快增值的"效率"，是以牺牲社会公平、以广大劳动者的日益贫困为代价的。对于这一点，新自由主义者们向来讳莫如深，足见其虚伪性。但客观事实充分证明"效率优先"是一种经典的"劫贫济富"政策：近二三十年来，随着科学技术的进步，工人素质的提高，劳动生产率也大大提高，工人在单位时间内创造的价值也在增加，工人的工资本应相应提高，而事实是美国工人的工资不仅没有上升，反而不断下降。1971年美国企业工人平均工资每小时17.6美元，至2007年每小时工资下降到10美元，降幅达43%；如果将通货膨胀因素考虑进去，工人的实际工资降幅更大。

正是在所谓"效率优先"政策的主导下，美国社会的两极分化进一步加剧。近二三十年来，美国企业高管与普通员工的工资差距，从40∶1扩大到了357∶1。20世纪70年代之后的30年中，美国普通劳动者家庭的收入没有明显增加，而占人口0.1%的富有者的收入增长了4倍，占人口0.01%的最富有者家庭的财富增加了七倍。从2000年到2006年，美国1.5万个高收入家庭的年收入从1500万美元增加至3000万美元，6年翻了一番；而占美国劳动力70%的普通员工家庭的年收入从25800美元增至26350美元，仅增长550美元，6年仅增2%。前者的家庭年收入为后者的1150倍，在这6年中前者年收入的增加额为后者年收入增加额的近3万倍。

美国政客及一些资产阶级经济学家常常津津乐道：美国普通民众均持

有股票，"人人都是资本家"。其实，这也是一个大骗局，真相是，占人口10%的富人持有美国股票市值的89.3%、全部债券的90%，而普通员工持股之和仅占全部股票市值的0.1%。

贫者越贫，富者越富，且后者建筑在前者之上。这就是"效率优先"所构建的今天美国的社会现实。

其六，美国经济乃至国家运行的基础债务化。有关统计资料显示，2006年前后，美国居民消费已经占到美国GDP的73%。根据这一统计口径，如果再按美国声称的年GDP 13万亿美元计算，2006年美国居民人均消费3万美元左右。而占劳动力70%的普通员工家庭的平均年收入为2.6万美元，一个家庭按4口人计，人年均可支配收入当不足万元，远远不足以支付人年均3万美元的消费支出。这里的可能解读只能有二：一是正如罗杰斯所言，美国发布的数据有极大水分，其年GDP根本不足13万亿美元。即使按人年均消费支出高出年人均可支配收入（1万元）1倍进行框算，美国的年GDP也只能在8万亿美元之下；二是即使按2006年美国年GDP 8万亿美元计算，是年美国人均消费支出（8万亿×0.73÷3亿人）2万美元，人均可支配收入1万美元，消费资金缺口人均还达1万美元。这笔巨大的消费资金缺口靠什么填补呢？只能依靠借贷！

资本主义经济在生产社会化与生产资料私人占有这一基本矛盾的支配下，一方面是生产、物资供给具有无限制增长的趋势，另一方面是因资本盘剥的加重广大劳动者的贫困加深，有支付能力的社会购买力增长缓慢，导致相对过剩的经济危机周期性发生。当资本主义发展到国际金融垄断资本攫取主导地位之后，仅仅从生产资本那里分割更大一块"企业剩余"已无法满足其深不见底的欲壑，在"金融创新"的旗帜下，"$G < G'$"的"圈钱"魔术式"经营"堂而皇之地登上了资本主义经济的最高殿堂：股票、股市以及各种基金逐步去集资之功能，与经济基本面脱钩，蜕变成了

高杠杆运作以"圈钱"的大赌场；债券，对于国际金融寡头来说，成了资本市场上可以"一箭三雕"的新宠：一是鼓动借贷消费可暂时缓解因劳动大众贫困加深、社会购买力不足导致的生产相对过剩经济危机；二是可从借贷消费的劳动大众身上进行再次榨取；三是通过将各种债券（包括坏账、死账债券）包装成形形色色的金融衍生品可对美国乃至全球投资者进行坑蒙诈骗，以转嫁损失。

正是在美国国际金融垄断资本集团的主导、推动之下，近一二十年来，在美国逐步形成了一种"负债经济模式"：

普通民众靠借贷维持日常消费。有学者据此责难美国人是超前消费，其实，这是一种误读。美国民众靠借贷消费，不过是为了维持一种较为体面的生活而已，是不得已而为之。据有关资料（见图1、图2），美国家庭债务占其可支配收入的比重，1983年为75%左右，2000年上升为125%；美国家庭债务占其税后收入的比重，1980年为60%，2000年为110%。

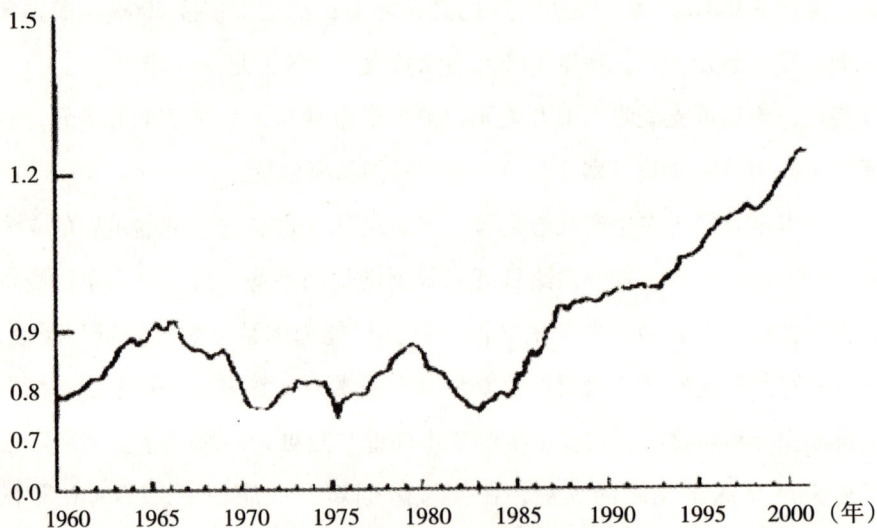

图1　美国家庭债务与可支配收入比例

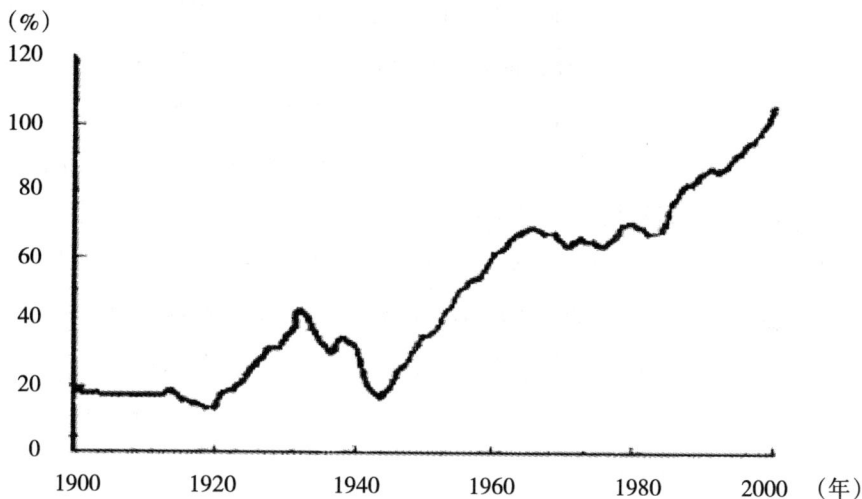

图2 美国家庭债务占税后收入比重

资料来源：NIPA and Flow of Funds.

从20世纪八九十年代开始，美国民众家庭已经是入不敷出了。所以，消费信贷急剧增长，从1971年到2007年的26年间，美国民众的消费信贷从1200亿美元激增至2.5万亿美元，增加了近20倍。这还不包含高达11.5万亿美元的住房负债，如将两者相加，总共负债14万亿美元，比美国一年的GDP还要多，平均每个美国人负债近5万美元，当然，负债最重的还是低收入者。

不仅美国广大民众靠借贷维持日常消费，美国企业甚至政府也靠举债维持经营或运转。2007年美国国债余额为10.35万亿美元。金融危机爆发后，2008年布什政府推出8500亿美元救市国债计划，为此国会不得不将国债上限提高至11.3万亿美元；2009年奥巴马上任后，又推出7870亿美元国债救市计划，国会又不得不为此将国债上限提高到12.1万亿美元。近期，也就是8月7日，美财长盖特纳再一次向国会申请突破12.1万亿美元的国债上限，看来美国国债余额将直逼13万亿美元。这相对于美国政府发布的大大注了水的年GDP 13万亿美元来说，美国国债率已高达100%，远远高于国际公认的安全债务率 60% 的上限。问题的严重性还远不止如此：如果把美国政府对国民的社会保障欠账等内债加在一起，2009 年美国的债务余额已高达 55 万亿美元；如果再把诸如"两房债券"之类的抵押债券、美国各大财团所发行的说不清是公司债还是政府债务等共计 20 万亿美元（2007 年年末美国国债协会 SIFMA 统计）债务统计进来，美国政府的债务总额将高达 75 万亿美元。而按 2007 年的市场公允价格计算，美国的全部资产总市值约 76 万亿美元。近两年，美国爆发严重金融危机和全面经济危机，部分资产大幅缩水，其资产总市值已远在其国家债务总额 75 万亿美元之下。这就是说，美国已经资不抵债，从一定意义上，美国比沦落到破产边缘的冰岛还要糟得多！

　　以上 6 个方面的基本特征，是以美国为代表的国际金融垄断资本主义的基本矛盾在运行中的基本表现。它反映在资本主义的国际金融资本垄断阶段，生产社会化同生产资料私人占有之间的矛盾在进一步发展，企业内部尤其是金融企业内部的有组织性、计划性同超越国界的全球性的无政府状态间的矛盾空前尖锐，生产无限制扩大的趋势同劳动大众相对贫困导致有支付能力的社会购买力不足的矛盾在进一步激化，国际金融垄断资本的寄生性从而腐朽性在日益加深。这一切表明，美国当前爆发这一场近百年来最严重的金融危机，并很快席卷全球，绝非偶然，是美国国际金融垄断资本的寄生性和腐朽性日益加深、国际金融垄断资本主义的基本矛盾日益激化的必然结果。

（来源：《中国社会科学》2010 年第 2 期）

经济危机：一种马克思主义的解读
——兼与凯恩斯主义经济学和新古典主义经济学比较

[美] 斯蒂芬·雷斯尼克、理查德·沃尔夫

孙来斌　申海龙译

马克思主义致力于探寻资本主义的危机与其独特的阶级结构的内在关联。在它看来，由一个阶级结构过渡到另外一个截然不同的阶级结构，是有效解决资本主义危机的必然要求。无论是强调管制还是放松管制，只要资本主义根本制度不改变，它的阶级结构都会系统地、周期性地加剧资本主义的危机。

一　引　言

两种相互竞争的主流经济理论对 20 世纪资本主义经常发生的危机都作过解释。对于当今的危机，它们也毫不例外地提出了相应的解决方案。凯恩斯主义声称，如果没有外界干预，资本主义私有经济可能停留在持续低

迷或长期通胀状态，以至于最终对资本主义制度本身构成威胁。"管制，加强管制"，是所谓凯恩斯主义"先知们"的口号。新古典主义经济学家们通常谴责凯恩斯主义倡导的国家干预，矛头直指由于多重市场规则不可避免地产生的监管失误、政治力量对市场的操纵以及由此产生的低效率。因此，"放松管制，解除管制"，便成为新古典主义经济学家的口号。尽管两者在国家干预的必要性问题上抱持截然不同的看法，但是在对于资本主义的态度上两者都显示出深厚的保守主义传统。两者之间的某些理论摇摆，是服务于这种共同的保守主义传统的。

马克思主义对资本主义经济危机也有自己的解释和解决方案，并与前两者存在明显区别。马克思主义致力于探寻资本主义的危机与其独特的阶级结构的内在关联。在它看来，由一个阶级结构过渡到另外一个截然不同的阶级结构，是有效解决资本主义危机的必然要求。这是因为，无论是强调管制还是放松管制，只要资本主义根本制度不改变，它的阶级结构都会系统地、周期性地加剧资本主义的危机。

二 剥削与美国历史

虽然多次受到经济危机的干扰，但是美国资本主义在 20 世纪 70 年代末期之前近一个世纪的发展历史证明：在占有足够的剩余价值、进行有效的剩余价值分配的前提下，资本主义仍然具有自我扩张的能力。

马克思主义对当前美国的资本主义危机的解读，是将之同资本家与工人之间剥削与被剥削的结构相关联的。美国资本主义在 2008 年 9 月所遭受的失败有着长达 120 年的深厚阶级根源。从 19 世纪 90 年代初期到 20 世纪 70 年代后期，在工业领域出现了两种主要趋势。一方面，制造业工人的实际工资每年增长了约 1.8%；另一方面，制造业工人的劳动生产率在不断提高，每年达到约 2.3%。

21 世纪是美国资本主义获得持续成功的世纪。资本家稳步增加的剩余价值为其进一步有效扩大和加强阶级剥削创造了条件。这种利益格局有利于资本家利用不断增长的剩余价值实现美国的全球霸权。资本家对于剩余价值分配的多样性，显示了美国资本主义发展的历史变迁。数量庞大的剩余价值促进了资本积累，并被用于购置机器、兴建工厂和基础设施等，这样就直接增加了工人劳动的产出量，也就生产了更多的剩余价值。生产规模的扩张和新技术的运用，意味着劳动生产率的提高以及消费品单位价值的降低，因此也就提高了剥削程度。一部分剩余价值被用来支付研发费用，这样就会促成新的产业浪潮，而新的产品又会带来更多的剩余价值。一部分剩余价值被用来寻求官商勾结和政府庇护，以便资本家能够从工人身上榨取更多的剩余价值。为了有效降低销售环节的成本，需要构建一个批发和零售的交易网络，产业资本家还将一部分剩余价值以商品销售折扣的形式分配给销售商。因此，以便资本家获得更多的剩余价值。产业资本家还会以利息的形式给银行分配部分剩余价值，以便从银行获得用于增加生产投资、研发费用以及扩大和改善与官僚机构的关系所需要的资金。同样，产业资本家还会以股息的形式将一部分剩余价值分配给股东，以便其公司通过向公众出让部分股权从而拓宽融资渠道。最后，产业资本家还会以税赋的形式向各级政府分配一部分剩余价值，并促使政府提供公共服务和基础设施，从而降低资本家的运营成本，促进剩余价值生产。虽然多次受到经济危机的干扰，但是美国资本主义在 20 世纪 70 年代末期之前近一个世纪的发展历史证明：在占有足够的剩余价值、进行有效的剩余价值分配的前提下，资本主义仍然具有自我扩张的能力。

三　剥削程度的加剧与实际工资的增长

　　消费主义存在于特殊的社会关系之中，它的流行表明了美国工人缺乏对阶级剥削的清醒认识。消费主义把工资和消费水平的上涨视为对工人薪酬劳动的充分和恰当的补偿。

　　从19世纪90年代到20世纪70年代，工人实际工资的增长促进了他们消费水平的提高。在工人自己和绝大多数人看来，个人消费水平已经成为衡量他们生活是否成功的标准。一个人的消费水平和消费方式，反映了他的社会地位。消费主义存在于特殊的社会关系之中，它的流行表明了美国工人缺乏对阶级剥削的清醒认识。消费主义把工资和消费水平的上涨视为对工人薪酬劳动的充分和恰当的补偿。消费主义强调，资本主义已经意识到并采取行动给予了工人恰当的甚至是慷慨的补偿。通过这种强调，消费主义有效地置换了马克思主义的"剥削"概念。消费主义断言，不断增长的消费水平证明了以下两点：（1）资本主义不但可以而且能够提供更多的产品；（2）日益增长的个人消费水平反映了资本主义相对于社会主义的优越性。当然，单靠消费主义本身还不能压制马克思主义对剥削的相关解释，政府、被资本雇佣的资产阶级意识形态家、宗教界还有其他团体也陆续加入打压队伍之中。他们声称私有企业、自由市场能够保证绝对的个人自由，而社会主义因为实行公有制、计划经济而妨碍个人自由。

四　剥削程度的加剧与实际工资的停滞

　　实际工资上升的时代已经一去不复返了。这种曾经通过提高工人工资来增进消费并借以表白、歌颂、维护自己的资本主义，现在再也不能那么做了。

自 20 世纪 70 年代后期开始，美国产业工人的实际工资停止了增长。从此前 90 年的记录来看，这是一场深刻的变化。尽管制造业的生产率在不断地提高（从 1978 年至 2007 年，年递增率为 3.26%），然而实际支付的制造业工人的工资几乎没有多大变化，有时甚至还有所下降（从 1978 年至 2007 年，每年下降的速度大约是 0.37%）。资本家从每个工人那里不断获得越来越多的产出，但工人得到的实际工资却并未相应增加。在马克思主义看来，此间的剥削率呈现稳步增长的态势，并可能达到前所未有的高度，生产者和产品占有者之间的社会分化的鸿沟也在不断加深。最为重要的是，实际工资上升的时代已经一去不复返了。这种曾经通过提高工人工资来增进消费并借以表白、歌颂、维护自己的资本主义，现在再也不能那么做了。

20 世纪 70 年代以来，剩余价值生产的激增态势改变了美国资本主义。随着剩余价值的增加和工人实际工资的萎缩，财富源源不断地涌入资本家的腰包。由于大部分的美国资本主义企业是公司制企业，结果造成公司的财富、权力和影响统治着整个社会。公司董事会的头头们将大部分剩余价值装入自己的口袋，将一部分剩余价值分给下级管理人员、银行、经销商、股东、土地和技术所有者等。这些受益群体弹冠相庆、皆大欢喜，而广大工人群众的生活却步履维艰、每况愈下。

五　为什么实际工资会停止增长

资本家为自己的收益欢欣鼓舞，工人和政府为自己的损失闷闷不乐。所有这一切最终交会到一起，引发了 20 世纪 30 年代以来美国资本主义最严重的危机。

自 20 世纪 70 年代后期开始，美国资本家不得不面临一个严重的问题：一方面，他们获得了比以前更大份额的剩余价值；另一方面，对于分割剩余价值的新要求也层出不穷。一些公司的经理要求获得更大份额的剩余价值，用以进行资本积累和技术升级，从而能够更有效地与国外企业竞争。与此同时，政府官员也要求以增加税收的形式获得更多的剩余价值份额，因为要维持美国在战后的统治地位，实施旨在安抚日渐动荡的部分穷人的一揽子社会工程，都需要大笔的资金。工会继续使用他们的合法权力，为工人争取分配到更多的剩余价值，用以提高工人的工资、医疗待遇和养老金等。

20 世纪 70 年代以后，里根总统的新政策与新古典主义的战略具有一定的一致性，这就是避免社会权力过度集中，并借此消除有碍市场机制平稳运行的因素。但是，随着国家税收的减少，政府在促进就业等方面日益无能为力，并且越来越依靠于政府债券和证券的购买者；工会丧失了国家一度赋予它的法律和道德支持。工会同资方讨价还价的能力日趋削弱，实际上也降低了为工人赢得增加工资和改善福利待遇的概率。实际工资增长的停滞、企业税的降低和市场管制的放松等因素的结合，为资本家解决剩余价值问题上的紧迫压力提供了"方案"。新古典主义理论将这些政策视为灵丹妙药。

在马克思主义看来，里根的政策使资本家能够做到以下两点：（1）在无须增加工人工资的情况下，雇用更多的劳动力并提高生产率；（2）支付较低的公司税就确保得到国家提供的服务。这实际上意味着，生产的剩余价值越多，得到的免税优惠就越多。这些剩余价值又转而用于满足扩大资本积累、研发预算以及美国境外生产设施换代升级的需要。大量妇女源源不断地进入劳动力市场，更加大了实际工资下降的压力。始于 20 世纪 70 年代并风行全美的办公自动化，实际上改变了劳动力市场的供求状况，也进一步损害了工人的实际工资。此外，大规模的移民涌向美国，寻求工作机会和他们的"美国梦"。这又助长了大量雇主非法用工现象，并因此破坏了实际工资增加的可能。在这些因素综合作用下，美国资本家在日趋激烈的世界经济竞争中获得了更大的成功。但是，这种受到资本家青睐的方案，却给美国工人和政府带来了新的问题。资本家为自己的收益欢欣鼓舞，工人和政府为自己的损失闷闷不乐。所有这一切最终交会到一起，引发了20世纪30年代以来美国资本主义最严重的危机。

六　工人对实际工资停止增长的反应

自20世纪60年代以来，对于实际工资停止增长的现象，工人和他们的家人的反应是个体的、分散的。到了新千年来临之际，美国工人已经被长期的超负荷劳动搞得筋疲力尽，被家庭的解体搞得烦躁不安，被前所未有的债务危机搞得焦头烂额。

实际工资的停止增长使工人家庭面临深刻的危机。难道让他们由于实际工资停止增长而放弃增长的消费吗？由于增长消费的观念和消费主义在美国历史上具有深刻影响，工人们对这个问题的回答是异口同声的"不"。对于美国人而言，消费的增长是实现个人梦想和社会成功的标志，是对教育的回报，也是父母要兑现的对孩子的承诺。自20世纪60年代以来，对于实际工资停止增长的现象，工人和他们的家人的反应是个体的、分散的。

他们应对实际小时工资停滞的一般做法，就是派出更多的家庭成员，去做更长时间的工作。毫无疑问，这些做法有助于提高家庭收入，但劳动力供应的增加进一步削弱了实际工资增长的可能性，同时也造成了家庭劳动力的外流。妇女的劳动成本也在增加，并使妇女劳动的净收益大大缩水，也抑制了消费增长的势头。因此，为了消费增长这一目的而产生的另一个资金方面的问题，又摆到工人面前。

这个问题就是家庭债务。美国联邦储备委员会在 1975 年统计的家庭债务总额为 7340 亿美元。到 2006 年，这一数字已经飙升至 128170 亿美元。这 30 年间家庭债务的激增，多半源于抵押贷款。大部分的工人基本没有什么储蓄，数以百万计的工人所承担的债务已经远远超过了他们合理的承受预期。无论是美国本土出生的人还是外来的移民，似乎都下定决心要为实现他们的"美国梦"放手一搏，而将风险和代价置之度外。到了新千年来临之际，美国工人已经被长期的超负荷劳动搞得筋疲力尽，被家庭的解体搞得烦躁不安，被前所未有的债务危机搞得焦头烂额。

在马克思主义者看来，实际工资的长期停滞和劳动生产率的不断上升，意味着工人劳动力价值的下降。广大的工人得到的越来越少，而少数的资本家得到的越来越多；资本家所得到的，正是工人们所失去的。

七 资本家的反应

激增的财富日益集中在相当少的人手中，促进了管理型企业的飞速发展。对财富的管理也悄悄地变成一种投机行为，正如以前资本主义经济危机悄悄地临近一样。

自 20 世纪 70 年代以来，与美国工人一再被压榨现象形成鲜明对照的是，美国资本主义处于持续扩张状态。美国近几十年的收入分配格局一直是有利于最高收入者的，这一点可以从剥削率的不断攀升中得到反映。资本家们开始将财富存放在银行及其他金融机构中，并通过这些机构以惊人的涨幅分配净收益。

激增的财富日益集中在相当少的人手中，促进了管理型企业的飞速发展，用以专业化管理投资银行、对冲基金等。对财富的管理也悄悄地变成一种投机行为，正如以前资本主义经济危机悄悄地临近一样。因此，金融企业对于争取存款的竞争日益激烈，都期望从资本家那里获得更多份额的剩余价值。这样竞争的结果就是，金融企业"发现"并经常开辟更多的业务项目（如"特殊投资工具"、"担保信托债券"、"信贷违约转换"等），以期获得更多的回报。他们并不满足于此，甚至走得更远——超越地理限制，在全球范围内吸收存款，在全球范围内投资；超越法律限制，绕过财政条例并扩大无管制的金融活动；超越谨慎原则，使投资行为比以往任何时候都具有高风险。只要剩余价值源源不断地涌进金融部门，该部门就会比美国任何其他经济部门获得较迅速的增长。金融业因为负责这些洪水般的资金流动的管理和运行而抽取了巨额的手续费和佣金，并快速膨胀。大批高校毕业生为了快速致富而舍弃其他职业，纷纷投身于华尔街或其他地方的金融业。

八　矛盾与危机

去指责借贷的工人是多么愚蠢或不负责任，去指责银行或者其他出借人是多么狡诈和贪婪，这是用道德谴责取代社会分析。马克思主义者的目标不在于道德谴责，而在于去阐明：资本主义的经济、政治和文化条件，何以造成 20 世纪 70 年代以后的矛盾发展，最终导致资本主义经济在 75 年内出现第二次全球性崩溃。

马克思主义理论一直关注矛盾问题，因此，它理所当然地要将目光聚焦于当前资本主义的矛盾关系。一方面，工人由于实际工资增长的停滞而备受压榨；另一方面，资本家却以激增的剩余价值不断提升社会地位。使两者发生联系的，就是债务。美国金融业发明和增生出一些必要的机制。

这些机制使资本家有时也可能将剩余价值的相当一部分借给工人。而工人之所以借钱，主要是因为在实际工资停止增长的情况下，他们没有其他办法来实现他们的"美国梦"；其次是因为其中有无数的再保险可以担保这种借贷是安全的、适度的，并且借贷也是非常美国化的行为。在过去的30年中，工人对信贷需求的日益扩大无形中也加深了他们所受的剥削，而银行家则从中渔利匪浅。当然，随着银行间竞争的加剧，他们也在寻求更新的、更有利可图的放款渠道。去指责借贷的工人是多么愚蠢或不负责任，去指责银行或者其他出借人是多么狡诈和贪婪，这是用道德谴责取代社会分析。我们马克思主义者的目标不在于道德谴责，而在于去阐明：资本主义的经济、政治和文化条件，何以造成20世纪70年代以后的矛盾发展，而这一发展为什么会最终导致资本主义经济在75年内出现第二次全球性崩溃。

解决工人和资本家之间债务关系的答案就在于债务的证券化。因为工人能够提供的抵押品只有他们的住宅，因此，抵押贷款数额自20世纪70年代以来大幅上升，随之而来的就是捆绑抵押证券份额的上升。全国各地银行、银行代理迅速将抵押打包转售给证券商，然后再经证券商转售给"投资者"。最初的经纪人确实赚取了一些酬金，并且还能立刻将抵押卖出，因此，他们大受鼓舞，而对借贷家庭是否有能力偿还债务并不关心。由于金融业的激烈竞争，腐败行为不可避免地与日俱增。当负债率或违约率超过一定比例时，捆绑抵押证券的价值就会大大缩水，最终引发更大规模的金融危机。当然，一旦次级抵押贷款市场崩溃，危机就会很快蔓延到为其提供抵押支持的证券市场和信贷市场，从那里扩展到所有其他相互关联的市场。

20世纪70年代以来，资本家们为这个制度所带来的前所未有的财富而欢呼雀跃，但是他们却忽略了这样的事实：此前工人曾经享受过的实际工资增长已成为历史，取而代之的是工人背负债务的不断增长。资本家们一直深信，私有制和自由市场是促进经济增长的有效机制，正是这种机制造就了他们的巨额财富和美好前景，并且"人人受益"。然而，属于资本家的美好时光终究会流逝，实际工资停滞的残酷现实，让人人发财的魔术穿帮。资本家的受益即是工人的受损，这些观点资本家难以接受也不愿理会。只有当工人群众这一边债务缠身、精疲力竭、不堪重负并最终导致资本主义制度崩溃之时，处于欢欣鼓舞"那一边"的资本家们才会手忙脚乱。

九　一种马克思主义的解决方案

马克思主义方案，目标不在于通过增加或者减少国家的经济干预、放松或加强信贷和其他市场的管制等措施去改良资本主义。我们的目标是消灭资本主义，首先是彻底改变资本主义生产的阶级结构。只有在这个目标实现后，才能辅之以人民愿意接受的或多或少的国家干预或管制。

如果像我们所讨论的那样，剥削率的不断攀升使工人首先陷入债务危机，接着导致违约，那么，一种合乎逻辑的解决方案显示如下：消除阶级剥削。我们提出的马克思主义方案，目标不在于通过增加或者减少国家的经济干预、放松或加强信贷和其他市场的管制等措施去改良资本主义。我们的目标是消灭资本主义，首先是彻底改变资本主义生产的阶级结构。只有在这个目标实现后，才能辅之以人民愿意接受的或多或少的国家干预或管制。我们倡导的这一改变，将会让创造剩余价值的工人在企业里处于首先获得剩余价值的地位。毫无疑问，这种地位也赋予工人首先分配剩余价值的权利。

阶级结构的这种变化，并不能彻底消除一种社会经济中的各种矛盾乃至经济危机。但是，后资本主义时代的危机是一种不同的危机，将会得到不同的理解，也将会受到不同的应对。首先，像当前这样由于剩余价值率不断上升而导致的危机，在后资本主义时代发生的可能性极小。这是因为，工人自己掌握了企业董事会，他们不可能允许出现这样不断上升的剩余价值率。即使发生危机，人们采取的应对措施也将是富于人道主义和公平之心的，因为在消除资本主义阶级结构的过程中已经诞生了一种新型的阶级民主，这种民主所倡导的公平与共享原则，已经深深植入后资本主义时代的阶级结构之中。

十　一个结论性寓言

对于资本主义危机的受害者而言，基于道德、伦理和其他理由而去反对资本主义制度的时刻也许已经来临，探讨废除资本主义制度本身是不是消除资本主义危机最佳方案的时刻已经来临。

在很长一段时期内，当美国南部奴隶制内部发生危机并给奴隶们带来巨大苦难时，许多人要求政府干预以减轻这种苦难。政府采取的应对措施就是或大或小地调整一下奴隶制。但是经历多次危机之后，越来越多的人逐渐认识到，这种局限于奴隶制内部所做的或大或小的调整，并不能有效防止危机的发生。于是乎，他们开始站到另外的立场上，即基于道德、伦理和其他理由去反对奴隶制。换言之，他们开始把废除奴隶制本身作为解决奴隶制反复发生危机的最佳方案。今天，在经历了政府的强化管制、放松管制、再次强化管制的循环之后，资本主义危机仍然反复发生。对于资本主义危机的受害者而言，基于道德、伦理和其他理由而去反对资本主义制度的时刻也许已经来临，探讨废除资本主义制度本身是不是消除资本主义危机最佳方案的时刻已经来临。

（来源：《国外理论动态》2010 年第 10 期）

国际金融危机与现代资本主义的困境

［日］高田太久吉　日本中央大学商学部教授

武　萌　张琼琼　摘译

在新自由主义意识形态、新古典经济学宏观经济政策和市场原教旨主义——"三位一体"的经济体制下，危机的发生不可避免。对现代资本主义不能仅限于对其"市场原教旨主义"的批判，过剩的货币资本成为危险的投机资本而无法给苦于失业和贫困的人提供就业机会，这不仅是"市场的失败"，也是"资本主义的失败"。

源于 2007 年美国次贷危机的金融危机凸显出现代资本主义的结构性矛盾。在新自由主义意识形态、新古典经济学宏观经济政策和市场原教旨主义——"三位一体"的经济体制下，危机的发生不可避免。

现代资本主义已进入探索新体制的时代。本文以此次危机反映出的现代资本主义的结构性矛盾和历史局限性为切入点，通过对现代资本主义在克服当前经济危机过程中面临的困境的分析，提出应对危机的可行性建议。

一　危机的特质

所谓经济金融化是指，依靠增加企业、家庭、公共部门、众多发展中国家债务负担维持市场需求，通过持续性资产通胀（泡沫）使金融机构和机构投资者及其控股企业获取金融性收益的虚拟资本市场发展为"金融资本主义"体制。

1971 年的尼克松冲击导致布雷顿森林体系崩溃，国际货币制度出现结构性变化。美元由金本位兑换转变为不兑换货币，固定汇率制被浮动汇率制取代，国际金融市场变得极不稳定。1980 年以来，国际金融市场先后发生了 1987 年"黑色星期五"危机、1997 年亚洲货币危机和 2000 年前后的IT 泡沫破灭等危机。与之相比，本次金融危机的影响更严重。

（一）二战后首次国际性金融危机

此次金融危机是 20 世纪 80 年代后经济金融化、金融证券化、金融全球化下的首次世界性金融危机。究其根源，20 世纪 80 年代后快速发展的国际金融市场和金融产业的结构变化、金融体系极度的不稳定性和脆弱性首当其冲。

1. 与以往的股票市场和社会债券市场结构不同，20 世纪 80 年代以后，资产证券化市场伴随美国房贷和消费贷款的增加而不断扩大，20 世纪 90年代以来，世界范围的低利率和剩余资本迅速膨胀。但这并未引起无论是金融业界抑或监督机构的重视，国际监管机制功能缺失。

2. 20 世纪 80 年代后，基于财政理论的金融工程学被广泛引入金融交易领域，并由此产生了总额达 600 兆美元（2007 年年末）的巨大金融衍生品市场。"各类金融市场和金融机构通过衍生品交易紧密关联，形成全球性"风险连锁"。大部分衍生品交易游离于监管之外，"风险连锁"失控，其发展和蔓延机制变得无法预测。

3. 由少数大金融机构和机构投资家构成的网络，掌控着包括衍生品市场在内的现代金融市场中枢，而风险管理机制却严重缺失。伴随近年来金融证券化和金融产业变化，金融机构的风险中心由原来的违约风险（信用风险）质变为市场风险（利息、证券价格、汇率等变动产生的风险），金融机构的风险管理机制严重滞后，难以发挥作用。

4. 美国的大型证券信用评价公司和单一险种保险公司支撑着以投行为首的大型金融机构大规模的证券发售，但其业务本身却存在深刻的利益互斥问题。伴随资产证券化市场的崩溃，一直以来作为证券市场"守门员"和市场准入的大型信用评价公司信誉扫地。金融保险公司业务模式的致命缺陷暴露，资产担保证券的价格支柱瓦解，市场全面崩溃。

近年来迅猛发展的金融证券化商业模式和交易体系十分脆弱，相关国际规则、制度和监督机制极不完善。几乎所有政府、金融当局以及以国际货币基金组织为首的国际金融机构均未遏止危机的发展。此次国际金融危机堪比20世纪30年代的银行业危机。

（二）经济金融化

危机发生前的20多年里，在美国经常性巨额国际收支赤字和财政赤字的背景下，世界范围内不断累积的"过剩货币资本"为追求更多的利润而大规模流入金融市场。过剩货币资本的不断积聚与企业、家庭、公共部门及发展中国家的债务激增形成鲜明对比。金融市场中的贷出方同是借入方，债权与债务形成了内外一体的关系。

20世纪80年代以来，金融市场与金融产业急速膨胀（经济金融化）。优先考虑金融产业与投资者利益的"金融立国论"影响不断扩大，主要产业领域出现生产过剩，一味重视企业财务状况的经营模式导致实体性投资和研究开发停滞不前。

所谓经济金融化是指，依靠增加企业、家庭、公共部门、众多发展中国家债务负担维持市场需求，通过持续性资产通胀（泡沫）使金融机构和机构投资者及其控股企业获取金融性收益的虚拟资本市场发展为"金融资本主义"体制。此次金融危机正是这种资产通胀依赖型经济体制发展至极限后，虚拟资本价格暴跌和信用骤降引起的全球金融危机。

（三）投资银行模式的终结

由于资产证券化市场的全面崩溃。过去20多年中引领"经济金融化"和"金融证券化"进入国际金融市场的大型投资银行大多濒临破产，其经营模式走向终结。

源于华尔街的投资银行模式是无实际储蓄存款业务的"影子银行"模式，它规避大多数规定和监管，开展银行业不被允许的证券业务和高利贷等业务，以追求高资本收益率和高股价为目标，被称为组织—买卖（OAD）商业模式。

大型投资银行、机构投资家、大证券信用评级公司、保险公司等华尔街形形色色的利益集团捆绑式发展至今，形成了金融投机依赖型"基金资本主义"，投行模式的终结意味着这种模式的破产。

（四）大型金融机构破产与"太大而不能倒"（Too - Big - To - Fail）政策

此次金融危机中，全球资产证券化市场出现多米诺骨牌式崩溃。大型金融机构发生"波纹状"经营破产危机，银行间短期金融市场因短期流动资金枯竭而陷入瘫痪。为挽救短期金融市场，各国政府和金融当局纷纷实施无限制"流动性供给"，动用财政资金进行大规模的救济和介入。此举甚至被西方媒体戏称为"金融社会主义"。美国联邦储备委员会主席伯南克提出的大稳健（Great Moderation）论的虚构性暴露无余，政府和监管机构推出的"太大而不能倒"政策，显示出现代金融监管制度潜在的两难困境。

二 现代资本主义的局限

在"经济金融化"背景下，依靠掠夺性金融和资产（虚拟资本）通胀维持"经济增长"的现代资本主义遇到难以超越的历史局限性。货币资本过剩和限制松动导致投机活动剧增，现代资本主义体制下无法避免的根本矛盾，即资本与自然、资本与人类、资本与社会的矛盾激化。

通过此次国际金融危机宏观考察金融市场的深刻病因，会发现现代资本主义的结构性矛盾及其历史局限。

（一）货币资本过剩与经济金融化

过去20多年中，伴随结构性变化和巨额过剩货币资本膨胀，金融市场与金融产业极度肥大化。金融资产和债务的同时膨胀导致经济金融化。

金融市场以高于经济增长率几倍的速度迅速膨胀，金融产业的规模和利润剧增。企业的经营活动被资本市场所左右，"重视股东利益"的经营模式被大大强化。企业一味优先考虑股东利益而无暇顾及企业的社会责任，为维持股价而抑制积极投资，借款买入本公司股份、抬高股价、控制人工费用和裁员。而金融当局为维持证券价格和经济繁荣不断采取低息政策，有计划地将储蓄导入证券市场。一方面，企业投资和家庭支出缩减、国内市场萎缩；另一方面，金融机构和机构投资者的货币资本不断膨胀，现实资本与货币资本极度失衡。

（二）风险管理中空化与次贷膨胀

世界性货币资本过剩引起了次贷市场和证券化资产市场的异常膨胀，以及不动产和衍生品证券的复合性泡沫（不反映实体经济的增长，只反映过剩货币资本的资产通胀）。银行贷款通过住宅贷款中介的掠夺性扩张迅速扩大至低收入阶层，汽车、消费、助学等贷款也因审查放宽而大量流入证券市场，金融机构的风险管理功能彻底中空化，现代世界金融体系的基础和支柱瓦解，自身已无法进行机能修复。在"经济金融化"背景下，依靠掠夺性金融和资产（虚拟资本）通胀维持"经济增长"的现代资本主义遇到难以超越的历史局限性。

（三）金融危机恶化源于实体经济的恶化

危机虽得到各国政府和金融当局的空前干预和救济，但最终失控并发展成世界性金融危机，世界经济增长率大降、失业率骤升、企业破产倒闭激增。现代资本主义的累积性构造不仅蕴涵着金融体制的各种脆弱性，还孕育着实体经济深层的脆弱性：生产过剩、收益低下、生产性增长困难、家庭与政府的债务依赖型市场需求、过度的国际竞争等。

（四）大型金融机构间合作机制失效

各大金融机构未能构筑起防止危机蔓延的必要合作机制。回顾近年来发生的金融危机，在20世纪80年代发展中国家债务危机和1998年俄罗斯危机、大型对冲基金公司长期资本管理公司（LTCM）破产危机发生时，本为国际市场竞争对手的大型金融机构，在遇到连锁性风险的威胁面前达成了被动合作，最终渡过了难关。

但2007年年末至2008年春，由花旗银行、美林证券等发起，得到美国财长强力支持的超级结构性投资载体（SIV）计划，不仅未获得欧洲和日本的大银行的合作，即使在美国国内也最终被迫流产。这也说明了此次金融危机的特殊性。

（五）原油、商品市场的投机市场化

全球流动的投机资本不仅进入不动产和证券等虚拟资本市场，也侵入了原油、商品及其他实体市场，致使包括原油和农产品在内的各种生活必需品价格剧烈震荡。

受其影响，金融市场乃至社会保险、劳动力、环境、能源、食品等与人们生活相关的诸多领域都出现混乱。货币资本过剩和限制松动导致投机

活动剧增，现代资本主义体制下无法避免的根本矛盾，即资本与自然、资本与人类、资本与社会的矛盾激化。人们对包括经济体制在内的资本主义制度本身的不安、不信任和批判高涨，最鲜明的例子是最近在拉美诸国对新的社会主义体制的关注。

三 现代资本主义面临的困境

转变放任自流的新自由主义金融自由化政策，立即停止政府、金融业界和部分专家高举的"金融立国论"以及毫无根据的所谓"国际标准"理论。

多年来无限制的政策放宽和过剩的资本积累，致使经济体制自身的结构性、复合性矛盾加深。

（一）政府、监管机关的责任和职能

作为此次金融危机主犯的华尔街和作为其监护人的政府、金融当局，未能控制危机的爆发和蔓延。结果导致金融机构和机构投资者不健康且无计划的信用膨胀和投机活动，破坏了金融系统的自我恢复能力，国际金融市场整体成为一个巨大的传销网。

要恢复金融体系的健全和稳定，就必须正视金融市场存在的各种制度性问题，全面重建金融监管体系。特别是要以改革国际清算银行（BIS）体制为中心，重新建立银行和评估公司市场准入功能，大力强化政府、监管机构的监管职能。

1. 重新评价国际清算银行扭曲的评估制度，构筑以银行经营的健全性和安全性为依据的、多指标的、综合性的监控机制。大力提高信息公开标准，从根本上改善包括各种资产负债的会计制度。

2. 基于所谓"太大而不能倒"政策，各主要国家的央行采取了大规模

"流动性供给"措施，用于购买价格暴跌的证券和实施信用保证；投入巨额财政资金购买不良债权、提供担保和注入资本，甚至实施了部分银行的国有化。但濒临破产的银行在得到政府的巨额资本注入后，又并购其他濒临破产的银行。要采取综合措施，抑制大规模金融机构的并购再扩大。

3. 此次危机的深远背景是证券公司、对冲基金、投资基金、消费金融公司、借贷公司等所谓"影子银行"的资产膨胀。这些金融机构不经营储蓄业务，没有储蓄保险等安全保障体系，无法受到实际监督而被放任自流。这致使大型银行和投资银行等也主动规避监管，将业务向影子银行转移，而政府、监督机关和银行间都无法把握真实的交易情况。故而，必须对属于影子银行的金融机构实施与银行监管标准相仿的严格监控。

4. 现代国际金融市场已成为一个巨大的迷宫，主要原因在于世界上约有70—80家所谓"逃税天堂"，它们控制着国际资本转移的半壁江山。要提高金融市场的透明度，就必须采取措施严格限制金融机构和企业使用这些不正当手段，直至将其彻底消灭。

5. 从根本上加强对外汇、证券和商品市场的监管，抑制其投机行为，保护健康企业和投资者。严加限制衍生品交易、养老基金、保险公司等关系人们生活领域的投机活动。

6. 采取切实可行的措施改革时价会计制度。时价会计制度根据各种虚拟资本的价格对投资者的复杂组合证券进行评估，其评价标准是符合市场价格，这种基于市场原教旨主义的评估体系极其危险。在新制度出台之前，首先应限制资产担保债券的发行。

（二）金融主导型经济的转型

限制新自由主义的经济金融化、金融证券化以及"基金资本主义"的进一步发展，构筑有益于兼顾家庭经济活动和健康企业经营活动的金融体系。转变放任自流的新自由主义金融自由化政策，立即停止政府、金融业界和部分专家高举的"金融立国论"以及毫无根据的所谓"国际标准"

理论。

（三）限制投机热钱

为恢复金融市场的健康、稳定发展，抑制过剩货币资本转为投机热钱，必须构筑有利于货币资本可持续增值、改善贫困等社会问题、抑制地球变暖和科技文化发展的新型金融体系。

严格限制养老金和社会保险、邮政储蓄等领域的资金流向投机市场。废除鼓励金融收益的措施，对金融所得课以高于一般所得税的积累课税。改革投行和衍生品交易，对有争讼预期企业的并购，要研究出台包括第三方审查制度在内的妥善规定。祛除不合理的"企业是股东的企业"的危险论调。

（四）建立代替"华盛顿共识"的国际新秩序

构筑基于多国合作的国际经济、金融体系，取代直至今日美国通过国际货币基金组织、世界银行、世界贸易组织等强加给大多数发展中国家的基于新自由主义的"华盛顿共识"。

回顾 20 世纪 80 年代以来的国际金融危机，国际货币基金组织均未采取基于发展中国家立场的政策，反而充当美国华尔街政策向全世界渗透的先锋。在此次危机面前，美国为维持其经济霸权，表现出同欧盟、亚洲各国、拉美各国等展开合作的姿态，旨在通过对国际货币基金组织功能的部分修改，使其继续服役，着眼未来，必须建立一个作为联合国下设机构的危机管理机构，通过真正的国际合作，实施切实反映发展中国家利害状况的危机应对机制。采取措施加强那些因美国干预而逐渐弱化的联合国有关发展中国家问题、环境问题、资源问题等的机构。

四　尚不可预期的危机

过剩货币资本累积导致了经济金融化，新自由主义支配下金融自由化和制度民营化不断发展，导致了金融证券化失控，最终引起了深层次、复合性的世界金融危机。

过剩货币资本累积导致了经济金融化，新自由主义支配下金融自由化和制度民营化不断发展，导致了金融证券化失控，最终引起了深层次、复合性的世界金融危机。仅从其已经出现的庞大资产萎缩来看，危机在短期内难以克服。但对此次危机的发展要有正确的认识。

1. 从世界范围看，具有潜在增长可能的幅员广阔、人口众多的地区仍然存在。且其中最有发展希望的国家（中、印、俄、阿拉伯产油国等）的话语权在上升。这些国家的经济金融化程度较小，金融危机对其宏观经济的影响比美、英等国要小，而且政府更容易采取果断的措施。

2. 以欧盟诸国为代表的先进工业国，采取的是不同于盎格鲁－撒克逊型经济资本主义路线（社会市场经济、福利国家等）。这些国家完善的社会保障制度可缓解因消费需求降低和失业率上升等导致的压力。另外，这些国家国民较高的储蓄率使得资本流入投机证券市场的机制落后于美、英等国，而且其对衍生品和避税天堂的限制措施较为积极。

3. 即使在美国，过剩投资并非已深刻波及所有领域。在新自由主义政策下，产业领域的投资一般不太活跃，这抑制了过剩设备的累积。但美国以家庭为中心的储蓄率处于负增长状态将会给今后的经济走势带来深刻影响。

4. 虽然至今各国政府、金融当局正在实施前所未有的宏观经济政策，为防止金融机构连锁性破产，也采取了史无前例的救助措施。但这些政策和措施的最终效果如何，尚难预测。

5. 从中长期来看，中、印等亚洲诸国、以巴西为代表的拉美诸国、包括俄罗斯在内的原"社会主义"诸国乃至非洲诸国，经济增长潜力很大。伴随上述地区持续地发展经济、增加就业和提高收入政策的有效实施，这些地区将会引领世界经济的增长。倘若发达工业国家能与中等发达国家、发展中国家共同构筑起国际合作机制，世界范围内较长时期的可持续经济发展将值得期待。

6. 克服危机的措施是否会带来经济的稳定恢复，将与政府的经济刺激政策是否会导致新一轮泡沫经济密切相关。必须尽快出台相关措施，抑制金融机构和机构投资家的投资活动。重新审视金融当局采取的"流动性"货币供应政策。经济复苏需要的是建立在市场需求增长基础上的购买力提高和投资恢复，而不是盲目的流动性货币供应。股市的维持和复苏也不应作为经济政策的主要目标。

7. 斩断银行倒闭和股价下跌与金融市场结构性风险的关联。废除对面临倒闭的大型金融机构和机构投资者的援助措施。政府不应救济作为盈利组织的金融机构和企业，而要确保作为"公共财产"的金融市场、结算体系的机能恢复和运转。

8. 必须认识到作为"太大而不能倒"政策实施对象的巨大金融机构，业已发展到了超过人类所能控制和经营水平的巨大规模、复杂程度和广泛化程度。倘若轻率地依据"太大而不能倒"政策进行大规模的金融机构改革和实施无原则的救助，将会使情况变得更加危险。

五　结论

应对当前经济危机，首要的不是急于制定金融市场恢复政策。恢复实体经济、提高企业收益、增加劳动者的可支配收入是一切政策的前提条件。

与二战后国际金融市场上发生过的几次危机相比，此次危机破坏程度前所未有。各国政府、金融当局不断出台的救助措施亦是空前的，但这并未能控制金融危机的扩大。

20 世纪 70 年代以来，以美英为首的西方各国推崇的，所谓"三位一体"经济政策的影响力逐渐占据了主导地位。

1. 巨额货币资本不被用于生产领域，而被作为投机资本注入金融市场和不动产市场，乃至进入原油和农产品为代表的重要的商品市场，并将这些领域变为危险的金融投机市场。

2. 以汽车产业为代表的生产过剩状况不断扩大，而市场需求却急剧下滑。这导致世界经济危机不断深化，企业大举裁员、失业增加，贫困阶层规模不断扩大。

3. 支配国际金融市场的大规模金融机构相继破产，一直推崇宽松管理政策的各国政府和金融当局不得不进行大规模救助和国有化等措施。

4. 欧盟和美国等国的政策存在明显不同，有别于盎格鲁－撒克逊式的社会经济体系的新探索在世界范围内展开，部分发展中国家对社会主义发展模式的探索也在展开。

从根本上批判"三位一体"政策，在清楚认识其危险性的基础上，探索新的社会、经济发展模式。对现代资本主义不能仅限于对其"市场原教旨主义"的批判，过剩的货币资本成为危险的投机资本而无法给苦于失业和贫困的人提供就业机会，这不仅是"市场的失败"，也是"资本主义的失败"。

应对当前经济危机，首要的不是急于制定金融市场恢复政策。恢复实体经济、提高企业收益、增加劳动者的可支配收入是一切政策的前提条件。没有实体经济的恢复，经济危机很难应对。各国政府要基于本国的实际情况，在实施刺激市场需求政策的同时，还要采取措施提高国民的信心，并引导企业的投资着眼于长远发展。

（来源：《国外理论动态》2010 年第 7 期）

关于当前全球金融－经济危机的几点看法

高　峰　南开大学经济学院教授

这场发端于美国的世界经济危机不同于传统的工业主导型经济危机，而是一场金融主导型经济危机。这或许可以看做资本主义经济虚拟化全球化条件下经济危机的新的表现形式。尽管这场世界经济危机中金融因素起了主导性或先导性的作用，但它的深刻基础仍在实体经济领域，根本原因仍在于实体经济中的生产过剩和需求不足。

一　此次全球性金融－经济危机的特殊性

用"金融主导型经济危机"来概括这场全球性危机的总的特征或特殊性是合适的。在新的条件下，危机的形式的确有变化，独立的金融危机确实更为频繁，经济危机也可能具有更强烈的金融色彩。

大多数论文主要分析此次危机的具体表现和原因，也有少数学者试图对危机的特殊性进行思考与概括。例如，有学者把这次危机称为"特殊的世界金融－经济危机"，认为其特殊性主要在于金融危机独立发展的时间较长，经过一年多才扩展到实体经济领域引起经济危机，所以既不同于以往独立的金融危机，又不同于以往发生的经济危机。这里说的特殊性，强调的主要是金融危机引起经济危机经过了较长的间隔时间。

对此次危机特殊性的探讨是很有意义的，而如何概括这种特殊性还可以讨论。学术界多数人把美国次贷危机开始的时间确定在 2007 年夏秋时期。但次贷危机尽管发生在金融领域，它当时还是一个局部危机，还算不上是一场全面的金融危机。全面金融危机的爆发被认为是在 2008 年 9 月，即所谓华尔街的"金融风暴"，其标志是美国最大投资银行的轰然倒塌（雷曼兄弟破产、美林被收购、高盛和摩根士丹利被改组）和全球性股市暴跌。在未发展成全面金融危机之前，它对实体经济的严重影响通常不会立即显现，不会立即引起实体经济危机。所以问题不在于金融危机没有及时引起经济危机，而是金融危机本身从局部危机到全面危机的发展过程较长。

美国这次金融危机的形成过程较长，从次贷危机开始到金融危机爆发历时一年多。这确实是此次金融危机的一个特点。其原因可能有两个方面：第一，由于以证券化和金融衍生品创新为特征的金融业的过度发展，形成了多层次的极长的金融链条。次贷经营机构把大量次级房屋抵押贷款卖给"房地美"和"房利美"；"两房"作为次贷的最大收购方，再打包发行抵押贷款证券卖给国内外金融机构和个人；华尔街大投资银行在大量买进"两房"的债券时也发行自己的各种金融衍生产品，卖给国内外的金融买家；等等。这样，美国和全球的金融市场被一层层的金融链条与"次级贷款"拴在一起，因而从次贷危机向全面金融危机的波及与扩散必然需要较长时间。第二，在次贷危机出现端倪和逐渐扩散过程中，美联储和美国政府不断采取干预救助措施，如多次降息、向金融系统注资、提出巨额美元的刺激经济方案等，从而在一定程度上延缓了次贷危机向全面金融危机扩散的进程。

而当全面金融危机发生在 2008 年 9 月时，它与实际经济危机的爆发并没有间隔多长时间，或者说是大体同步的。我们可以看 2007—2009 年美国 GDP 的季度增长率。

表 1　　　　　2007—2009 年美国实际 GDP 的季度增长率　　　　单位:%

年份	2007 年 1 月	2007 年 2 月	2007 年 3 月	2007 年 4 月	2008 年 1 月	2008 年 2 月	2008 年 3 月	2008 年 4 月	2009 年 1 月	2009 年 2 月	2009 年 3 月
增长率	1.2	3.2	3.6	2.1	-0.7	1.5	-2.7	-5.4	-6.4	-0.7	2.8

资料来源：美国商务部经济分析局 2009 年 11 月 24 日公布的统计数据：《国民收入与生产账户表格。表 1 实际 GDP 对前一时期的百分比变动》。http：//www. bea. gov/national/nipaweb.

美国经济危机从 2008 年第三季度开始，这和金融危机的爆发大体同时。其实，早在全面金融危机爆发前，在次贷危机发酵和扩散过程中，它已经开始对实体经济产生影响。2008 年第一季度美国 GDP 已出现负增长；第二季度日本和德国的 GDP 也开始下降。这都与从美国发端的金融状况逐渐恶化密切相关。从美国的失业率来看，似乎 2008 年的平均失业率水平还不是很高，但实际上，失业率从 2007 年 6 月便已开始了逐步爬升的过程。见表 2。

表 2　　　　　　　　　2006—2009 年美国的失业率　　　　　　　单位:%

年份	1 月	2 月	3 月	4 月	5 月	6 月	7 月	8 月	9 月	10 月	11 月	12 月
2006	4.7	4.8	4.7	4.7	4.7	4.6	4.7	4.7	4.5	4.4	4.5	4.4
2007	4.6	4.5	4.4	4.5	4.5	4.6	4.7	4.7	4.7	4.8	4.7	4.9
2008	4.9	4.8	5.1	5.0	5.5	5.6	5.8	6.2	6.2	6.6	6.8	7.2
2009	7.6	8.1	8.5	8.9	9.4	9.5	9.4	9.7	9.8	10.2		

资料来源：美国劳工统计局 2009 年 11 月 12 日公布的统计数据。http：//data. bls. gov/cgi - bin/surveymost.

尽管起点较低，但从 2007 年夏天开始的失业率不断上升的趋势已很明显。这种就业状况的逐渐恶化，也反映了金融状况恶化对实体经济的负面影响，虽然还没有达到立即引起危机的程度。

总之，过于强调这场危机的特殊性在于金融危机独立发展一年多才引发经济危机，金融危机引发经济危机的间隔时间较长，我觉得是不合适的。如果说有特殊性的话，也只是金融危机从局部危机（次贷危机）发展为全面金融危机的时间较长罢了。

那么，这场世界金融－经济危机的特殊性究竟在哪里，应该如何概括？我倾向于以下观点：这场发端于美国的世界经济危机不同于传统的工业主导型经济危机，而是一场金融主导型经济危机。这或许可以看做资本主义经济虚拟化全球化条件下经济危机的新的表现形式。

一直到 20 世纪 70 年代，资本主义的经济周期和危机基本上是工业主导型的，是由工业部门特别是制造业部门中的投资波动所直接支配的。在工业主导型的经济周期和经济危机发展过程中，金融因素也起着非常重要的作用。周期上升阶段较低的利率、充裕的货币供给、急剧的信用扩张和渐趋狂热的证券市场，适应了并大大促进了由利润上升预期所驱动的工业投资高涨；而危机时期的高利率、货币紧缺、信用断裂和股市暴跌，则成为引致和大大加剧工业生产及投资下降的推动力量。然而尽管如此，在工业主导型的经济周期和危机过程中，货币信用关系的剧烈波动和金融危机的发生仍是派生的现象，原动力还是来自工业部门。

此次经济危机则有所不同。美、英等资本主义国家从 20 世纪 80 年代开始的经济虚拟化和经济全球化趋势，使大资本日益依靠金融业的过度发展和"创新"来驱动实体经济的投资和消费。如果说 90 年代美国 IT 金融狂热与泡沫对推动当时的超长周期起了巨大作用，但在相当程度上还有实体经济中信息技术设备投资的实际支撑；那么在世纪交替时期 IT 泡沫崩溃以后，美国大资本就更加依靠金融因素来刺激消费与投资，以保持经济的表面繁荣，攫取大量金融利润与实际利润。其中，住房抵押贷款特别是次级住房抵押贷款起了关键作用，这反映了居民住房的金融化，美联储从2000年到2004年连续多次降息（联邦基金利率从年均6.24%一直降到1.35%），也配合并推动了房屋抵押贷款的扩张。结果，房地产金融的狂热不仅刺激了住宅投资和固定资本投资的迅速增长，日益上涨的房价股价则借助财富效应扩大了居民以债务为基础的个人消费，并带动了来自全球的巨大的商品进口与供给。可见，这一轮周期的驱动力显然不是植根于工业部门，而是首先来自于金融领域。而以房地产泡沫破灭和次贷危机为基础的金融危机的爆发，也必然导致美国和全球性的经济危机。正是从这个意义上，我觉得用"金融主导型经济危机"来概括这场全球性危机的总的特征或特殊性是合适的。

由此还可进一步探讨此次引发经济危机的金融危机的类型。关于金融危机的一般性界定，金德尔伯格曾引用戈德史密斯的定义："所有金融指标或某一组金融指标——包括短期利率、资产（股票、不动产和土地）价格、商业清偿能力等指标都产生了不同寻常的、短暂的急剧恶化，以及金融机构倒闭"。由此可以把金融资产价格急剧下降和金融机构大规模破产看做金融危机的基本表现。但金融危机的具体类型可能有所不同。就其与实际经济危机的关系，学术界通常将其区分为独立（于经济危机）的金融危机和（与经济危机）共生的金融危机两种基本类型。这种区分对于认识金融危机的具体性质无疑很重要。但我认为，共生性金融危机似乎还可以进一步分为两类：派生性金融危机和先导性金融危机。派生性金融危机主要与工业主导型经济危机相适应，它们是由工业危机支配和派生出来的；先导性金融危机主要与金融主导型经济危机相适应，它们虽然离不开实体经济中的矛盾这个基础，但对实体经济中矛盾的加剧和危机的爆发起着更为先导性的作用。这里的"先导性"，主要不是从时间序列的意义上说的，而是从逻辑关系的意义上说的。如果这个观点能够成立，那么这场开始于

2007 年的美国金融危机似乎就可以界定为先导性金融危机。

学术界有一种观点，认为在资本主义经济虚拟化条件下，经济危机已经日益转变为金融危机形式，工商业危机很少或不再发生了。我一向不同意这种看法。但在新的条件下，危机的形式的确有变化，独立的金融危机确实更为频繁，经济危机也可能具有更强烈的金融色彩。

二　此次经济危机的根本性质

美国的新型积累模式并不能从根本上解决生产与消费的深层矛盾，反而加剧了全球性的生产过剩和积累过剩。由金融债务驱动的消费过度掩盖着实际的生产过剩和需求不足。

此次全球性经济危机是不是一次生产过剩的经济危机？这个问题非常重要，在学术界也存在着不同看法。有些学者认为，这次危机爆发前，美国的制造业规模一直在相对缩小，生产并未超过需求，而个人消费却极其兴旺，并不存在生产过剩问题。所以这次危机的直接原因与往常不同，它不在实体经济领域而在金融系统。

对这种相当流行的观点我也不太认同。我的基本认识是，尽管这场世界经济危机中金融因素起了主导性或先导性的作用，但它的深刻基础仍在实体经济领域，根本原因仍在于实体经济中的生产过剩和需求不足。这可以从三个层面来分析，即经济全球化虚拟化的经济背景，经济全球化虚拟化条件下美国特殊的资本积累模式，以及美国实体经济中供给与需求的深刻矛盾。

首先，看经济虚拟化全球化的大背景。第二次世界大战后，发达资本主义国家经历了一个经济上的"黄金时代"，在大约 20 多年时间里实现了资本主义历史上空前的高速积累和经济增长，使资本主义国家的生产能力迅速扩大，数量空前的制造业产品被提供到世界市场。其结果便是生产成本的急剧上升和市场容量的相对不足，导致全球性生产能力过剩与资本过剩，最终不能不使资本利润被挤压。这种现象从 1965 年开始显现，到 70 年代更为加剧。面对以制造业为主体的实体经济的严重生产能力过剩和利润率下降，资本开始寻求两条出路。第一条出路是，把劳动密集型制造业投资转向劳动成本低廉的发展中国家，主要是亚洲和拉丁美洲某些具有一定基础并实行外向型经济的国家或地区。这促进了一批新兴工业化国家和地区的资本积累和逐渐兴起。但这种发展只会使全球制造业生产能力进一步扩大，全球性积累过剩与生产过剩的基本形势在总体上并未缓和。资本选择的第二条出路，就是向金融部门转移。当制造业和实体经济的利润率低下，资本会自然涌向金融部门，通过对虚拟资产的全球性经营来获取高额利润。资本向金融部门转移并进行全球性经营的强烈冲动，得到了以美国为主导的发达国家强大的政治响应和政策支持。美、英等国的宏观政策开始发生巨大转变，从凯恩斯式的国家对经济的干预和调节，转向经济自由主义，实行私有化、自由化和放松管制，并以此来拯救深陷"滞胀"困境的国内经济。这正是资本主义经济虚拟化全球化的深刻的经济根源。早在 1987 年，斯威齐和马格多夫就已经敏锐地指出经济金融化与生产能力过剩之间的基本联系。法国左派学者沙奈也指出："金融全球化是 15 年来私人资本（产业资本和银行资本）加强自身地位的运动与政府原有的越来越行不通的政策之间矛盾冲突的结果，这一切发生在'黄金时代'结束的大背景之下。虽然金融全球化早在 60 年代末就已经开始，但是脱离……马克思主义者所描述的世界资本主义生产方式的经典矛盾（这一矛盾从 1950 年到 1974 年衰退以前长期受到抑制）在特定历史条件下的重新出现，就不能理解金融全球化这一现象。逐渐积累起来的大量资本，作为借贷资本力图以金融的方式增值，也只能从投资于生产的资本日益增长的增值困难（统计数字清楚地说明了这种情况）中得到解释。"这种观点，已成为西方多数左派学者的共识。

其次，当今以金融化全球化为特征的美国资本积累模式。在上述大背景下，美国力推金融化全球化趋势以试图建立一种新的资本积累模式。其特征是：第一，在将一般制造业转移到新兴发展中国家的同时，通过金融资本的积累和经营来刺激消费需求，以拉动投资和大规模商品进口，维持美国和世界经济一定程度的增长，并从中获取高额金融利润与工业利润。第二，一般制造业向国外转移，不仅在国外特别是新兴发展中国家获得高额投资回报；在国内也加剧了对工人阶级的压力而有利于压低实际工资；同时通过大量进口廉价工业品而保持了国内较低的通货膨胀率。第三，对于国内制造业萎缩和大量进口工业品所造成的巨额国际收支逆差和财政赤字，借助美元不受黄金约束的准国际储备货币的特殊霸权地位，通过发行美元纸币来支付，再依靠大量出售国库券向国外借入美元来平衡收支。长时期的美元贬值趋势则使美国可以在实际上赖掉一部分债务。这就在美国"形成了新自由主义时期一种新型的经济结构，一方面是实业生产大规模地向新兴市场国家转移，造成国内生产疲软，居民消费充当了拉动经济的主要动力；另一边是美元的世界货币地位和宽松的金融政策环境吸引着国际资本的流入，助长了金融市场的膨胀。"美国借助这种新型积累模式，实际上占有和利用了全球廉价的劳动力资源、原材料资源乃至资本资源，从中攫取高额金融利润和工业利润。不可否认，经济金融化全球化的发展，确实帮助美国走出了"滞胀"困境，在80年代中期开始了利润率回升，并在90年代实现了所谓"新经济"繁荣，进入21世纪后也维持了一定的经济增长。然而问题在于，美国的新型积累模式并不能从根本上解决生产与消费的深层矛盾，反而加剧了全球性的生产过剩和积累过剩。这种生产过剩从去年开始的经济危机中美国、欧洲和日本工业生产与实体经济的全面下降中反映出来。美国左派学者布伦纳是主张这种论点的突出代表。他特别批评了那种认为此次危机是一场典型的"明斯基危机"、金融投机泡沫破裂在危机中起了核心作用的观点，强调指出"这是一场马克思式的危机"，虽然为了理解当下的危机"你还必须证明实体经济的虚弱和金融崩溃之间的联系"。

第三，再看美国实体经济中供给与需求的深刻矛盾。实际上，近几十年来美国国内供给与需求的矛盾是很深的。这从美国实际GDP增长与雇员实际工资增长的对比中可一目了然。1972年到1995年，美国实际GDP增长了96%；雇员的平均小时实际收入却下降了16%，平均每周实际收入下降了22%。1995年至2007年，美国实际GDP增长了43%；雇员的平均小时实际收入仅提高了10%，平均每周实际收入仅提高了9%。事实上，2007年美国雇员实际小时平均收入仍比1972年低7%，实际每周平均收入仍比1972年低15%；尽管同期美国实际GDP已增长到280%，将近两倍。这还仅仅是根据官方的平均数据，考虑到近几十年收入不平等的迅速加剧，消费倾向更高的普通雇员其收入下降程度必然更大，实际的有效需求不足会严重得多。

在这种情况下，为什么美国从20世纪80年代后能保持经济正常增长，1991年和2001年的两次衰退似乎也不严重，甚至出现个人消费十分兴旺的现象呢？这除了工人家庭不得不提高劳动力参加率（主要是妇女）和延长劳动时间（如做兼职工作）以增加收入外，原因正在于美国经济的金融化和全球化。其中，通过金融运作扩展债务经济，对于推动消费需求的表面繁荣起了关键性的作用。随着金融化的发展，大企业日益依靠资本市场筹措资本，商业银行作为企业信用中介的功能下降，便转而将个人收入作为利润源泉，大力推行个人收入的金融化，首先是住房的金融化，包括对那些工人阶级中较贫穷的一部分人发放次级房屋抵押贷款。政府的低利率政策和金融业的证券化发展则大大助长了个人收入的金融化趋势，形成日趋膨胀的房地产泡沫。这种金融膨胀不但刺激了居民的住房消费，还通过房屋价格的不断上涨，使居民可以依靠房屋市场价格超过房屋按揭金额的净值申请贷款用于消费或投资。房地产价格上升与证券市场价格上升一样，它所形成的财富效应使居民敢于大规模举债以扩大个人消费。所以与金融化相伴而行的，必然是居民储蓄率的下降和债务的急剧增长。这种现象早在 20 世纪 90 年代美国的所谓"新经济"繁荣时期已经出现，在当时股市异常飙升的刺激下，储蓄率从 1992 年的 8.7% 狂落到 2000 年第一季度的 0.3%；同时家庭借贷则急剧上升，在 1993—1999 年期间家庭债务占个人可支配收入的比例高达 94.2%。2001 年信息技术泡沫破灭以后，房地产泡沫开始膨胀，债务消费的狂热再起。美国个人储蓄占可支配收入的百分比从 2002 年的 2.4% 下降到 2007 年的 0.4%。在 2000—2007 年的短短 8 年，非农业不动产抵押贷款债务余额猛增 116%，其中 1—4 口之家的房屋抵押贷款债务占到 3/4 以上；同时期消费信贷债务余额也增长了 47%。而这 8 年间，实际 GDP 的增长不过区区的 17%；雇员平均每周实际收入的增长更是微不足道的 2.1%。

所以实际情况是，美国通过金融化全球化所推动的债务扩张，刺激了表面旺盛的个人消费支出，进而带动了商品进口和国内供给的增长。由于美国的经济规模和进口规模十分巨大，结果必然加剧美国乃至全球性的生产过剩，使供给与需求的矛盾更趋尖锐化。由金融债务驱动的消费过度掩盖着实际的生产过剩和需求不足。在金融化全球化条件下，看美国的生产过剩不能仅看其国内的工业产出，还应该包括巨额的产品进口；同样，看美国的需求不足也不能仅看由债务支撑的个人消费支出。这种以缺乏实际收入增长做后盾而单纯由金融泡沫刺激起来的债务消费是极端虚弱的，一旦金融泡沫破灭，债务消费锐减，供给与需求的尖锐矛盾立即显现，生产过剩经济危机的爆发便成为不可避免的了。

总之，我的基本观点是，这次危机不论是从美国看还是从全球看，都是一场生产过剩的经济危机，尽管金融危机在其中起了重要的先导性作用。

（来源：《经济学动态》2010 年第 2 期）

历史的逻辑——金融资本主义必然走向危机

黄树东　美国摩根大通银行副总裁

资本主义发展到当代，激化了金融资本的内在矛盾：金融资产的社会化和私人占有之间的矛盾，激化了金融资本带来的系统性风险和私人赢利冲动的矛盾。这种矛盾导致了金融危机。当代金融资本的内在危机倾向，及其激化，决定了金融资本必须要么国有化，要么接受公权的非常严格监督和规范，要么兼而有之。中国金融改革不应当引进自由放任的金融体系。

资本主义发展到当代，激化了金融资本的内在矛盾：金融资产的社会化和私人占有之间的矛盾，激化了金融资本带来的系统性风险和私人赢利冲动的矛盾。这种矛盾导致了金融危机。

理解金融资本，必须理解金融资产本质上是风险。金融资产的集中是社会金融风险的集中。

一 金融资本的赢利冲动导致社会风险的高度集中

拼命扩张，不计风险地扩张资产是金融资本抑制不住的欲望。以社会的资产，谋取自己的利益，是金融资本的普遍特点。

金融资本的冲动是赢利。然而资本赢利追逐利润的过程必然导致赢利机会的减少。资本追求利润，往往会导致资产价格普遍上升。资本价格的上升，导致未来回报率下降。比如，当土地回报率高的时候，资本会竞相追逐土地，导致土地价格上升。土地价格上升必然会导致土地预期回报率下降。这时资本就会流向新的高回报的领域。导致这个新领域的资产价值上升，预期回报下降。资本就像蝗虫一样，在追逐利润最大化时，将超额利润的机会一个又一个地啃食掉。这是金融资本无法避免的自我否定，是资本的宿命。金融全球化使金融资本可以在全球化范围内以电子速度流动，许多赢利机会可以在几秒钟内被啃噬掉。同时由于世界范围内金融资本的泛滥，过多的金融资本，追求相对有限的赢利机会，导致预期收入下降。而美国长期的双赤字和低利率加剧了国际金融资本泛滥，进一步加剧了资本收益下降。

预期赢利水平的推动资本追求资产规模的扩大。回报率的下降是对金融资本生存价值的挑战，迫使资本开始通过资产扩张，加大杠杆运作的方式来提高回报利率。美国金融资本开始把经营的重点放在资产扩张上。依靠举债来提高杠杆倍数，通过提高杠杆倍数来提高所经营的资产规模。在这种情况下，对冲基金、私募基金、CDO、各种衍生债券、LBO等开始大势泛滥。银行开始大规模地扩张自己的资产规模，提高杠杆倍数。为了扩张自己的资产规模，许多金融机构采用了不少的"创新手法"。大规模提高杠杆倍数，成了金融资本生存的不二法门。例如LBO。有许多LBO案的投资人，只有一点自有资本。在看准了捕获对象以后，往往向华尔街投行获取巨额贷款，用于收购捕获对象。当然，华尔街得到的回报是高额佣金。然后，华尔街又将这笔巨额贷款，通过证券化卖给其他投资者。所以，LBO 案是四两拨千斤的赚钱方式。金融全球化导致对冲基金爆炸性增长。对冲基金的投资者遍及全世界。许多对冲基金的杠杆倍数达到几十倍！这几十倍的债务来自于全球金融体系。不仅如此，金融资本的许多创新，使它们既提高了杠杆倍数，又不必在公司平衡表上反映出来。例如 SIV。许多金融机构通过 SIV 追逐过度风险，却不必在平衡表上表现出来。在这种情况下，公司的风险常常被低估，投资者很难评估这家公司的真实风险。许多非银行金融机构，如房贷公司，甚至某些 CDO 保险公司，以及其他金融机构都普遍增加了杠杆运作。

杠杆运作是所有金融机构的特点，但是当代金融资本加剧了杠杆倍数。以华尔街为例，华尔街在鼎盛时期，以极少的自有资本为杠杆的支点，轻而易举地撬动了几十倍的资金，得以轻而易举地为其不断扩张的资产提供大量的资金链。按华尔街自己的计算，华尔街的 5 大投资银行，在 2007 年，其运作的资金达到资本的 30 倍左右。如果考虑到资产的高风险性，加上许多没入账的资产，加上各种金融衍生工具，其动用的资金远远超过其账上公布的数字。华尔街的投行，无不以几十亿、几百亿的自有资本，运作起几千亿、几万亿的资产。华尔街 5 大银行，除去贝尔斯顿经营的总资产在 2006 年增长 23%，2007 年年底再增长 17%。是年年底，该 4 家投行经营着高达 38763 亿美元的总资产。2007 年年底美国 GDP 总额是 14.03 万亿美元。也就是说，4 家投行经营的总资本相当于美国当年 GDP 的 27.6%。而且，这种资产增长的速度远远高于 GDP 增长的速度。按名义价值计算，2007 年美国 GDP 增长约 4.94%，但是华尔街的总资产增长速度（17%）比美国 GDP 高了 12 个百分点！在金融资本的这一扩张过程中，其回报和损失是不对称的。以对冲基金为例。假如你是唯一的投资者。你投入 10 万元，然后通过杠杆效应运作 100 万元资产（许多对冲基金的杠杆倍数高达 30 倍）。在这种情况下假如你成功，你的回报率可以提高到 10 倍。但是，假如你赔光了，你只赔 10 万元，而社会则要赔 90 万元。这种不对称的关系，使金融资本在可能的情况下，有拼命扩张资产的内在冲动。拼命扩张，不计风险地扩张资产是金融资本抑制不住的欲望。为了扩张资产，金融资本把触角伸向全世界。通过世界金融体系将全世界的资产吸纳到自己体内。以社会的资产，谋取自己的利益，是金融资本的普遍特点。

资产规模急剧扩张导致社会风险的高度集中。这种建立在杠杆运作上的金融资产的集中，导致社会风险的集中。不仅给金融资本个体带来了极大的风险，而且给金融体系、经济体系带来极大的风险。金融资产规模增加到一定程度，它所具有的系统风险和私人风险就融为一体。任何一家大规模金融企业的破产，同时会导致整个金融体系的震荡，甚至崩溃。如贝尔斯登、AIG、美林、两房等等。任何一家这样的金融企业的破产，都可能导致美国乃至世界金融体系的瘫痪。金融资产的高度集中，催生了一大批规模大、分布广、涉及领域多的大金融机构。这些金融机构动辄经营上万亿美元的资产。由于其功能和性质，这些机构带有巨大的系统性和社会性风险。这些机构的失败或破产，会给整个金融体系、给社会，甚至给世界经济体系带来巨大损失。社会风险大量集中在少数机构，少数金融资本上，这件事本身就使金融体系的危机可能性大大提高。少数人的错误决定，少数机构的失误，可能导致整个体系的动荡。这种金融体系的不稳定性增加。

二 社会风险的高度和金融资本私人赢利动机的尖锐矛盾

金融的本质就是金融风险。社会资源被少数人为了自己的利益而导向到高风险领域，最终导致大量社会资源的浪费。现在困扰美国金融体系次级贷款，就是这种矛盾运作的一种结果表现。

金融资本逐利导致金融资产的高度集中。金融的本质就是金融风险。金融资产集中到一定程度，导致系统风险和私人风险的界限的模糊。然而，这些金融资本的私人占有性质，使这些带有巨大体系风险大的金融机构被当成了私人赢利的工具。由于其大规模社会化的性质，这种机构有能动员规模巨大的社会资源或社会资金；由于其私人资本的性质，这些巨大的社会资本常常成为资本追逐自身利润的工具。结果导致大量社会资源被少数人为了自己的利益而导向到高风险领域，最终导致大量社会资源的浪费。现在困扰美国金融体系次级贷款，就是这种矛盾运作的一种结果表现。在资产泡沫的时期，这种以社会资源谋求资本利益的现象，达到了登峰造极的地步。例如，在美国曾有人发明了一种叫做"由你选择支付方式"的房贷。投资者贷款买了房以后，每一个月的房供多少由房主自己决定。你可以支付全部利息，也可以支付一部分利息。剩下的利息部分，加到你的贷款总额里。这种贷款可以让放贷款的银行的贷款总额自动档不断上升。是追逐风险的典型"创新"。美国目前的这场金融危机，就是私人金融资本，运作大规模的社会金融资产，为了高额回报，追求过度利润，最后导致了整个金融体系的危机。

这种基本矛盾必然导致金融危机。结果社会风险和私人风险的模糊，社会风险成了金融资本追逐利润的手段，加剧了社会化和私人占有的矛盾。私人资本在追逐利润的时候，通过杠杆运作大规模集中社会资产，使私人风险逐步转化为社会风险，导致社会风险和私人占有的矛盾激化。大规模集中的金融资产，体现的是体制性风险和社会风险。整个金融体系或社会承担了巨大风险，却被排除在决策之外，不能分享收益。而金融资本在大规模集中了社会风险的同时垄断了决策权，垄断了利润。由于这种内在矛盾，金融资本实际上是以系统风险为代价来贪婪地追逐资本个体的赢利；用系统风险为赌注来满足资本逐利的动机。在某些情况下，私人金融资本，可能为了自己的短期利益，牺牲体系的长远稳定；可能为了自己的超额利润，追求过的风险。以 AIG 为例，它实际上是在以整个金融体系的风险为代价来追求金融资本的利润。

三 繁荣—破裂：金融资本的危机宿命

在经济繁荣时期，金融资本追求过多的风险，导致信用扩张，导致泡沫，导致经济进一步扩张；在泡沫破裂时期，金融资本追求太少的风险，导致信用收缩，导致经济进一步收缩。

金融资本的内在矛盾使金融资本必然走上繁荣—破裂的宿命。

资本逐利导致的这种大规模的资产运作，给金融体系带来了巨大的风险。这种风险是多方面的。其中至少有三种：一是资金链风险；二是非流动性风险；三是资产泡沫的风险。

金融资本逐利带来的第一个系统风险是资金链风险或者"金融挤兑风险"。金融资本杠杆运作的特点，是以短期举债支撑低流动性的长期投资。杠杆效应，或者依靠借钱来赚钱有一个基本前提，那就是借钱的利息比投资的利息要低。两者间的利息和利润差就是金融资本利润。假如你借钱的利息高于投资的利息，那你的杠杆不仅不能给你带来回报还会导致亏损。你的杠杆倍数越大，亏损就越严重。所以，如果你要撬动几十倍的资金为你谋利，你必须做到低借入高回报。短期贷款由于时间短风险小，利率相对较低，从而成为杠杆运作的主要手段。短期筹资渠道主要包括影子银行、现金市场、商业票据、银行贷款、短期抵押贷款、再购买条约（REPO）等等。这种短期债务期从一天到 9 个月不等。总之，时期越短，利息越低。美国那些高杠杆运作的金融资本，如对冲基金、SIV、CDO、某些房贷公司和银行，都是依靠这种方式运作。主要依赖这种短期债务。资产规模越大，它对短期市场的依赖越大，资金链变得越长，风险也就越大。依靠债务来经营资产的前提，就是你的短期债务能够不断地向前滚动。这种依赖短期债务的高度杠杆运作，使整个金融体系非常脆弱，增加了突发性金融危机可能性。不仅如此，一些非内生变量的变化，可能导致整个体系资金链条的破裂，导致金融危机。例如短期利率的上升，货币供应量的减少，投资者信心的忽然崩溃，信用的忽然萎缩等等，在这种情况下，投资者将会收回投资，债权人将会抽回贷款，那些高杠杆金融机构将面临似于银行挤兑的风潮，从而导致整个金融体系的痉挛性收缩和金融危机。对发展中国家而言，金融全球化带来的由外生变量导致危机的可能性更高。例如美元利率的上升、美元供应量大萎缩、国际热钱的撤退、外资金融机构忽然收紧信用等等，都可能导致危机。以金融开放为例，假如一个国家的金融非常开放，大量外资金融机构在国内金融市场的份额很大。在金融资产高度杠杆运作的情况下，一旦这些外资金融机构忽然紧缩信用，制造恐慌，将马上催生金融危机。

金融资本逐利带来的第二个系统性风险是"非流动性资产的增加"的风险。几乎所有的金融机构都是以短期债务支撑长期投资的方式，获取利息差。金融资本在以短期债务支撑大规模资产扩张的同时，为了获得高额利润，必须追逐低流动性的长期投资。这些资产的回报高于短期债务。结果，导致金融资产的流动性普遍下降。许多金融机构积累了大批几乎没有市场的长期资产。以银行为例，银行的长期资产大致可以分两大类：证券和贷款。美国金融机构长期以来积累了许多没有市场的证券和没有市场的贷款。美国许多银行的贷款，如商业贷款和 LBO 贷款等等，几乎没有市场，没有市场就没有价格。这类资产的价格只能由模型、现金流，或管理阶层决定。对这类资产而言，所谓由市场决定的均衡价格是不存在的，这种非均衡性是金融体系的内在特点。由于存在着没有市场的长期资产，所谓市场均衡，对金融体系而言永远只是一种幻想。随着金融资本规模的增加，这类资产的规模不断上升。

导致这种非流动性的还有"金融创新"。金融本来是为实体经济服务，在金融自由化的情况下，金融资本异化成了实体经济的主人。随着金融全球化的发展，各种金融创新的产生，金融产品和实体资产越来越远，最后几乎和实体资产脱钩，成了抽象的金融符号。例如有些金融衍生产品、结构产品（Structural Contract），它们几乎与具体的实体资产无关，很难评价金融资产的内生价值和风险。金融资产的价值往往建立在一些假定的前提和设想上。许多衍生工具和证券化债务等等，很多都是建立在这些假定和模型上的。有时候金融产品的价值由只能有模型决定。在这种情况下，许多金融机构出现了大量的低流动性甚至没有流动性的模型资产。这种金融资产和实体资产脱钩给金融资本带来了巨大的创新计划和谋利机会。美国金融机构曾经创造的大量新产品。这些创新或着眼于对冲风险，或着眼于提高回报。但是许多的创新产品，除了给金融资本带来丰厚的利润外，根本就没有经济价值。例如 CDO。这些名目繁多的新产品有一个共同特点，那就是与日俱增的复杂。许多新产品基本上是依据某种理论假设，然后通过复杂的数学模型加工处理而制成。这种创新产品，貌似非常先进，其实根本无法在现实生活中重复和通过现实生活的检测。没有人知道这些产品是否具有经济价值，有多少经济价值，加上结构过分复杂，就是最精明的投资者也很难理解其风险和回报特性。这些产品流动性很低，往往没有市场。没有市场就没有价格，无法靠市场定价。这些资产的价格是由一些复杂的数学模型来确定，甚至由管理阶层判断确定。然而，这些模型资产的价值究竟是什么，谁也不知道。由于这些资产有模型或管理阶层决定，为金融资本人为制造超额利润提供了机会。在金融泡沫时期，许多金融资本拼命追逐这类资产。美国大型金融机构，无不拥有几十亿甚至几百亿的模型资产，往往达到自有资本的几倍。从某种意义上讲，美国金融系统是由这些资产支撑的。这些非流动性资产的经济价值很不好评估。许多模型或管理层决定的会计价值，很有可能远远高于经济价值，在这次金融危机爆发以前，有些金融机构实际上已经没有支付能力。

美国作为世界金融的中心，为了吸引世界范围内的资本，美国金融机构的杠杆倍数不断放大，金融体系的这种"非流动性"不断增加。这表现在美国金融机构的"第三类别资产"的巨大规模上。美国的财务会计标准董事会（FASB）于 2006 年 9 月公布了有关公平价值确定办法的 SFAS157（财务标准条例第 157 号）。这项条例要求所有上市公司在财务报表里按获资产公平价值（Fair Value）确定的难易程度划分为三个层次。其目的是要求上市公司公开其资产/债务作价的方式。投资者可以由此衡量该公司的资产风险。一级资产是流动性高的资产。这些资产有活跃有序的市场。其价值由市场价格确定；二级资产流动性相对较低的资产。这些资产偶尔有市场交易。其价值可以按这种价格定价，也可以按模型来定价，但是这些模型的输入能直接或间接地观察到；三级资产是没流动性的资产。这类资产流动性很低，几乎很少有市场交易发生。他们的价值只能由管理层的估计来确定，或参照公司自己的模型来确定。以华尔街的投行为例，截至2007 年 10 月，第三级资产远远超过了他们的自有资本。摩根斯丹利的三级资产高达其自有资本的 251%，高盛达 185%，贝尔斯顿达 313.97%，美林达 225.4%，里曼达 171.18%。如此巨大的低流动或不流动资产的存在，使市场均衡无法实现。

毫无疑问，那些非流动性的，依靠模型或管理层定价的资产里面，隐藏了许多不良资产。

金融资本带来的第三个风险是资产泡沫。由于金融资本运作杠杆越来越高，资产价格越高，回报越少。越来越多的金融资产追逐着越来越少的赢利机会。到了最后投资的回报完全依赖于资产本身的增值。大量的金融投资形成的购买力，推动了资产的价格，使资产价格背离内在价值，形成资产泡沫。一旦投资衰减，泡沫就会破灭。

金融资本的这三大风险（资金链风险、低流动性风险和泡沫风险）在任何时候都存在。在繁荣时期，金融资本的杠杆倍数不断扩大，经营的金融资产越来越多，风险也就越来越高，越来越集中；非流动性或长期投资资产越来越多，大量的不良资产，隐藏在非流动性资产或长期投资里；资产泡沫越来越严重。在这种情况下，整个金融体系在高杠杆部位运作，金融体系的血脉越来越不流畅，由于不能准确评估（甚至过高评估）非流动性资产的价格，许多金融机构的经济价值已经为负数，处于破产边缘。整个金融体系已经处于危机边缘，最后泡沫破裂。投资者大规模挤兑投资，债权人大规模抽回资金，金融资本逼迫去除杠杆。为了满足投资者挤兑的需求，金融资本不得不抛售大量的长期投资或非流动性资产。这些没有市场的资产，找不到购买者，大部分必须以远远低于账面的价值出售。金融体系中那些模型资产和其他第三类资产，开始大幅度贬值，许多不良资产开始浮现。许多金融机构要么出现流动性危机，要么出现支付危机，从而导致大规模的金融风潮。这个时候，金融资本有大规模收缩，导致信用萎缩，经济低迷。而经济低迷，进一步加深金融危机，金融资本就进入了危机阶段。

金融资本的这种繁荣—破裂的危机倾向和经济周期共振。在经济繁荣时期，金融资本追求过多的风险，导致信用扩张，导致泡沫，导致经济进一步扩张；在泡沫破裂时期，金融资本追求太少的风险，导致信用收缩，导致经济进一步收缩。这种规避风险的行为，不仅进一步恶化了金融危机，而且导致经济衰退更加严重。日本就是一个例子。

四　结论：国有银行体系或严格政府监管是防范金融危机的基本出路

金融自由化，必然会激化金融资产社会化同金融资本私人占有的矛盾，使中国金融体系成为高风险非均衡金融体系，这种体系必将走向危机。这样一场危机，有可能极大延缓中华民族的崛起。

金融全球化加剧了这种危机。第一，金融全球化导致金融资产以前所未有的规模和程度集中；第二，金融资本在世界范围的自由化，导致资本流动速度的空前高涨。在繁荣时期，资本大规模的迅速集中，导致泡沫。一旦风吹草动，资本会以迅雷不及掩耳之势撤离，导致信用市场瞬间收缩，金融市场瞬间痉挛。

当代金融资本的内在危机倾向及其激化，决定了金融资本必须要么国有化，要么接受公权的非常严格监督和规范，要么兼而有之。然而金融自由化背道而驰。许多国家实施金融企业的私有化和金融资本的自由化。尤其是美国，从 80 年代以来，实行了长期的、全面的金融自由化。这种金融自由化体系从本质上讲是一个更加不稳定的体系。从 1973 年金融资本解放以来，世界上连续不断地出现金融危机。美国自身的金融泡沫也不断出现，如 90 年代初期的商业不动产贷款导致的银行危机、2000 年的科技泡沫。

金融全球化使美国无法逃脱金融危机的宿命。但是，全球化金融体系使美国得以用全球的资源来反对自己的危机。在出现全球性的金融危机时，由于美国的美元霸权和投资天堂地位，美国可以让全球为自己埋单。在这种体系下，一次大规模的金融危机，有可能导致对发展中国家财富的大规模洗劫。

目前的金融危机，就是金融资本主义内在矛盾的大爆发，是金融全球化走到极端的表现。金融资本必然爆发金融危机，对此我们要有清醒的认识。中国金融改革不应当引进自由放任的金融体系。中国应当发挥中国的传统优势，坚持金融机构的国有，实行严格监管。金融自由化，必然会激化金融资产社会化同金融资本私人占有的矛盾，使中国金融体系成为高风险非均衡金融体系，这种体系必将走向危机。这样一场危机，有可能极大延缓中华民族的崛起。

（来源：乌有之乡网站）

当前国际金融危机与凯恩斯主义

[美] 约翰·B. 福斯特　美国《每月评论》主编

[南非] 布赖恩·阿什利　南非《阿曼德拉》杂志社编辑

刘宏勋　译

　　凯恩斯主义，甚至由克鲁格曼和斯蒂格利茨所代表的温和的那一类，今天仍在所有这些方面没有触及危机的本质，这与开始于 20 世纪 80 年代的资本主义在本质上由垄断资本向垄断金融资本的转变有关。这意味着金融化日益成为经济的焦点。我们需要的不是凯恩斯（或熊彼特），而是更加革命的——经济方面、社会方面和生态方面——马克思。凯恩斯是"理性资本主义"最后的捍卫者，但这种"理性资本主义"现已被证明是不可能的。

　　本文为南非《阿曼德拉》杂志社编辑布赖恩·阿什利与《每月评论》主编、俄勒冈大学社会学教授约翰·B. 福斯特的访谈，原题为《凯恩斯、资本主义和危机》。

　　阿什利：在世界各地的政府花费数以万亿元计的资金来帮助私有资本

度过全球性的金融危机之时，谈论回到凯恩斯政策，这不是在误导吗？

福斯特：我认为，就像保罗·克鲁格曼所说的，已经发生了"萧条经济学"的回归，而且在这种意义上我们可以谈论广义的凯恩斯主义政策的复活。凯恩斯主张在衰退时期采取扩张性财政政策和赤字财政，而现在所有的政府都在某种程度上寻求推行扩张性政策，尽管一般并未达到足够大的规模。在 20 世纪 30 年代早期发生银行危机时，面对通货紧缩的压力，凯恩斯显然也拥护政府实行再通胀政策刺激经济的企图。所以，在这种意义上我们也可以谈论凯恩斯经济学的回归。

但是，眼下真正的行动却体现在其他方面，即政府对于金融资本的直接救助。这同凯恩斯主义没有什么关系，实际上反映了危机中的金融资本继续拥有优势。凯恩斯远非投机金融业的大力支持者，并曾主张对食利者实施"安乐死"。而在目前这种下降趋势期间，美国已经调拨高达 10 万亿美元用于救助金融机构来为银行债务和资产支持证券作担保，进行直接投资，与中央银行建立货币互换协议，购买抵押支持的证券。

与此相比，奥巴马每年的全部财政刺激资金不足 4000 亿美元。财政刺激一揽子方案中每年用于整个国家的公共工程的支出少于美国银行在这次危机中从美联储和财政部的财政支持中已经得到的数目。因此，我们正在看到的是一种以前从未想到的某种规模的私人金融损失的社会化，而这同凯恩斯主义本身没有什么关系。

当今那些可以被称为某种"凯恩斯主义者"的人（尽管不像凯恩斯本人那样对制度进行批判），例如保罗·克鲁格曼和约瑟夫·斯蒂格利茨，代表一种不同的混合政策。他们会赞成更大的财政刺激，而有可能对金融资本并不直接给予回应。另一个更加激进的凯恩斯主义或后凯恩斯主义的人物是詹姆斯·K. 加尔布雷斯。但是，这些人如今在华盛顿是没有任职的，而同时那些代表华尔街利益的极为保守的经济学家，诸如伯南克、盖特纳以及萨默斯，则被安置在美联储、财政部和白宫。

在我看来，凯恩斯主义，甚至由克鲁格曼和斯蒂格利茨所代表的温和的那一类，今天仍在所有这些方面没有触及危机的本质，这与开始于20世纪80年代的资本主义在本质上由垄断资本向垄断金融资本的转变有关。这意味着金融化日益成为经济的焦点。我和弗雷德·马格多夫在新近出版的《金融大危机：原因与结果》一书中就这一问题作了阐述。当前这场经济灾难在许多方面是一场金融化（即经济重心在过去大约30年间从生产转向金融）的危机，这一金融化危机掩盖了若干深层的停滞问题。

因此，金融资本仍是经济低迷期间的焦点。就经典的意义说，凯恩斯主义更关注被经济学家称为"实体经济"的经济领域，即与生产商品和服务相关的经济领域，而不是适应于资产价格投机活动的金融经济。所以在这个意义上，凯恩斯主义尽管被金融危机赋予某种重要性，但相对于正在发生的事情仍然是次要的，因为人们关注的中心仍然是金融内爆。

凯恩斯的理论之所以被认为在今天意义重大，原因之一当然是关乎他所说的"流动性陷阱"：利率下降到接近零的水平，因此货币政策已不再能够通过减少利率而刺激经济。这是对大萧条时期所发生的情况的一种描述，这种情况在20世纪90年代在日本再三重现，正是这一点导致"萧条经济学"登场。伯南克、盖特纳等人认为，如果银行恢复了偿付能力，它们将重新开始发放贷款。

但银行资产负债表上所假定的资产受到难以估量的破坏，迄今已无法修复。因此，银行牢牢抓住它们所获得的有形资产——现金的每一个碎片。凯恩斯早就解释过，这是银行在这种情况下必定会做的事情。财政刺激提供了制止或减缓崩溃的希望，但更大的金额被注入看上去严重破产的银行体系中。这样的政策是不符合凯恩斯的理论的。

阿什利：在最近的一次访谈中，你谈到了凯恩斯思想的劣化（bastardization）。你这样说是什么意思？谁是真正的凯恩斯？

福斯特：即使在《通论》之前，凯恩斯也被认为是他那个时代的正统经济学领域中一个杰出的，也许是最卓越的人物，是剑桥大学阿尔弗雷德·马歇尔的继承人。但在回应大萧条时，他既变成了经济学正统学说的批判家，也变成了资本主义本身的批判家。然而，他关于资本主义的批判尽管很深刻，却指出还存在技术方法可以拯救这种制度脱离其某些最糟糕的缺陷。因此，他又是一个模棱两可的人物。

存在着前凯恩斯主义的凯恩斯（在《通论》之前），作为资本主义的批判家的凯恩斯，作为制度拯救者的凯恩斯，还有后来的"劣化的凯恩斯主义"，这种凯恩斯主义在20世纪50年代和60年代由那些追求重建新古典主义正统学说的人发明，他们对"凯恩斯革命"只作微小的让步。所有这一切，当然造成了解释上的复杂。当我们谈到凯恩斯的时候，我们通常是指1936年出版《就业、利息和货币通论》时的凯恩斯以及相关著作，而不是此前出版《货币论》（1930）的凯恩斯。

理论前沿就像凯恩斯本人在《通论》的序言中所强调的，他在回应"大萧条"的过程中作了艰苦斗争，以使自己摆脱早年正统的新古典主义经济学。这需要某种革命性的突破，而他从未彻底完成这一突破，从而导致对他的理论出现了各种不同的解释。货币主义者，像米尔顿·弗里德曼，推崇《货币论》时的凯恩斯（即我们称之为前凯恩斯主义者的凯恩斯），并且基本上拒绝《通论》。由所谓的"凯恩斯主义者"构成的主要群体，如保罗·萨缪尔森，试图修复由于凯恩斯与经济学正统学说决裂而造成的理论损伤，从而创建新古典凯恩斯综合学派，或更经常被称为"新古典综合"的理论。众所周知，琼·罗宾逊在1962年将其称做"劣化的凯恩斯主义"，因为它抛弃了凯恩斯关于制度的所有的主要批判。

理解劣化的凯恩斯主义（我在《每月评论》2008年3月号中一篇题为

《一个失败的制度》的文章中作过解释）的一个方法，就是研究凯恩斯如何运用"通论"的概念，以及研究这一概念后来是如何被腐蚀的。凯恩斯在他的巨著的开篇解释了正统经济学（即我们现在所说的"新古典经济学"）是一个有关充分就业经济的"特殊理论"，而在现实中，充分就业在资本主义制度之下几乎不存在。在这一意义上，他的"通论"就是要去处理由失业所构成的一种经济的通常情况。

然而，第二次世界大战以后的新古典主义经济学家认为，部分地是由于凯恩斯自己的那种曾导致财政和货币微调政策的影响力，凯恩斯所提出的重大困境，几乎没有出现。结果，凯恩斯自己的经济学被归为"特殊理论"，而同时，那种把经济看做自然趋向于充分就业的正统的新古典主义经济学，被宣布为真正的"通论"。

通过弗里德曼引入的"自然失业率"概念，充分就业被重新界定为与实际存在的失业是相容的。凯恩斯被宣布死亡，因为他的观念在其中得以运行的萧条—通货紧缩状况永远不会再次发生。本·伯南克——美国联邦储备委员会主席和研究大萧条的学者——几年前说过，我们已经进入了大缓和（Great Moderation）时代，在这个时代，商业周期实质上已经大大缓和，甚至消失了。事实上，这些观点在他被任命为美联储主席这件事上发挥了很大作用。我已经在《金融大危机》中（同弗雷德·马格多夫一起）讨论过这一点。

当然，事实是，凯恩斯对资本主义的批判所具有的重大意义从未消失，现在则更为明显。但是，经济学的正统观念无法超越凯恩斯而解决他所提出的大问题（凯恩斯自己最终也没有做到）。因此，保罗·斯威齐有理由在某个地方说，凯恩斯是资产阶级经济学的最后一个重要的科学代表。

从凯恩斯以来，人们除拒绝资本主义本身以外，已无路可走。凯恩斯1933年夏季在《耶鲁评论》上写出如下话语时，远非资本主义制度的辩护士："腐朽的国际性的但又是个人主义的资本主义（在［第一次世界］大战之后我们发现我们就处于这种资本主义的掌控中），并不是成功的。这种资本主义不聪明，不美好，不正义，不善良——并且它也不提供货物。简而言之，我们讨厌它，我们已开始鄙视它。"但他并没有贯彻他的观点至其逻辑结论——拒绝这种制度，而作为主流理论的劣化的凯恩斯主义则从他的观点后退。

阿什利：凯恩斯思想的核心是什么？为什么他的思想现在突然再次被看做有重大意义的？

福斯特：凯恩斯贡献的核心就在于摧毁了萨伊的市场定律。（居次要地位的因素则是凯恩斯拒绝当时有关利息的正统理论，并用一种基于流动性偏好的利息理论来替换它。）萨伊定律认为供给创造着它自己的需求，这样一来生产就绝不会产生实际的供过于求。因此，充分就业被看做这种制度的自然趋势。如果经济扩张存在限制，那么它们是出现在供应（成本）方面，而不在需求（销售）这边。

马克思从一开始就拒绝了萨伊定律。但是，新古典经济学就建立在萨伊定律之上。凯恩斯不得不进行一场艰苦的斗争来克服这种状况。这里的问题的一部分是新古典经济学建立在一个物物交换的经济模型概念之上，而货币只是覆盖其上的装饰品。一旦货币交换被认为在资本主义经济的内在运行中居于中心地位，那么很明显，生产过剩或有效需求不足就可能出现了。

在进行这一研究时，凯恩斯在其《通论》早期的一个注释中，实际上使用了马克思的速记字符 M—C—M′（货币—商品—货币′［货币′等于M + Δm 或剩余价值]）作为指出萨伊定律中的矛盾的方法。（凯恩斯是从第二手材料而不是从马克思本身获得这一表达式的。）同时，理查德·卡恩，即凯恩斯的亲密助手和凯恩斯乘数理论的创立者，提供了一个构想储蓄和投资关系的思路，这实际上重复了（他并不知道的）马克思的再生产图式。

作为这一批判的结果，凯恩斯能够更清楚地分离出积累的两个方面（储蓄和投资），并认为正是投资决定储蓄，而不是像以前所想的那样是相反的方式。著名的"节俭悖论"则可以解释为（事前）无法找到投资出路的超额储蓄。就作为整体的有效需求而言，问题就在于因收入不平等而导致的消费需求不足，这样就相当自然地（但不是本质固有地）导致投资需求的衰弱，这是资本主义制度的一个正常缺点。对凯恩斯来说，恰当的政策反应是增加政府开支来弥补消费和投资需求不足——直至达到充分就业。但这种举措通常又直接遇到资本主义制度的阶级障碍。

阿什利：什么是凯恩斯对资本主义批判的实质内容？他如何不同于另一个资本主义的伟大批判家卡尔·马克思？什么是凯恩斯对资本主义的批判的缺点？

福斯特：就像我在《一种失败的制度》中所阐释的，凯恩斯明确指出了他所说的资本主义的两个"突出的缺陷"：收入的巨大不平等分配和持续的、固有的失业，这两个缺陷趋向于应被称为"失业均衡"的情况。正统经济学出于本性对这两个方面的缺陷是视而不见的，而且在凯恩斯看来，正统经济学又是"没有能力解决失业问题和经济周期问题"的。凯恩斯明确表示，他确信成熟的资本主义经济的投资或积累功能从长期来看受到系统压制。

正如琼·罗宾逊在1955年的一篇论马克思、马歇尔和凯恩斯的文章中所论述的，凯恩斯认为，"对一种发达的资本主义经济来说，存在着进入长期停滞和永久性失业的自然趋势，而且发达的资本主义经济就其本性来说是高度不稳定的"。然而，凯恩斯从来没有提出关于停滞的完整理论，而且那些早期的基于他的提示这样做的凯恩斯主义者，例如阿尔文·汉森，也没就发达资本主义停滞趋势提出可被视为完整理论的学说。因此，进一步发展这种理论的事情被留给了马克思主义理论家，诸如米哈尔·卡莱茨基、约瑟夫·斯坦德尔、保罗·巴兰和保罗·斯威齐。

到写作《通论》的时候，凯恩斯不再确信和谐的资本主义的自我调节（而由哈耶克和新自由主义代表的正统路线正是强调这种和谐的自我调节）。正如罗宾逊所言，凯恩斯代表着"对资本主义的幻灭性辩护"。他试图通过各种技术性修复解决那些被他视为该制度重大缺陷的问题，同时他可能也知道这些举措永远不够。他从未能够使自己进行一种全面彻底的批判。

就像我在我的文章《理性资本主义的终结》（《每月评论》2005 年 3月）中所说的，凯恩斯仍然对某种理性资本主义抱有希望。但是，他的批判在其意蕴上是如此激进，以致他的分析对于这种制度来说是不能接受的，除非到了穷途末路之时。凯恩斯竟然走得如此之远，以致指出了"某种程度的投资的全面社会化"、食利者"安乐死"、减少收入不平等、对国际资本流动进行有限控制等建议。所有这一切都意味着，从资本主义制度的立场来看，凯恩斯依然是一个"危险"人物。

若要从马克思主义的视角出发说明凯恩斯的局限性，把凯恩斯同在凯恩斯之前就阐发了"凯恩斯革命"的大部分要点的波兰经济学家米歇尔·卡莱茨基做一对比是有益的。卡莱茨基是一位马克思主义经济学家，他的著作对于界定凯恩斯主义也是十分重要的。在卡莱茨基那里，人们可以看到马克思和卢森堡的思想遗产。他的著作不仅包含着对以阶级为基础的积累和帝国主义的有力批判，而且也包含着关于垄断资本主义的发展了的理论。而凯恩斯缺乏所有这些因素。凯恩斯存在一个特别的缺陷，就是他继续坚持纯粹而完全的竞争的观念，尽管他的年轻同事、剑桥学派的成员、曾帮助他完成《通论》的琼·罗宾逊，是不完全竞争理论的最初开拓者之一。卡莱茨基的"垄断程度"的概念（以对劳动力和原材料成本的加价为重点）成为在具有积聚、集中和经济停滞等现象的资本主义制度（在马克思看来受剥削率的支配）下整合阶级收入分配的方式。所有这一切实质上是源自马克思，并被置于当代的背景下。卡莱茨基的工作导致了约瑟夫·斯坦德尔的《美国资本主义的成熟和停滞》以及保罗·巴兰和保罗·斯威齐的《垄断资本》的阐述。

在马克思经济学中最重要的概念是剥削率。而对于凯恩斯的意向来说，这一点完全不存在。卡莱茨基则用他的长期收入分配理论提供了马克思和凯恩斯之间的联系（从马克思主义方面）：工人们花掉所赚取的钱，而资本家则赚取他们所支出的钱。麻烦的是，资本家基于积累的支出受到基于新的投资的预期利润的影响。如果（除其他因素之外）消费由于日益增长的不平等和失业问题而不足，那么基于新投资的预期利润就会变得很低。

卡莱茨基说："投资的悲剧正是在于，投资是有用的。"如果资本拥有由厂房和设备构成的大量闲置生产能力，并且认为如果新工厂的建设和终端市场的可预期的疲软会导致这种过剩生产能力的继续增长，资本就不会投资。这种最终与收入分配相关的积累的矛盾，解释了美国和其他发达资本主义国家的经济为什么近几十年一直处于缓慢爬行的停滞状态——这一事实在灾难降临之前部分地被债务的长期增长掩盖了（例如金融化）。

最近，已越来越得到公认的是，凯恩斯也明确指出了资本主义的第三个突出缺陷，而这一点对于他的全部理论是至关重要的。凯恩斯强调说，随着工业证券市场以及发达的金融体系的出现，在资本主义之下存在两个价格结构：一个与国内生产总值相关，而另一个则与资产价格的投机活动相关。这两个价格结构之间的相互关系是不稳定的，它依赖于不可预知的社会心理压力。

这种情况造成了巨大的投机狂欢，给凯恩斯留下了深刻印象，在1929年的股市崩溃之后更是如此。社会主义经济学家海曼·明斯基在《约翰·梅纳德·凯恩斯》和随后的著作中论述了凯恩斯的批判的重要性。由此明斯基提出了其著名的金融不稳定理论。

不过，明斯基分析的出发点还是解释周期性的金融泡沫或者危机，而并非主要是解释长达数十年来的长期金融化过程。作为对于停滞的回应的对金融化的分析，是由马克思主义经济学家哈里·马格多夫和保罗·斯威齐在一系列著述中系统完成的——诸如《美国资本主义的动力》、《繁荣的终结》、《美国资本主义危机的加深》、《停滞和金融爆炸》、《不可逆的危机》，这些著作写于20世纪70年代初和80年代末之间（随后他们在90年代也写有一些文章）。

这些著作植根于马克思—卡莱茨基的思想，但是也从凯恩斯那里汲取思想材料，尤其是凯恩斯晚年对投机的批判。马格多夫和斯威齐认识到，金融爆炸不仅是一个直接先于商业周期的顶峰的阶段——这是明斯基最终的观点，而且还是一个同延伸于多重商业周期之中的停滞具有内在因果联系的过程。

阿什利：是否有可能出现这种情况：随着危机日益加深，就会出现朝向凯恩斯主义政策的转变，特别是如果在面对紧急财政援助时出现了新的斗争和抵制浪潮的时候？

福斯特：出于急迫的必要性，确实已经有了某种朝向凯恩斯主义式的政策的转变。但凯恩斯主义并不足以解决资本主义的全面危机。此外，对凯恩斯主义措施还存在大量来自资本家阶级的结构性的抵制，在经济理论和经济政策层面也存在对凯恩斯思想的抵抗。

人们必须记住，凯恩斯有助于说明大萧条，但凯恩斯主义和政府非军事开支并没有使经济走出萧条。毋宁说，大萧条是通过第二次世界大战而结束的。因此，不存在任何一个能有效说明凯恩斯主义解决萧条状况的历史事例（除非你列举那种所谓的"军事凯恩斯主义"，亦即随着希特勒而开始于德国并在第二次世界大战中全面开花的那一种）。

我们来看一下美国与政府非军事支出的扩张有关的新的新政的可能性。就其灵感而言，新政本身从来就不是凯恩斯主义的，但它确实导致了政府非军事支出的适度（虽然不足）的增加，更为重要的是，在创造就业和工作援助计划、社会保障等方面，即真正有益于人口的大多数的那些规划中，支出是有相应增加的。

美国和其他国家来自下层的新反抗（例如 20 世纪 30 年代与产业工会的崛起有关的反抗）有可能产生类似的规划，现在可以用凯恩斯主义的刺激方案证明其合理性。有些人已经试图这样解释奥巴马在美国实施的刺激措施。但是，现行的刺激措施力度太小，在目前情况下不足以产生多大的效果，而且 40% 的措施是由减税承担的。（应该指出的是，与新政后期相比，奥巴马的经济刺激计划并不具有进步性。）事实上，美国文职政府支出所占国内生产总值的份额有一个最高限度（保罗·巴兰和保罗·斯威齐最先指出这一点），70 年来一直如此。鉴于这种情况已经存在这么长时间，我们可以得出结论，有一种极为强大的阶级力量在维持这个最高限度。因此，任何要增加政府非军事开支在国民产出中的份额的企图，甚至在大萧条以来最严重的危机期间都面临着强有力的抵制，就像我们现在已经看到的那样。

政府非军事开支的最高限度被维持不变这个事实，并不意味着政府造福普通民众的开支水平一直得到保持。与此相反，近几十年来在"刑事司法系统"方面，即警察和检察官、监狱、监禁设施等方面的开支有了巨大增长，这使得美国成为世界上监禁人口百分比最高的国家，远远高于地球上任何其他国家。

如果你看看那些采取了某种凯恩斯主义立场的经济学家，那么你会看到，他们对制度的批判力度比起凯恩斯本人来就显得很柔和。他们对资本主义制度的"突出缺陷"或"某种程度的投资全面社会化"没有任何提及。

这意味着，解决资本主义矛盾的真正办法不在于凯恩斯经济学，而在于拥有潜力改变游戏规则的民众自下而上的反抗。琼·罗宾逊在某个场合说过，一个强大到足以改革资本主义的政治运动，也将强大到足以引入社会主义。其中有我们的希望和他们的恐惧。

阿什利：是否有可能通过转向绿色资本主义走出这次危机？就是说，通过对可再生能源及绿色技术进行大规模投资、实行新经济学基金会的人们提议的某种"绿色凯恩斯主义"来走出危机？

福斯特：近来，出现了很多关于"绿色凯恩斯主义"的谈论。去年，罗伯特·波林等人在马萨诸塞州大学政治经济研究所发表了一份关于"绿化恢复"的报告，主要就是基于这些术语构想的——英国新经济基金会的工作也是这样，对此我不大了解。在这种背景下，奥巴马的经济刺激一揽子方案被许多人解释为"绿色新政"或"绿色凯恩斯主义"，因为该方案强调发展节能技术。

从理论上说，政府支出的任何增加在此时都能帮助减缓经济下降，甚至促进经济增长的最终恢复。正如凯恩斯所说，即使政府仅仅以让人民在地上挖坑的方式安排人民去工作，这也将有助于在这种情况下刺激经济增长。因此，毫无疑问，环境保护方面的开支会像任何其他支出一样，有助于促进经济增长。

当然，一个政府所进行的开支对于经济的影响的程度，是同这种开支直接提供的就业机会和它对于社会的有用性的程度密切相关的。投资在未来技术上的美元比起工作援助计划，在安置人民立即工作方面当然效率要低。环保开支当然可以既是这种情况又是那种情况，但是我认为，列入奥巴马计划之内的庞大绿色支出，是用于长期技术项目的。这在促进就业方面不会起到很大的作用；实际上，奥巴马的上述支出主要是用于产业补贴的。我们甚至可以说，那些被提出的举措与其说是绿色凯恩斯主义，不如说是"绿色熊彼特主义"，因为它的主要目的是为了用新技术刺激投资。

在资本主义经济中花费在环境上的开支，和世界各地一样，都会碰到根深蒂固的阶级力量的抵制。那些为解决生态危机能够做到的事情并没有着手去做，例如关闭煤电厂，将其大规模替换为其他形式的能源，或者如美国宇航局詹姆斯·汉森所提议的开征100%用之于民的二氧化碳排放税，因为既得利益集团不会准许这样做。这些事情或者干扰经济增长，或者妨碍利润增长，或者两者兼而有之。奥巴马在总统竞选期间非常强调继续支持大型煤炭企业。

的确，这里真正存在着两个问题：绿色凯恩斯主义可以导致经济复苏吗？我们能够以这种方式拯救环境吗？我对绿色凯恩斯主义的看法是，它本质上过于局限，过于受技术驱动，不能构成充分的经济复苏的核心。事实上，我们正面临着深刻的、持久的经济停滞和金融化危机（正如《金融大危机》中所讨论的），而凯恩斯主义就其性质来说基本上不可能予以解决。

至于环境——这是我们时代最为严重的挑战，因为气候、地球上的物种以及人类文明都受到了威胁，当前所需要的不是一个经济复苏计划或更快的经济增长，而是一场生态革命。这必将是一场社会革命，一场比我们所能想象的规模都大得多的社会革命。这个问题我已经在我即将出版的新书（4月份出版）《生态革命》中进行了讨论。

凯恩斯可以帮助我们理解资本主义的缺陷，但他不能带领我们沿着应对21世纪挑战的道路走很远。我们需要的不是凯恩斯（或熊彼特），而是更加革命的——经济方面、社会方面和生态方面——马克思（见我的《马克思的生态学》）。凯恩斯是"理性资本主义"最后的捍卫者，但这种"理性资本主义"现已被证明是不可能的。

（来源：《国外理论动态》2010年第4期）

B 方

危机的根源不是政府，
而恰恰是自由放任的市场，
尤其是不受管制或管制不到位的金融市场。
资本主义有其内在缺陷（譬如市场失灵），
而为了弥补这些缺陷和应对危机，
需要有效发挥政府对市场的干预作用。

金融危机使萧条经济学回归

［美］保罗·克鲁格曼
美国普林斯顿大学经济学教授、诺贝尔经济学奖 2008 年得主

各国还发现，应对衰退的传统政策似乎已经完全失效了。现在，如何创造重组的需求来利用经济产能的问题，再一次成为关键问题。萧条经济学重返历史舞台了。我不仅认为我们处在一个新的萧条经济学的时代，我还认为，洞察了"大萧条"的经济学家凯恩斯，在现在的意义要比在以往任何时候都大。

一　恶意藐视

这场危机的主要诱因，并不是被放松监管的机构冒了新风险，带来了问题，而是从未受过监管的机构冒了很大风险。

不用猜，在金融危机发生后，大家都想把凶手揪出来。

一些指责完全是荒谬的，比如右派中的流行观点：《社区再投资法》是一切问题的源头，该法强迫银行向少数族裔的买房人贷款，然后这些买

房人会拖欠抵押贷款。事实上《社区再投资法》是 1977 年通过的，很难想象，怎能把一场直到 30 年后才爆发的危机算到它头上。再者，该法只适用于储蓄银行，房市泡沫期间的不良贷款只有一小部分是储蓄银行发放的。

还有些指责有一点点正确性，但说到底是错的。保守派喜欢把房市泡沫和金融体系的脆弱归咎于房利美与房地美，那是美国政府创办的两家贷款机构，也是抵押贷款证券化的始作俑者。房利美和房地美在 1993—2003 年间蓬勃发展，主要原因是在许多储贷机构倒闭之后，它们逐渐填补了空缺。房利美和房地美的确在发放一些贷款时比较草率，而且还被财务丑闻缠身，所以说，这一指责有一点点正确性。但房市泡沫最狂热的时期是 2004—2006 年，而在那段时间里，正是由于发生了财务丑闻，这两家机构正在遭受严密审查，基本上没有机会刺激泡沫。因此，对于不良贷款的泛滥，这两家机构只起了很小的作用。

许多左派喜欢把危机归咎于放松监管，具体而言就是 1999 年《格拉斯－斯蒂格尔法》（Glass－Steagall Act）被废除，从而使商业银行可以涉足风险较大的投资银行业务。回过头来看，废除《格拉斯－斯蒂格尔法》当然是错误的，该法的废除也许以一些间接的方式加剧了危机，例如，人们在危机之前的繁荣时期里发明了不少危险的财务制度，其中的一些正是商业银行的"表外"业务。但是，这场危机的主要诱因，并不是被放松监管的机构冒了新风险，带来了问题，而是从未受过监管的机构冒了很大风险。

我的主张是，后一种风险是问题的核心。当影子银行系统不断扩张，当其重要性赶上甚至超过传统银行的时候，政治家和政府官员本应意识到，我们的行为正在使当年诱发"大萧条"的金融脆弱局面重新出现。他们本应采取对策，扩大监管和金融风险防范网，以覆盖这些新金融机构。大人物们本应宣布一项简明的规则：任何像银行一样经营的机构，任何在危机爆发时需要得到像银行一样救助的机构，都必须被当成银行来监管。

事实上，长期资本管理公司遭遇的危机，本应以振聋发聩的方式提醒美国人，影子银行系统造成了多大的危害。当然许多人早已经明白，影子银行系统已经多么接近崩溃的边缘。

但这个警告被忽视了，而且当局没有采取任何行动来扩大监管。相反，当时的流行思潮以及小布什政府的意识形态，都是十分反对监管的。一张拍摄于2003年的照片很能反映这一态度。在照片上，美国各个负责银行监管的机构的代表摆出姿势，用修枝剪和一把链锯将一堆堆法规切成碎片。除了这一象征性的动作之外，还有真刀真枪的举措。当州一级的官员试图对次级贷款的发放实施一些监督时，小布什政府动用联邦权力，包括通货监理署的模糊职权，阻挠了他们的行动。

同时，那些本应为影子银行系统的脆弱忧心忡忡的人，却在对"金融创新"大唱赞歌。格林斯潘在2004年宣称："不仅单个的金融机构更能抵挡潜在风险因素带来的冲击，整个金融体系也变得更有弹性了。"

所以，美国金融体系与整个经济遭遇危机的风险越来越大，而这些风险却被置之不理，或被视为杞人忧天。于是，危机爆发了。

二 什么是萧条经济学？

萧条经济学回归了，这是什么意思呢？这句话的根本意思是，现在，对于世界大片地区而言，经济需求面的失灵，即私人消费不足以充分利用可用的生产能力，已经成为影响经济繁荣的明显的、近在眼前的制约因素。

萧条经济学回归了，这是什么意思呢？这句话的根本意思是，现在，对于世界大片地区而言，经济需求面的失灵，即私人消费不足以充分利用可用的生产能力，已经成为影响经济繁荣的明显的、近在眼前的制约因素，而这一状况在两代人的时间里从未出现过。

我们对萧条经济学的回归缺乏准备。我这里说的"我们"，不仅指经济学家，还指决策者与受过教育的大众。所谓的"供应学派经济学"，只不过是一些愚蠢的想法，自称"供应学派"而已。这种荒谬的信条要不是迎合了媒体编辑和富人的偏见，根本不会有什么影响力。但是，在过去几十年间，经济学思考的重点在不断从经济的需求面转向供应面，这里的供应面与上面的"供应学派"不是一回事。

这一转变的原因之一是，经济学界的一些理论争议逐渐渗透到了公众的讨论之中，而且有点被断章取义了（这种情况向来会发生）。简单来说，这些理论争议的根源在于：原则上，只要在失业发生时工资和物价迅速下降，总需求不足问题很快便会自动解决。以托儿合作社为例：当托儿合作社低迷不振时，如果让一小时照顾婴儿服务所值的票券量降低，低迷状况就会自行缓解。原因在于，这样做将提高已发行票券的购买力，因而管理层只要坐着等待，合作社就会自动恢复"充分就业"状态。但在现实中，衰退发生之后物价并不会迅速下跌，但究竟为什么会这样，经济学家无法达成共识。结果是经济学界爆发了一系列激烈的学术论战，这么一来，有关衰退及其发生机理的整个话题，就变成了一种学术雷区，敢于踏入这一领域研究的经济学家越来越少。看到此情此景，公众也自然而然地认定，经济学家不懂衰退问题，或者从需求面入手的药方已经不足为信了。但事实是，对于解决我们当前的经济困境，传统但可靠的需求派宏观经济学能起到很多作用，然而为需求派辩护的人往往不能坚持己见，而批评这一派的人却激情四溢、火力十足。

也许由于需求派经济学在理论上的弱势，我们对于萧条经济学的回归缺乏准备，但讽刺的是，需求派经济学在实践上的屡屡成功，也造成了同样的结果。经济学家花了几十年的时间来争论，我们是否真能利用货币政策来使经济摆脱衰退，但恰恰在这段时间里，各国央行不管这些理论之争，不断利用货币政策来摆脱衰退。它们的行动十分有效，以至于人们不再相信，一国经济会因为需求不足而长期身陷萧条泥潭。大家都认为，美联储等各国央行总是可以把利率降得足够低，以保持消费的高涨，所以需求问题只会在很短的时间里影响经济表现，除了极短期之外，制约经济表现的唯一因素是一个经济体的产能，即经济的供应面。

时至今日，许多经济学家依然认为衰退问题不重要，研究衰退有点旁门左道的感觉。我曾引用的罗伯特·卢卡斯的主席发言就明确认为，商业周期不再是个重大的课题了，经济学家应当将注意力转移到科技进步和长期增长问题上来。这些问题很好很重要，也是长期而言真正重大的问题，但正如凯恩斯指出的。长期而言，我们都将死去。而且，在短期里，全世界经济危机频发，动荡不定。在所有这些危机中，关键的问题都是如何创造充足的需求。多年来，一个接一个的国家遭遇衰退：20 世纪 90 年代早期以来的日本，1995 年的墨西哥，1997 年的墨西哥、泰国、马来西亚、印尼和韩国，2002 年的阿根廷，2008 年则几乎是所有国家。这些衰退至少暂时性地毁灭了多年的经济发展成绩。各国还发现，应对衰退的传统政策似乎已经完全失效了。现在，如何创造重组的需求来利用经济产能的问题，再一次成为关键问题。萧条经济学重返历史舞台了。

三 如何应对燃眉之急

就算对金融体系的救助最终使信贷市场复苏，我们仍然面临一场步步进逼的全球性衰退。应该以什么样的措施来应对这一问题呢？几乎可以肯定地说，答案是采取一个素来高效的老药房——凯恩斯主义的财政刺激措施。

世界目前急需的是一场救援行动。全球信贷系统已经处于瘫痪状态，在我写这些话的时候，一场全球性衰退正在步步逼近。改革一些致使本次危机爆发的薄弱环节，是个重要的工作，但这个工作可以稍稍推迟一点。首先我们必须应对近在眼前的、显而易见的危险。为此，全球决策者需要做两件事：让信贷重新流动，支持消费。

在二者中，第一件事比较难，但必须马上开始做。几乎每天都有消息说，信贷的瘫痪又引发了更大的灾难。例如，正在我写作的时候，不断有新闻报道说，国际贸易最重要的支付方式信用证正在崩溃。突然之间，进口产品的买方，尤其是发展中国家的买方无力履行合同了，许多货轮也无所事事了。一项广为引用的衡量航运费用的指标"波罗的海干散货指数"，在 2008 年已经下降了 89%。

造成信贷紧张的原因，一是人们对金融机构的信任下降，二是金融机构的资本大大减少。自然人以及包括金融机构在内的各种机构，只愿意与资本充足、足以确保履约的机构进行交易，但危机正在使各种机构的资本濒于枯竭。

很明显，解决方法是注入更多资金。事实上，这是应对金融危机的常用策略。1933 年，罗斯福政府利用"重建金融公司"购买优先股，从而改变了银行的资本结构。所谓优先股是指可以比普通股优先索取股利的股份。20 世纪 90 年代初瑞典遭遇金融危机，瑞典政府实施干预，向银行提供资金，换取对银行的部分控股。当时瑞典政府注入的新资金相当于其 GDP 的 4%，放在今天的美国，4% 的 GDP 相当于大约 6000 亿美元。1998 年日本对其银行实施救援时，购买了价值 5000 亿美元以上的普通股，从占 GDP 的比例来看，这相当于美国政府向美国银行注资 2 万亿美元左右。在上述的三个例子中，政府提供的资金都帮助恢复了银行的贷款能力，并使信贷市场解冻。

一场类似的金融救助正在美国等发达国家上演。不过部分由于小布什政府的意识形态倾向，这场救助来得有些晚。最初，在雷曼兄弟破产之后，美国财政部提议从银行等金融机构购买7000亿美元的不良资产。但这样做究竟有什么用，始终让人一头雾水（如果财政部以市场价购买，那几乎无法促进银行的资本状况好转，如果财政部的支付价超出市场价，那它铁定要被指责为挥霍纳税人的金钱）。不过，在经过了三个星期的摇摆不定之后，美国效仿英国首先采用、欧洲大陆国家相继采用的做法，将这一救援方案改造为一项重组金融机构资本结构的计划。

但这几乎不足以扭转形势。原因至少有三个。首先，就算这7000亿美元全部用于金融机构的资本重组（目前只有一小部分被承诺用于这方面），就占GDPD的比例而言，这一行动的规模仍比1998年日本的银行注资行动小，而可以说，目前美欧金融危机的严重性与当时日本的金融危机不相上下。其次，影子银行系统是问题的关键，而这笔救助资金将有多少注入影子银行系统，现在仍然不清楚。最后，目前尚不明确的是，银行是否愿意用新得到的资金放贷，而不是囤积起来（75年前的"新政"时期就遇到这一问题）。

我的猜测是，这场改变金融机构资本结构的行动最终必须扩大规模，覆盖更多的领域，而且政府最终必须更果断地控制金融机构的股份，也就是说，差不多就是对金融体系的相当大一部分实施全面的暂时国有化。我声明一下，这不是远期目标，也不是要让政府控制经济命脉。一旦形势转危为安，就必须立即对金融体系实施再私有化，比如，瑞典在20世纪90年代早期的大规模注资之后，又将银行业私有化了。但当前的重要任务是尽一切办法放松信贷，不要被意识形态的死结束缚住手脚。如果仅仅因为担心救援金融体系的行动有一点所谓的"社会主义"色彩，便不采取必要的行动，那将是滑天下之大稽。

同样，解决当前信贷紧缩的另一项方针也必须加大力度。这项方针就是，美联储应该临时性地向非金融部门直接贷款。美联储愿意购买商业票据，是朝这个方向前进了一大步，但力度似乎不够。

所有这些行动都必须和其他发达国家协调开展，因为，金融已经全球化了。美国救助金融体系的措施可以产生使欧洲信贷放松的效果，欧洲的救助行动也可以产生使美国信贷放松的效果。所以，所有人现在都应该做大体相同的事，因为我们都在一条船上。

还有一点：由于金融危机已经蔓延到新兴市场国家，因此要解决这场危机，就必须向发展中国家提供全球性救助。和调整金融机构资本结构的工作一样，在本书写作时，这一行动也已部分开展了。国际货币基金组织向乌克兰等遭遇经济困难的国家提供了贷款。这一次国际货币基金组织没有像20世纪90年代的亚洲金融危机期间那样，进行很多道义劝说，也没有敦促各国紧缩开支。同时，美联储向几个新型市场国家的央行提供了换汇额度，使它们有权在需要时借入美元。同样，和调整金融机构资本结构的工作一样，这些努力目前看来方向是对的，但是力度太小，还需要再加把劲儿。

就算对金融体系的救助最终使信贷市场复苏，我们仍然面临一场步步进逼的全球性衰退。应该以什么样的措施来应对这一问题呢？几乎可以肯定地说，答案是采取一个素来高效的老药房——凯恩斯主义的财政刺激措施。

不过，2008年年初美国试过一次财政刺激措施，当时小布什政府和民主党议员都宣扬说，那是一个"激活"经济的方案。但实际结果却令人失望，原因有二。首先，这次刺激规模太小，仅占GDP的4%。其次，这一方案的资金大部分是以退税的形式提供的，所以许多转化成了储蓄，而不是消费。下一次的方案应当集中于维持和扩大政府开支，维持的方式是向州与地方进行财政转移，扩大的方式是花钱修建公路、桥梁等基础设施。

有人反对以公共开支刺激经济，他们的常见理由是，公共开支产生效果的速度太慢，等到它把需求拉动起来的时候，衰退已经结束了。但是目前而言，效果慢似乎不是个重大的担忧，因为美国经济短时间内很难恢复。唯一能使经济在短期内恢复的可能是，某种意想不到的新泡沫出现，取代房市泡沫（讽刺报纸《洋葱报》）的一则标题十分贴切《国家饱受衰退之苦，投资者需要新泡沫》）。只要以合理的速度推进公共开支，它就会相当及时地产生效果，而且与税收减免相比，有两个重大优势：一是政府提供的资金确实会被花掉，二是一些有价值的东西（例如坚固的桥梁）会被建立起来。

一些读者也许会反驳说，通过公共建设工程的开支来发挥财政刺激作用，这是日本早在20世纪90年代就做过的事情。的确是这样，但也许正是由于日本采取了公共开支，萎靡不振的日本经济才没有跌入一场真正的萧条。而且有理由认为，如果美国迅速通过公共开支提供财政刺激，收效将比日本好，有两个原因：首先，当时的日本在多年里政策不够有力，以致掉入了通缩预期的陷阱，而美国现在并不处于这样的陷阱之中。其次，日本拖延了很久才调整银行系统的资本结构，而美国应该不会再犯这样的错误。

归根结底，我的意思是说，我们要以不惜一切代价扭转形势的精神来应对当前的危机，如果我们已经做得还不够，那就加大力度，改变方法，直到信贷开始流动，实体经济开始恢复。

一旦促进恢复的工作得到良好的开展，我们就应当转向预防性的措施：改革金融体系，以防危机再次爆发。

四　金融改革

我不想列出一个新监管体制的细节，但基本的原则必须明确：不论什么东西，只要在金融机制中扮演重要角色，从而在危机期间需要得到救助，都应当在平时受到监管，以使它不过度冒险。

约翰·梅纳德·凯恩斯在"大萧条"刚刚爆发时说，我们的磁发电机出了问题。他的意思是，经济引擎基本是好的，但引擎的关键部件金融体系失灵了。凯恩斯还说："我们使自己陷入一场巨大的混乱之中，我们笨手笨脚，没有控制好一架精密的、我们不明白其运行机理的机器。"这两句话在当时是至理名言，现在也是。

当前这场巨大的混乱是如何发生的？在"大萧条"之后，我们重新设计了凯恩斯所说的机器，从而对它了如指掌，足以避免大灾难的发生。曾在20世纪30年代陷入瘫痪的银行系统，被置于严格监管之下，并得到一个强有力的风险防范网的支撑。同时，20世纪30年代造成很大破坏作用的国际资本流动也受到了限制。金融体系变得有点沉闷，但也安全多了。

但后来，金融体系又变得有趣了，但也危险了。国际资本流动的日益旺盛，为20世纪90年代一系列破坏性的货币危机与2008年的全球性金融危机搭建了舞台。影子银行系统兴起，而监管又没有相应的延伸，为最近的大规模银行挤兑搭建了舞台。过去的挤兑是疯狂的人群拥堵在上锁的银行门外，现在则是存款人疯狂地点击鼠标，但挤兑的破坏力一点都没有减弱。

很明显，我们必须重新学习前辈们在"大萧条"期间学到的教训。在此我不想列出一个新监管体制的细节，但基本的原则必须明确：不论什么东西，只要在金融机制中扮演重要角色，从而在危机期间需要得到救助，都应当在平时受到监管，以使它不过度冒险。自20世纪30年代以来，商业银行必须有充足的资本金，保留可以迅速变现的流动资产储备，而且不能进行某些种类的投资，作为回报，联邦政府在事态不妙时向它们提供担保。既然我们已经看到，五花八门的非银行机构制造了一场银行业危机，那么我们就应该大力扩大上述监管，使其覆盖更多的金融领域。

我们还必须努力思考如何应对金融全球化。在20世纪90年代的亚洲金融危机之后，有些人呼吁，不仅要在危机期间对国际资本流动进行临时管制，而且要对其实施长期限制。这些呼吁大多被拒绝了；相反，各国采取的应对策略是积累大量外汇储备，并认为这样就可以避免危机再次降临。现在看来，这个策略没起到作用。巴西、韩国等国家肯定像是做了一场噩梦：经过千辛万苦的努力，到头来又遭遇了一场与20世纪90年代相同的危机。下一步应当采取什么应对策略，具体的形式还很难说，但毫无疑问的是，金融全球化的危险性超出了我们的预料。

五　思想的力量

有些人说，我们的经济问题是结构性的，没有药到病除的良方，我却认为，妨碍世界繁荣的重大结构性障碍只有一样，就是那些充斥在人类头脑里的陈旧教条。

读者也许已经推断出来了，我不仅认为我们处在一个新的萧条经济学的时代，我还认为，洞察了"大萧条"的经济学家凯恩斯，在现在的意义要比在以往任何时候都大。凯恩斯在其杰作《就业、利息与货币通论》的结尾写道："不论是福是祸，带来危险的始终是思想，而不是既得利益。"这句名言精辟地阐述了经济学思想的重要性。

我们可以辩称，这句话未必总是对的，但在此时此刻，这句话绝对是对的。经济学的经典名言应该是"天下没有免费的午餐"，也就是说，资源是有限的，有得必有失，没有付出就没有收获。但萧条经济学研究的是，在一些情况下，免费午餐是存在的，因为有一些资源是闲置的、可以投入使用的，唯一的问题是，我们如何拿到免费午餐。因此，在凯恩斯的世界里，资源并不紧张，美德也不匮乏，真正短缺的只是人们对事物的理解而已。我们生活的这个世界也是如此。

但是，要实现正确的理解，我们就必须愿意对自己面临的问题进行清晰的思考，并不受成见的羁绊，让清晰的思路引领我们自由向前。有些人说，我们的经济问题是结构性的，没有药到病除的良方，我却认为，妨碍世界繁荣的重大结构性障碍只有一样，就是那些充斥在人类头脑里的陈旧教条。

（来源：保罗·克鲁格曼：《萧条经济学的回归与 2008 年危机》第 8 章、第 10 章，刘波译，中信出版社 2009 年 3 月版。文章标题为编者所加）

谁应该受到谴责？

[美] 约瑟夫·斯蒂格利茨
美国哥伦比亚大学教授、诺贝尔经济学奖 2001 年得主

并不是监管造成了银行的错误行为，而恰好是监管的匮乏或者没有很好地落实监管才没能阻止银行给我们的社会造成一遍又一遍的伤害。代理人和外部性问题的存在意味着政府是有作用的。政府收拾残局的方法会影响未来发生危机的可能性和社会对公平与正义的追求，每一个成功的经济（每一个成功的社会）都将同时涉及政府和市场。我们需要平衡这两种作用。这不仅是"如何运行"的问题，而且还是"应该是什么"的问题。

一 谁应该受到谴责？

很明显，我们不能指望这些金融创新产品能给我们带来持续的经济增长，它只能招致经济泡沫。好的监管应该将创新重新带到正路上，让它增加我们经济的效率和公民的安全。

随着人们越来越看清危机的严重程度，到 2009 年 4 月，它已经演变成

自大萧条以来最长的一次衰退。很自然地，人们就希望找到引起这场灾难的罪魁祸首，然而，现实中人们有很多指责的对象。如果我们想减少类似危机再次发生的可能性，如果我们想纠正当前功能明显失常的金融市场，关键就是明确谁应该受到谴责，或者至少知道什么行为是不对的。我们一定要谨防太过轻率的解释：很多类似的解释都将矛头指向银行家的过度贪婪。这有一些道理，但是这种解释没有指出问题的关键。银行家之所以表现得贪婪是因为他们有动力和机会去这样做，产生这些动力和机会的机制才是我们需要改革的地方。此外，资本主义制度的基础就是追求利润：我们难道应该容忍市场经济中其他人的贪婪行为，而单单指责银行家的贪婪，或者要求其表现得更好一些吗？

在长长的起诉名单中，很自然地，我们先从问题的始作俑者——抵押贷款发起人说起。抵押贷款公司已经将"有毒"资产推销给了上百万的用户，这些用户中的大多数并不知道他们自己到底买了什么。但是，如果没有银行和评级机构的帮助与唆使，抵押贷款公司是不会得逞的。银行将抵押贷款产品买来后进行重新包装，然后再销售给疏于警觉的投资者。美国银行和金融机构对它们这些精巧的新投资工具大肆鼓吹。这些被当做风险管理的工具而进行兜售的产品实际上是非常危险的，它们已威胁到美国金融系统的安全。评级机构本应该对这些日益增多的"有毒"资产进行核查，但实际上它们却为这些产品披上了一层美丽的外衣，以鼓励美国和全球诸如养老基金这样的投资机构购买，这些投资机构本应该将工人养老的钱投在更加安全的资产上的。

总之，美国金融机构已经无法执行其核心功能——管理风险、配置资产和转移储蓄并同时降低交易成本。相反地，它们创造风险、错配资产、鼓励过度负债并增加了交易费用。在 2007 年达到顶峰，膨胀的资本市场占据了所有公司利润的41%。

金融系统为什么在管理风险方面表现得如此糟糕，一个主要原因就是市场对风险的错误定价和错误判断。"市场"错误估计了次级抵押贷款产品的违约风险，更严重的错误是，在评级机构和投资银行对这些次级抵押贷款产品重新包装并将其评定为新的 AAA 级产品时，市场信以为真了。银行和银行的投资者还对银行高杠杆率风险作出了错误的判断。通常，为了吸引人们投资于风险资产，一般要求这些风险资产要产生高的回报，但这次，这些风险资产只有很少的风险溢价。有时，市场对风险的错误定价和错误判断还来自于一个精明的预期：它们相信如果出现问题，美联储和财政部就会出手救援。在这一点上，市场是对的。

那时，美联储的掌门人格林斯潘和其继任者伯南克以及其他监管者却站在一旁袖手旁观，任由事态发展下去。他们不仅声称直到泡沫破灭前他们都无法预知泡沫的存在，而且还认为，即使他们知道泡沫的存在，他们也无能为力。这些借口都是错误的。例如，美联储可以提高购房者的首付金额或者提高股票交易的保证金要求，所有这些都可以给过热的市场降降温。但是，他们却选择了什么都不做。也许更糟糕的是，格林斯潘还允许银行介入更加有风险的贷款业务，鼓励人们购买可变利率的抵押贷款产品，这些产品的月供可能（实际上已经）很容易变得很高，甚至迫使中等收入的家庭也放弃了赎回权。

尽管放松监管的不良后果已经非常明显，但是那些坚持去监管化的人们还是坚持这样做，他们认为监管的成本会超过其带来的好处。但是，当全球为这场危机承担了上万亿美元的拯救预算和实际成本时，我们很难想象这些放松监管的拥护者还会坚持他们的立场。他们认为监管的真正成本是扼杀了创新。令人遗憾的事实是，在美国的金融市场上创新被用于规避监管、会计准则和税收。他们创造的产品太复杂了，这只会增加风险和信息不对称。很明显，我们不能指望这些金融创新产品能给我们带来持续的经济增长，它只能招致经济泡沫。同时，金融市场的创新并没有为老百姓提供简便的房屋风险管理方法。本应该帮助人们和国家管理他们面临的其他重大风险的金融创新实际上并没有起到那些作用。好的监管应该将创新重新带到正路上，让它增加我们经济的效率和公民的安全。

毫不奇怪，金融部门正在努力地推卸责任，它们声称这次危机只是一次千年一遇的"意外"，不用去理睬它。

金融部门的人们经常抱怨美联储维持了太久的低利率。但这种推卸责任的说法却显得莫名其妙：难道其他工业部门会说，造成它们利润太低和表现太差的原因是因为它们的投入要素（钢铁和工资）的成本太低了吗？银行的主要"投入"就是它们资金的成本，然而，银行似乎在抱怨美联储让资金太便宜了！实际上，如果低成本的资金能够被很好地使用，例如，这些资金用于支持新技术的投资和企业的发展，我们将会获得一个更具竞争力和活力的经济。

没有低息资金的放松管制也许不会造成泡沫。而且，更重要的是，如果低息的资金是在运行良好或者有良好监管的银行体系内使用，还会带来经济的繁荣，这种情况已经在其他时间和地方得到了印证（由于同样的原因，如果评级机构做好了其本职工作，那么就只会有很少的抵押贷款被卖给养老基金和其他机构，泡沫的规模也会很小。同样的道理，即使评级机构真如其现实那样表现得很差，但如果投资者自己能够正确地判断风险，那么情况也不至于太糟）。总之，导致这场危机的规模如此之大，是很多因素综合失灵的结果。

格林斯潘及其同僚反过来试图将责任推卸给亚洲国家的低利率和由于它们过多储蓄造成的流动性泛滥。实际上，能够以更优惠的条件吸引资金对我们来说是有好处的，我们求之不得。但美联储实际上却借此声称它们再也无法控制利率了。实际上，美联储当然能够控制利率；美联储选择低利率部分是因为我上面所说的原因。

这些从死亡边缘被拯救回来的人们的忘恩负义行为真是令人震惊，就如农夫和蛇的寓言一样，很多银行家反而抱怨政府。他们埋怨政府没有阻止他们的行为，就如同小孩从糖果店偷了东西被抓住，反而指责店主和警察忙着别的事而没有阻止他，使得小孩以为他干完坏事后可以一走了之。但是，这种狡辩实际上更加不诚实，因为金融市场已经买通警察，让他们不要碍事。他们成功地阻止了政府各种管理衍生品和限制掠夺性贷款的努力。他们的努力在整个美国都获得了成功。每一次胜利都给他们带来了更多的金钱，这些金钱又能进一步影响政治进程。他们甚至有一种观点：放松管制已经让他们赚到更多的钱，钱是成功的标志。

保守派是不会喜欢我们对市场的这种指责的。在他们的心目中，如果经济存在问题，那一定是政府的问题。这是政府想增加居民的住房，银行家只是相应地做了他们该做的事情。他们还认为房利美和房地美更是遭到了额外的诽谤，这两家私人公司原本就是政府成立的机构，是被称为《社区再投资法案》（Community Reinvestment Act，CRA）的政府计划的产物，这个法案致力于向资金不足的社区提供贷款。要是没有向这些穷人提供贷款的努力，事情不会变得这么糟。上面这些冗长的狡辩之词大部分都是无稽之谈。AIG2000 多亿美元的救助资金不论怎么衡量都是巨大的，这些钱大部分是用于弥补其衍生产品（信用违约互换）的损失，这些产品都是银行之间的赌博。银行根本无须通过高风险的运作来推动住房平等化。无须假借政府的住房政策而进行过度的商业房产投资。更不应该总是生产遍及全球的不良贷款，并为此一次又一次地要求救助。此外，实际上，CRA 贷款的违约率与其他行业贷款的违约率不相上下，这些表明，如果运行良好，CRA 贷款是不会出现太大的风险的。

然而需要指出的是，政府向房利美和房地美授权的是向中产阶级进行的合规贷款（conformingloans）。银行却在没有政府鼓励的情况下，跳到次级抵押贷款上进行放贷，而此前，房利美和房地美并没有进行过次级抵押贷款。总统也许已经发表了一些关于建立（住房）所有权社会的演讲，但是没有迹象表明，在总统发表这些演讲后银行加紧地配合执行了。银行随即应该出台奖惩分明的相关政策，但是银行什么也没做（如果总统的这些演讲都是其要的小把戏，那么奥巴马反复敦促银行重新整合更多的抵押贷款并向更多的小商业公司贷款本应起到一些作用）。更重要的一点是，提倡住房所有权是希望人们拥有永久（至少是长期）的所有权。根本不是让一些人只是对住房所有权拥有几个月，然后榨干他们一生的储蓄，最后一脚将其踢出门外。但是，银行就这么做了。我知道没有政府官员会同意贷款人的掠夺行为，允许他们将钱贷给没有偿付能力的人们，向他们兜售带有高风险和高交易费用的抵押贷款产品。后来，当私人部门已经发明了"有毒"的抵押贷款产品数年后，被私有化与放松管制的房利美和房地美决定它们也应该在这些产品上分一杯羹。它们的高层管理人员会想，为什么它们不能像这个行业的其他公司那样分享好处呢？具有讽刺意味的是，当它们这么做的时候，它们正在将那些私人部门从其所犯下的错误行径中拯救出来。这些私人公司正在为它们报表上大量的证券化抵押产品而惶惶不可终日。如果两房没有买下这些资产，私人部门的问题一定会更加严重。尽管两房买下了大量的证券化产品，它们还是为泡沫的形成火上浇油了。

寻找真相的过程就像"剥洋葱"：对每一个问题的解释都会带出另外一个问题。在剖析这场危机的时候，我们需要问一下，为什么金融部门在执行核心功能乃至服务股东和债权人方面表现得如此糟糕？似乎只有金融机构的管理者能够赚得盆满钵盈而相安无事。虽然危机使他们赚得稍微少了一些，但还是要比诸如花旗银行的股东们颗粒无收要好得多。金融机构抱怨监管者没有能够制止它们的错误行为。但是，这些公司不是总认为它们自己会管好自己吗？稍后我将给出这个问题的一个简单解释：问题在于错误的激励。但我们必须更加深入地思考这一问题：为什么会存在这些错误的激励机制？为什么市场会"促使"公司采用这些有问题的激励制度？在标准的经济理论看来，这是不可能的。对这些问题的回答不论多么复杂，但总是与下面这些因素有关：有瑕疵的公司治理结构、没有充分实施的竞争、不完善的信息和投资者对风险的认识不足等。

当金融部门应该备受谴责的时候，监管部门实际上也没有做好本职工作以确保银行不要犯错误。一些受到较少监管的金融市场上的人（如对冲基金）看到最糟糕的事情出现在有较高监督力度的市场中（如银行），就匆忙得出结论，认为监管才是问题所在。他们争辩说："如果它们（银行）也像我们一样被放松监管，那就绝不会出问题了。"但这忽视了问题的关键所在。我们为什么要监管银行？是因为如果它们出了岔子，它们就会给经济体的其他成员造成巨大的伤害。为什么我们对对冲基金的监管并不是很多（或者至少是监管较少的行业），是因为它们出事后造成的危害比较小。并不是监管造成了银行的错误行为，而恰好是监管的匮乏或者没有很好地落实监管才没能阻止银行给我们的社会造成一遍又一遍的伤害。事实上，监管是可以起到作用的。在美国的历史上，曾有一段银行没给他人造成麻烦的时期，那就是在第二次世界大战后的 25 年里，那时，强大的监管发挥了强有力的作用。

我们需要再次好好说明一下过去 25 年里监管失灵的原因，在下面的解释中，你会发现这与两个方面的因素有关：特殊利益集团的政治影响以及思想观念。特殊利益集团主要是金融部门的人们，他们从去监管化中赚到了大把的钞票（虽然他们的很多经济投资被证明并不怎么样，但是他们的政治投资却表现得足够精明）；思想观念则主要表现为鼓吹监管无用论。

二　市场失灵

有很多原因会造成这些失灵，但是有两个原因同金融部门最为密切：一个是"代理人"问题，在当今世界，很多人是（公司）出资人（委托人），但（对公司）作出决策的却是另外一些人（代理人）；另一个越来越重要的是"外部性"问题。

危机过后的今天，似乎每个人都认为我们需要监管，或者至少认为要比危机前有更多的监管。缺乏必要的监管已经让我们付出太多的代价：否则，危机发生的次数会少些，付出的代价会少些，相对于这些代价而言，监管者和监管所需的监管费用是很少的。市场自身总会明显失灵，并且还经常发生。有很多原因会造成这些失灵，但是有两个原因同金融部门最为密切：一个是"代理人"问题，在当今世界，很多人是（公司）出资人（委托人），但（对公司）作出决策的却是另外一些人（代理人）；另一个越来越重要的是"外部性"问题。

代理人问题是一个现代问题。由大量小股东组成的现代公司本质上不同于家庭经营的企业。这些公司的所有权和控制权是分离的，几乎不拥有公司所有权的管理层可以控制公司为其个人谋利。在投资过程中也有很多代理问题，因为很多投资都是通过养老基金和其他机构完成的。这些作出最终投资决策（以及对公司业绩做出评价）的人们并不真正代表自己在投资，而是代表信任他们的委托人在进行投资活动。在整个代理链条上，所有对业绩的关注都仅仅是热衷于短期回报。

因为管理人员的薪酬并不取决于长期回报，而取决于股票市场的价格，所以，很自然地，管理人员就会倾其所能抬高股票价格，甚至不惜去做假账。同时，来自股票市场较高的季度回报的需求又鼓励了这种短期行为。对短期回报的追求让银行只关注如何获得更多的收费，从某种意义上说，就是设法如何规避会计和金融的管制。华尔街最为自豪的创新就是创造那些能在短期内为公司创造更多收入的新产品。而这些创新产品可能带来的高违约率问题似乎是件很遥远的事情。相反，金融公司却对那些可以帮助人们居者有其屋或保护人们免遭突然的利率风险袭击的金融产品压根儿就不感兴趣。

总之，市场上几乎不存在有效的"质量控制"。然而，在理论上，我们还认为市场是可以保证质量的。那些生产过度风险产品的公司会丧失信誉，其股票价格会下跌。但是在今天这个动态变化的世界里，这一市场的教条已经不灵了。总体上，这些金融"巫师"发明的高风险产品的回报是正常的，它们所隐藏的负面风险会被掩盖很多年。成千上万的资金管理者吹嘘他们可以"战胜市场"，也有很多短视投资者相信他们。但是这些金融"巫师"也被自己忽悠了，他们也同那些买他们产品的顾客一样被自己欺骗了。这就能帮助我们解释，为什么当市场崩溃的时候，他们自己也握着价值几十亿美元的"有毒"产品。

在这次危机之前，证券化是最热的金融产品领域，它为我们展现了一个通过金融创新来制造风险的典型案例，证券化意味着如今的客户关系已不仅仅是借贷关系了。证券化有一个很大的好处就是让风险分散；但也有一个大的缺陷，它创造了新的不完全信息问题，而这个缺陷大大超过了其增加分散化带来的好处。那些买了抵押担保证券的人们实际上是将钱贷给了他们一点都不了解的买房者。他们相信银行将产品卖给买房者才把钱给他们，同样银行也信任了抵押贷款发起人。抵押贷款发起人的兴趣在于发行抵押贷款的数量，而不是其质量。这些产品大多数都是非常糟糕的抵押贷款产品。银行喜欢指责抵押贷款发起人，但只要它们粗略了解一下这些抵押产品，就能发现其中隐藏的风险。所以，事实是银行根本就不想去了解。它们的兴趣在于尽可能快地将这些抵押贷款产品和它们新造的抵押贷款产品一起都倒手给其他人。在华尔街自我毁灭性的实验室里，银行创造了新的风险产品：抵押债务工具、重复抵押债务工具、信用违约互换，我会在本章后面部分讨论其中一些产品，但银行根本没有好的方法来管理它们自己制造的怪物。因为通过倒手可以收益很高，所以它们已经沉迷于倒手生意——从抵押贷款发起人手里买来抵押贷款，重新打包，然后倒手卖给养老基金和其他机构，这完全不同于银行的传统商业模式：发行抵押贷款然后持有它们。或许正是因为它们的这些想法，银行才发现当崩溃发生时还有数十亿美元的不良资产砸在它们自己手里。

银行家们根本不考虑那些金融工具会给其他人带来多大的危险，他们制造了很大的外部性。在经济学中，外部性是指这样一种情况，此时市场的交换活动将成本或者收益强加给那些根本没有参加交换的当事人。如果你自担风险进行交易并赔了钱，那不会给其他人造成任何影响。然而，金融系统现在已经变得盘根错节并在经济活动中处于核心地位，这使得一家大型金融机构的失误会对整个经济体造成影响。眼前这场金融危机已经给每个人造成了影响：上百万房主失去了房子；超过百万的人们发现他们的住房已经没有任何净值；整个社会已经崩溃；纳税人不得不为银行的损失埋单；工人已经失去他们的工作。银行肆无忌惮的行径让数十亿人为其承担成本、血本无归，这些人不仅在美国而且遍布全球。

当存在严重的代理人和外部性问题时，与流行的市场有效理念相反的是，市场通常不会产生有效率的结果。这也是为什么需要金融市场监管的理由之一。对机构进行监管是防范过度风险和银行无耻行径的最后一道防线，但是，经过银行业多年来全力以赴的游说活动，政府不仅已经去除了已有的监管措施，而且面对正在变化的金融环境毫无反应。那些不理解为何需要监管的人们充当了监管者，很自然地，他们也认为监管是没有必要的。1999 年，旨在隔离投资银行业务和商业银行业务的《格拉斯－斯蒂格尔法》被废除，这造就了"太大而不能倒"的大型银行的出现，银行知道越大越不会倒闭后，就越发愿意承担过度的风险。

最终，银行搬起石头砸了自己的脚：那些本来用来剥削穷人的金融工具反过来伤害了金融市场，将其打垮。当泡沫破灭的时候，很多银行手里还有很多威胁其生存的风险证券，很明显地，它们并没有如其所愿将所有的风险转移给别人。而这只是危机带给我们的具有讽刺意味的事情之一：格林斯潘和布什本想致力于让政府在经济中的作用最小化，但是，现在政府却已经在更加广泛的领域发挥着前所未有的作用，美国政府成为世界上最大的汽车厂商、最大的保险公司和几家世界上最大的银行（如果政府可以从它们帮助的银行那里获得回报的话）。

在东南亚危机发生的整个过程中，国际货币基金组织和美国财政部看似不一致的观点以及它们对那次危机和本次危机之间看似矛盾的政策都充满了讽刺意味。国际货币基金组织本来宣称它们信奉市场原教旨主义，认为市场是有效的、能够自我纠正的，所以，它们相信一国若想使其经济最快增长和最有效的发展，那么最好就是不要干预市场。但是当出现危机的时候，它们却由于担心会发生国家间的"传染"而要求大规模的政府救助。但是要知道"传染"就是一种典型的外部性，从逻辑上说，如果存在外部性，一个人就不能相信市场原教旨主义。即使在进行了数十亿美元的救助之后，国际货币基金组织和美国财政部还是反对采取管制措施，即使这些措施能够降低"事故"发生的可能性和减少"事故"成本。究其原因，这是因为尽管它们已经反复经历了市场失灵，但它们还是相信市场从根本上说是能够自我良好运行的。

政府对救助的态度反映了它们对救助所造成的潜在长期后果的看法上的矛盾性。经济学家担心救助会在激励方面造成影响，有人认为这是经济学家最为关心的事情。很多金融市场中的人士之所以反对向不符合还款要求的按揭业主提供帮助的一个主要原因是：这种帮助会产生"道德风险"，也就是说，如果按揭业主知道若他们不能还款，他们就会有机会得到帮助，那么他们还款的动力就会减少。对道德风险的担心直接导致国际货币基金组织和美国财政部强烈地反对救助印度尼西亚和泰国，造成这些国家出现银行体系的大量倒闭和经济衰退的恶化。对道德风险的担心也导致放弃了对雷曼兄弟的救助。但是，此后，这个决定反而使美国发生了历史上最大规模的救助。当雷曼兄弟倒下，轮到美国的大银行时，对道德风险的担心就靠边站了。大量的救助使得银行的高管们反而有机会为他们创纪录的亏损享受巨额的奖金，分红持续不断，股东和债券持有人得到庇护。反复的救助（美联储不光是救助，而且随时为危机提供流动性）能够部分解释眼下这场危机的发生：美联储怂恿银行变得更加无所顾忌，因为银行知道当它们出现问题时，它们会被救助（金融市场将这称为格林斯潘/伯南克"推手"）。监管者也判断失误，因为当监管者看到经济已经"生存"得非常好，市场也能自我运行良好时，就认为市场压根儿不需要监管，但是他们没有注意到市场能够"生存"下来仅仅是因为存在大规模的政府干预。今天，道德风险问题已经变得前所未有的严重。

代理人和外部性问题的存在意味着政府是有作用的。如果政府运作好的话，将会发生更少的"事故"，即使发生"事故"，也不会太严重。当事故发生时，政府将不得不收拾残局。但是，政府收拾残局的方法会影响未来发生危机的可能性和社会对公平与正义的追求，每一个成功的经济（每一个成功的社会）都将同时涉及政府和市场。我们需要平衡这两种作用。这不仅是"如何运行"的问题，而且还是"应该是什么"的问题。在里根和两位布什政府期间，美国失去了这种平衡，那时做得太少必然意味着现在要做得更多。现在做错事情可能就意味着未来要付出更多。

罗纳德·里根总统和英国的玛格丽特·撒切尔首相开创了"自由市场"的革命，但是很明显，人们总是忘记这样一个事实：市场产生的结果并非总是有效的，我们总是看到资源无法得到充分利用的情况。经济经常在低于产能水平下运行，上百万希望能够找到工作的人无法如愿以偿，时不时出现的经济波动会造成12个人中就有1人没有工作，对年轻人而言，就业情况可能会更糟。官方的失业率数据低估了问题的严重性：很多只能找到非全日制工作的人本来是非常希望找到全职工作的，但是这些人并没有被纳入失业率的计算中。这一失业率也没有将残疾人员纳入计算，尽管这些人如果能够找到工作，他们也会去工作。这一失业率也没有包括那些屡遭无法找到工作打击而心灰意懒从而放弃找工作的人。尽管如此，现在这场危机还是表现得比通常要严重。如果用较为宽松的口径统计失业率，2009 年 9 月有超过 1/6 希望找到全职工作的美国人没能如愿以偿，到了 10 月份，问题变得更加糟糕。如果市场是能够自我纠正的，泡沫最终会破灭，那么这场危机再次表明这个纠正过程可能太慢、成本太高了。经济实际产出和潜在产出之间的累计差距会有万亿美元之多。

（来源：约瑟夫·斯蒂格利茨：《自由市场的坠落》第 1 章，李俊青、杨玲玲等译，机械工业出版社 2011 年 1 月版。文章标题为编者所加）

金融危机并非不可预见

［美］努里埃尔·鲁比尼　纽约大学斯特恩商学院经济学教授

斯蒂芬·米姆

最近的这场灾难标志着这一危险的幻想破灭的时候到了，也标志着由"美式和平"所主导的金融稳定局面的终结。这场金融危机根本不是什么百年一遇的事件，恰恰相反，很有可能仅仅是一场盛大晚宴开始前的甜点而已。永恒只是传说，危机终会再来。但是，我们可以控制危机的严重程度，阻止它们对经济造成过大的危害。

整个 2009 年，高盛 CEO 劳埃德·布莱克费恩都在不厌其烦地驳斥那些号召对金融系统实施全面监管的呼声。在演讲和国会作证时，他恳求听众继续保持金融创新的活力，并声称"应拒绝接受那些完全是针对百年一遇的金融风暴的提案"。

这太滑稽了！我们刚刚经历的不是什么百年一遇的疯狂事件。自美国建国以来，这个国家就一直在有规律地经受着残酷的银行危机及其他金融灾难的侵袭。在整个 19 世纪以及 20 世纪初期，严重的恐慌和衰退曾一次又一次地袭击我们的国家。

　　直到大萧条之后，美国逐渐崛起为全球超级大国，金融危机才渐渐远离了我们。与此同时，美国政府通过实施《格拉斯－斯蒂格尔法》等，使金融机构数量如雨后春笋般大幅增加，另外，美国政府还创设了证券交易委员会和联邦存款保险公司等机构，以支持金融机构健康发展。美元也成为当时那个异常稳定的国际货币体系的基石，危机似乎被人类永远丢进了历史的垃圾桶。20 世纪 70 年代之后，尽管周边地区爆发危机的风险又开始显现，但是发达国家的经济学家们仍然不改初衷，沉迷于对"大稳健"时代的崇拜之中。

　　最近的这场灾难标志着这一危险的幻想破灭的时候到了，也标志着由"美式和平"所主导的金融稳定局面的终结。在未来数年，美国的霸主地位将被不断削弱，而其他国家也无法迅速崛起为超级大国，并承担起与其他新兴大国合作，取代美国曾经为全球经济带来的那种稳定局面的重任。因此，危机将爆发得更为频繁，破坏力也将更加惊人。这场金融危机根本不是什么百年一遇的事件，恰恰相反，很有可能仅仅是一场盛大晚宴开始前的甜点而已。

　　新的时代呼唤新的思维方式。我们应该摒弃有关无管制市场的内在稳定性、高效和安全等的论调，恭恭敬敬地将危机摆放到金融学及经济学中应有的位置。最为可悲的是，很多原本非常聪明的人却死守着这样的信念：**最近的金融危机是一件不可预测、毫无征兆的事件，没有人能预测它的到来，我们也再没有机会遇到与之类似的危机，至少在我们有生之年如此。**

　　或许，我们可以选择等待，等待一场新的金融灾难来回击这种无知的傲慢与偏见。但是，我们也可以选择接受，接受一门全新的经济学——危机经济学。

一　悲剧和闹剧

几十年来，正是自由市场原教旨主义本身为这次大崩溃奠定了基础：所谓的改革家们将大萧条时期制定的银行业监管法律弃之如敝屣，而剩下的法律法规又被那些华尔街公司想方设法逃避过去。

经济危机与资本主义本身同样古老和常见。在 17 世纪早期，经济危机与资本主义制度同时兴起。与同时期被搬上舞台的莎士比亚戏剧一样，舞台变迁，观众轮换，但人物角色、表演顺序，甚至台词在几个世纪以来的各轮危机中都保持着高度一致。

几乎所有的经济危机都有一个温和的开端。如同一幕大戏，只是舞台布景更加繁杂、琐碎，而且需要数年甚至数十年。在这一过程中，各种因素相互交错，不断为荣衰周期循环创造着条件。

爆发于 2007 年的这场危机也不例外。几十年来，正是自由市场原教旨主义本身为这次大崩溃奠定了基础：所谓的改革家们将大萧条时期制定的银行业监管法律弃之如敝屣，而剩下的法律法规又被那些华尔街公司想方设法逃避过去。这一过程中，一个巨大的影子银行体系一夜之间在法律监管之外成长壮大起来。

与此同时，各家银行都推出了大规模的奖金计划，极大地鼓励了高风险、短期高杠杆的赌博式业务的发展，而这些业务大大削弱了银行的长期稳定性。这些赌博式业务的不良后果被交易员们非常高效地转移给了这些金融机构的股东及其他债权人。这些问题，作为整个"道德风险"瘟疫中很小的一部分，在危机最终爆发很久之前便已经渗透到了整个美国金融体系之中。在这一过程中，美联储承担了在必要的时候对金融系统进行救助的重任，"格林斯潘对策"也开始逐渐为人所熟知。

当然，舞台布景与制造一个大泡沫也并不完全是一回事儿。泡沫的形成还需要一些导火索。在以前的金融危机中，导火索可能是某种热销商品的严重短缺、新的海外市场的开辟，或者一场技术革命使投资者相信传统的估值方法已不再适用等。新方法、新思路也可能恰恰产生于金融系统内部：比如新的投资方式，管理风险的新的方法体系等。

不幸的是，最近的这场金融危机的导火索恰恰是上述最后一种类型：金融机构进行大规模的资产证券化，为我们提供了大量日趋复杂的结构化金融产品。尽管资产证券化已经出现了很多年，但是直到泡沫形成的前几年才确立了其重要地位。通过"刨设—分销"模式对垃圾按揭抵押债务进行分切、重组等处理后，包装成有毒的抵押支持证券，然后按 AAA 级黄金资产的风险属性销售出去。

危机经济学的另一项公理为，泡沫的不断膨胀必须有一个可以预见的前提：宽松的信贷环境。这可能得益于中央银行的政策，也可能来自于私人部门的贷款人，或者两方面都有。如果粗心大意的监管者允许信贷泡沫肆意膨胀，那无疑是最理想的情况。全球经济体中寻找投资项目的资金的突然大规模涌入也可能导致某一经济体或某一领域的信贷环境局部性宽松。

最近的这场危机也符合可预见性这一公理。"9·11"事件之后，格林斯潘大幅降低利率并将低利率政策维持时间太久。各大银行及影子银行纷纷将它们的杠杆释放到最大，疯狂地贷出资金，似乎风险已经远离了这个星球。而彼时的监管层，由于受到金融业人士的蛊惑，以及对自由放任主义理念下自我监管的盲目崇拜，出现了严重的失职行为。与此同时，全球新兴经济体的储蓄者们将大量资金投放到美国，为美国各大银行的疯狂贷款行为提供了源源不断的资金支持。

在发展到一定阶段之后，泡沫开始自我强化。随着资产价格的不断上涨，银行及其他金融机构有更大空间放出贷款。投资者购买的任何资产都可以作为抵押品借入更多资金，然后继续进行投资。利用神奇的杠杆作用，越来越多的投资者累积起了高耸入云的债务高塔。这表明，泡沫正在迅速膨胀之中。

这一幕与 2005 年之前泡沫逐渐膨胀到惊人的程度时的情况何其相像！开发商疯狂建房，投机者趁机抬价，银行家们则把这些抵押债务证券化为形形色色更加脆弱的金融工具，而人类如野马脱缰的欲望以及歇斯底里的贪婪才是背后那个巨大的推手。

这幕大戏上演到这里，一个新的角色开始闪亮登场：自诩为非常有远见的金融专家们开始跳出来解释为何这轮繁荣能够确保恒久赢利；为何"这个时代是与众不同的"或者为何传统经济学法则已不再适用。这些疯狂的鼓吹者以及他们那些空洞的言论的出现，已明确表明形势已开始向失控的境地发展。

最近的这场房市大泡沫让大量自诩为业内专家的骗子们，置历史事实及基本常识于不顾，宣称住房是安全的投资品，价值永远只升不降。这些人的身份既包括房地产公司的职业"托儿"，更包括那些将风险抵押债务证券化并贴上如同政府债券一样安全的 AAA 级标签的投资银行家们。

这些江湖骗子控制着整幕剧的走势，但是他们也并非一路坦途。不可避免的是，极少数看穿这些骗子伎俩的人开始尝试戳穿他们的谎言。那些冷静的现实主义者，开始提醒人们市场正在不断走弱，然而，警告很快被狂热淹没。本书的作者之一就曾经在最近这次危机中担任了这一角色，在危机到来之前，他以非常确定的口吻告诫人们将面临一场衰退。其他一些卓越的经济学家和分析师也不断提醒人们这一不祥之兆，然而同样毫无效果。

与所有泡沫一样，这个泡沫也终于停止继续膨胀了。同样与大多数泡沫一样，这个泡沫停止膨胀的过程也很柔和，而非"砰"的一声破裂开去。价格开始横盘，整个市场陷入奇怪的停滞之中。泡沫鼓吹者坚称这一现象仅仅是暂时的，价格很快就会重回升势。但是价格并没有重回升势，大戏上演到这一阶段，泡沫很少会在一夜之间彻底破裂，戏中上演的只是价格简单地停滞。

然后，破产潮开始了，最初只有少数几家机构，大部队则随后接踵而至。影响迅速扩散到整个金融体系，恐惧与不确定性主宰了所有市场。曾经为泡沫提供信贷支持的各大金融机构竞相甩手，虚高的资产价格一落千丈。随后，市场开始去杠杆化，而投资者们面对巨大的不确定性，纷纷选择更加安全、流动性更强的资产来规避风险。

最近的这场危机与这个剧本高度吻合。起初，个别大的抵押贷款机构开始陷入困境之中，随后破产事件纷至沓来，且一桩比一桩大。部分对冲基金也开始宣告破产。最后，整个影子银行体系的其他主要部分陷入崩溃境地。尽管这些机构中的绝大多数并非真正的银行，但是，对于任何一位了解17世纪以来的金融危机的人士来说，都将立刻感受到这些机构的破产带来的阵痛。与在其他危机中死去的不计其数的金融机构一样，这些21世纪的影子银行的破产也迅速导致了整个市场的流动性危机，甚至偿付危机。

银行业的崩溃从来不会一蹴而就。事实上，一场戏剧性的银行倒闭事件中往往会穿插一段相对平静期，市场表面上重回稳定，逢低吸盘者开始活跃起来。但表露之下却暗流涌动，情况继续恶化，直到戏剧化的破产潮接踵而至，恐慌开始弥漫市场。最近这轮危机与以前各轮危机非常相像，都有一次非常显著的破产潮，也都经历了类似的市场波动，然后恶化。另外，对于那些最为严重的危机，还有一个显著特点：它们的爆发从来不考虑国界。它们可能肇始于世界的任何角落，并且会迅速波及全球，或许是同样的问题随后在其他国家浮现，或者通过商品市场、货币市场、金融投资品、衍生品以及贸易等各种渠道从危机肇始国蔓延到其他国家。当危机演变为金融危机时，整个地球都将在劫难逃。

　　最近这场危机虽然肇始于美国，但其他国家很快也出现了相同的症状。这也毫不奇怪，毕竟，与格林斯潘一样，全球的中央银行家都采取了非常宽松的货币政策，导致各地的房地产市场都出现了泡沫现象。而且，其他国家的银行也与美国的银行一样，沉醉于毫无节制的风险偏好之中。除了极少数例外，大多银行都采取了高杠杆策略，且饮下了相同的毒酒：都向"金融创新"的魔杖创造出来的有毒资产投资了数十亿美元。

　　随后，市场突然爆发了一起让其他所有问题都相形见绌的巨大倒闭事件，危机高潮也终于上演。在最近这场危机中，雷曼兄弟公司灾难性的破产事件担当了这一角色，也成了这场吞噬全球经济的悲剧的众矢之的。而对过往各轮危机的研究中，人们也往往局限于单纯地解释这种影响巨大的倒闭事件的发生原因，而忽视了其背后隐藏的问题根源。雷曼兄弟对金融系统无疑造成了巨大的伤害，但是其破产与其说是危机爆发的原因，毋宁说是危机爆发的结果。雷曼兄弟的破产与人们经常看到的危机大戏的最后一幕非常一致：濒临破产的银行开始求助最后贷款人，即中央银行或者其他政府机构阻止银行破产并拯救整个金融体系。这种请求毫无意外地引发了争论：是应该拯救这些陷于泥潭的银行，并助长道德风险，还是应该让市场自生自灭，让病人自我疗伤？

　　在最近这场危机中，辩论双方均措辞严厉。最终，伯南克推出了史无前例的救助计划，被救助对象既包括应该获救的银行，也包括一些死有余辜的家伙们。美联储及其他中央银行如战神附体，以迅雷不及掩耳之势终结了这场危机。尽管整个过程仍不尽如人意，很多疑问有待回答，很多问题也有待解决，但危机毕竟得以遏止。

　　事实上，当一场戏剧性的危机进入尾声时，其他麻烦也开始不可避免地涌现：金融风暴的破坏力开始逐渐渗透到整个经济的其他区域。破坏往往非常严重，创伤需要很久方能愈合。尽管我们可以采取任何治标措施，比如，经济刺激计划，但是，复苏之路却充满荆棘。毕竟，家庭、银行、其他金融性机构以及公司企业都需要漫长的去杠杆化过程。受到金融危机重创的国家，由于之前累积的繁重债务，加上危机中的经济刺激计划对私人部门损失的社会化处理，可能会不堪重负，最终，某些国家会向债权人违约，或通过高通货膨胀或货币大幅贬值来降低债务。

这正是目前我们所处的境地。从前，危机过后，学乖了的政治家们会对金融系统进行大力改革。目前我们也面临这一机会，这个绝对不能错过的机会。如果不进行改革，我们将最终发现，历史总会反复，最近这场危机仍不过是一场更大的危机的序幕而已。

二　救赎之路

本轮危机不是由次级抵押贷款机制造成的，而是由"次级金融体系"造成的。从变态的薪金结构到腐败的评级机构，所有的这一切导致了全球金融体系数年之前就已经从内到外彻底腐烂。这场金融危机只是扯下了一堆败絮其外的那层光彩照人的表皮而已。

在过去半个世纪，理论经济学家、华尔街交易员以及其他所有相关的人员都被无监管市场的神奇以及金融创新的无限好处的童话故事带入歧途。这场危机严重打击了那种信念体系，但是并未被新的信念体系所替代。

美国及其他发达经济体目前提出的谨小慎微的改革提案充分证实了这一点。尽管他们遭遇了几十年来最严重的金融危机，很多国家仍然不愿采取能够治愈金融体系的全面改革措施。相反，人们谈论的只是对金融体系的小修小补，似乎最近的这场危机仅仅是由几笔抵押贷款坏账造成的。

这太荒谬了！笔者已经进行了充分论证，本轮危机不是由次级抵押贷款机制造成的，而是由"次级金融体系"造成的。从变态的薪金结构到腐败的评级机构，所有的这一切导致了全球金融体系数年之前就已经从内到外彻底腐烂。这场金融危机只是扯下了一堆败絮其外的那层光彩照人的表皮而已。

复苏之路将非常漫长。第一步应实施改革计划。首先，交易员和银行家的薪金待遇应直接与股东利益挂钩。这一改变结论并不必然意味着将他们的待遇进行压缩，正是通过这种变革，使金融机构的员工待遇的支付更有利于使那些员工为公司的长远利益考虑。

资产证券化政策也必须作出改变。仅仅简单地要求银行将部分风险留在银行内部是远远不够的，必须实施更加激进的改革措施。资产证券化必须更加透明化和标准化，其产品必须进行严格监管。最为重要的是，用于证券化的贷款资产必须受到更加严格的审查。抵押贷款及其他贷款资产必须是高质量的，如果不是，那么必须是非常容易识别的。毕竟，不是高质量的贷款资产风险将更大。

对在本轮危机中造成致命破坏的各种衍生品也应实施同样全面的改革。所谓的柜台（OTC）市场衍生品，或许更应该称为"暗箱"市场，必须被公之于众。它们必须在中央结算中心及交易所挂牌，并在数据库中登记，并且要限制对衍生品的使用。另外，对衍生品市场的监管应该由专门的监管机构负责。

评级机构的经营模式必须被强制作出改变。目前，它们的收入来自被它们评级的客户，而这产生了强烈的利益冲突。合理的方式应该是由购买债券的投资者向评级机构支付费用，而非债券的发行人。另外，评级机构向债券发行人出售"咨询"服务也应被禁止，因为这同样会造成利益冲突。最后，财债券进行评级的业务必须进一步放宽，以扩大竞争。目前，少数几家公司拥有了过强的话语权。

另外，还必须实施更加激进的改革。包括高盛和花旗在内的某些被认为"大而不倒"的机构应该破产，其他更多不太显眼的公司更应让其倒闭。此外，国会应该重新实施十年之前废除的《格拉斯－斯蒂格尔法案》，并且对其进行更新，以反映出整个银行业及影子银行体系所面临的巨大挑战。

这些改革措施都是非常明智的，但哪怕是最细致周详的监管措施也可能出现偏差。套利是金融机构的本性，它们通过金融创新，不断将业务延伸到政府的监管范围之外。而美国各州零星、分散的监管体系使这一问题更加严重。另外，直到最近，金融监管作为一项职业，一直以来被认为是一份毫无前途且收入低下的行业。

但这些问题都能得到很好地解决。在设计法德法规时，遵循前瞻性原则，在业务开展之前就用法律法规堵住可能存在的漏洞。首先要阻止的是这样一种非常容易出现的冲动：某些具有普遍性的法规在执行时却只适用于某一类企业，比如那些大而不倒的机构；相反，法律法规必须能对其所有规范对象具有强制约束力，以阻止金融中介活动流向那些更小、受到更少监管的企业中去。同样，监管工作可以而且应该集中到几个更少却有更大权力的监管机构手中。而最为重要的是，监管人员的薪金待遇水平也应能充分体现如他们在维护我们的金融安全上所发挥的关键作用。

虽然争议不断，中央银行却一直在保护金融体系方面享有最大的权利，同时也因此承担着最大的责任。最近这些年，它们的工作表现非常差劲。它们未能很好地执行自己的规章制度。更糟糕的是，它们没有采取任何行动去阻止狂热的投机分子越发失控的行为。如果非要说它们做了什么，也不过是给日趋膨胀的泡沫火上浇油而已。当然，在危机爆发之后，它们也尽其所能拯救了这场不可避免的大崩溃中的受难者。它们的失职行为是让人无法原谅的。在未来，中央银行必须积极主动地利用货币政策和信贷政策去遏制、去驯服投机性泡沫。

全球经济面对的挑战是无法由中央银行单独解决的。全球间不断扩大的经常项目不平衡以及美元迅速贬值所带来的风险直接威胁着经济的长期稳定。为了解决这两个问题，全球必须在国际经济治理方面达成新的协议。必须进一步强化国际货币基金组织的地位，赋予其发行一种全新的国际储备货币的权利。国际货币基金组织如何更好地实现自我监管方面也必须进行必要的改革，一小撮规模较小而又严重老化的经济体控制了国际货币基金组织太长的时间。随着 G20 的国力和影响力不断提高，必须给予新兴经济体在国际货币基金组织中应有的地位。

所有这些改革措施都将有助于减少危机的发生，但危机不会永远消失。诚如经济学家海曼·明斯基所说到的：妄图通过一次拨乱反正实现一劳永逸是不可能的，虽然我们可以通过一系列改革使不稳定重回稳定，但是一段时间之后，新的不稳定又会因其他原因重新出现，与飓风一样，危机是无法消除的，我们所能做的就是尽量管理好危机并尽量降低危机带来的损害。

矛盾的是，这种令人不安的事实反倒燃起了我们的希望。在大萧条最严重的时候，政治家及政策制定者们对金融体系进行的大刀阔斧的改革，为之后将近 80 年的稳定与安全打下了坚实的基础。尽管问题并未从根源上被解决，但是 80 年已经足够长久，是一个人一生的时间！

如今，我们身处当今时代的大萧条之中展望金融的前景时，我们需要努力做得更好。永恒只是传说，危机终会再来。但是，我们可以控制危机的严重程度，阻止它们对经济造成过大的危害。如果能进一步加固金融体系的大堤，我们至少能在未来数年免于危机的侵袭。水位仍会上涨，但我们将安然无恙。但是，如果我们不对未来必将到来的飓风做好充分的准备，反倒继续自欺欺人，自以为我们的大堤将再不会被冲垮，毫不夸张地说，洪水将在未来频繁地成为我们的"座上客"！

（来源：努里埃尔·鲁比尼、斯蒂芬·米姆：《末日博士鲁比尼的金融预言》一书"结论"章，巴曙松、李胜利、吕婕等译，万卷出版公司 2010 年出版。文章标题为编者所加）

全球金融体系的危机

［美］乔治·索罗斯　索罗斯基金管理公司和开放社会研究所主席

　　错误认识来源于当前的金融理论，这种理论被用来说明追逐自我利益不应受到约束以及市场应放松管制是合理的。我把这种说法称做"市场原教旨主义"，并且我认为这种论断是建立在错误的论据基础上的。由于市场原教旨主义基于错误的假设，因此20世纪80年代将其作为经济政策指导原则的做法必将带来恶果。实际上，从那时起，我们已经经历了一系列金融危机。

　　本次金融危机的显著特点是危机并不是由外部因素，例如石油输出国组织提高油价造成的，而是由金融系统本身导致。目前普遍的金融理论认为金融市场最终趋向均衡，而偏离均衡是由于市场难以调整某些外部突发事件导致的。而金融系统本身存在缺陷这一事实促使人们开始怀疑这一理论。我总结了另外一种理论，与现在的理论主要有两点不同。第一，金融市场并不能准确地反映当前的市场环境，他们反映出的总是对现实状况的偏离或曲解。第二，市场参与者所持的并在市场价格中体现的这些曲解的观点在某些情况下影响了本应由市场价格体现的所谓基本面。我将市场价格和现实状况之间的双向联系称为"反身性理论"。

我认为金融市场具有反射性特点，并且在某些时候，他们会与所谓的市场均衡相去甚远。尽管金融市场总是具有反射性特点，但是金融危机只是偶尔，并且在非常特殊的情况下发生。通常来讲，市场会自动修正本身的错误，但有些时候市场上会出现某些错误的观点或认识，这些错误观点或认识会寻找一种方式强调正确的趋向，并且在这个过程中强调了这些错误观点或认识本身。这种自我增强的过程可能导致市场远离均衡。除非能尽快消除这种反射性的互动，否则这种趋势将持续，直到这些错误观点或认识足够明显，而必须被人们所意识到。当上述情况发生时，当前的错误趋向难以为续，发生逆转。因而当这种自我增强的过程反向运行时，将造成市场灾难性下跌。

市场繁荣和危机爆发总是不对称的。市场总是逐渐进入繁荣阶段并逐渐加速发展。市场危机的爆发总是在非常短时间内发生，并会迅速造成大幅的经济下滑。这种不对称性是由信用发挥的作用决定的。当价格上涨时，同样的抵押品可以获得更大额的信贷，而不断攀升的价格也创造出乐观的市场气氛，鼓励人们更多地利用信贷。市场达到繁荣的顶峰时，抵押品价值和财务杠杆的利用肯定也达到了极致。而当市场价格开始下降时，市场参与者无法承担追加保证金，正如我们现在看到的，抵押品被迫清盘导致市场发生灾难性下滑。

由此，市场泡沫由两部分组成：现实的趋向和对这种趋向的错误认识。最简单和最常见的例子就是房地产。房地产市场的趋向是：一方面是贷款方不断提升的贷款意愿，另一方面是不断攀升的房地产价格。这其中存在的误解是房地产的价格在某种程度上是独立于贷款意愿的。这种错误观念促使银行家在价格不断上扬以及抵押贷款违约率减少的情况下放松了对贷款程序的管制。这就产生了房地产泡沫（包括美国最近发生的房产泡沫）。尽管房地产泡沫破裂已经有很长时间，但这种错误观念仍然以各种不同形式存在，着实令人吃惊。

市场泡沫不是金融市场反身性的唯一证明，但却是最显著的。市场泡沫总是伴随着信贷的扩张和收缩，并且带来灾难性的恶果。由于金融市场容易产生泡沫，而泡沫会扰乱市场，因此金融市场大多受金融监管机构的监管。在美国设有美联储、财政部、证券交易委员会等多家金融监管机构。

我们必须认识到，金融监管机构和市场参与者一样，利用曲解的市场观点作出判断。而金融监管机构可能尤甚于市场参与者，因为他们不仅是自然人，同时也十分官僚，而且受制于政治因素的干扰。因此，监管机构和市场参与者的互相影响也具有反身性的特点。与偶尔爆发的市场泡沫不同，监管机构和市场参与者之间的猫鼠游戏一直在持续，因此反身性的特点也一直存在，而忽略它的影响是错误的。但是当下普遍的金融理论恰恰忽略了反身性的特点，因而引发了当前严重的金融危机。

我在出版的第一本书《金融炼金术》中，曾经阐述过我总结的金融市场理论。最近出版的《金融市场新范式：2008年信用危机及其意义》一书中，我又更新了这一理论。在该书中，我认为，当前的金融危机与以往发生的很多金融危机不同。这个论断是基于这样的假设：美国房地产泡沫的破裂引爆了20世纪80年代以来逐步形成的更大的"超级泡沫"。

房地产泡沫十分简单；但超级泡沫则复杂得多。超级泡沫的发展趋势源于信贷和负债的不断增加。二战结束以后，美国的信贷增长速度远远快于GNP。可是，当罗纳德·里根担任美国总统，玛格丽特·撒切尔担任英国首相后，市场被错误认识所笼罩。因此，增长率不断加速，并在80年代呈现了泡沫的特点。

错误认识来源于当前的金融理论，正如我之前提到的，该理论认为，金融市场趋向均衡，偏离均衡只是由偶然的外部因素引发的。这种理论被用来说明追逐自我利益不应受到约束以及市场应放松管制是合理的。我把这种说法称做"市场原教旨主义"，并且我认为这种论断是建立在错误的论据基础上的。仅仅因为监管和其他形式的政府干预被证明是有缺陷的，并不能说明市场是完美的。

尽管市场原教旨主义源于错误的前提，但是它却符合财务资本所有者和管理者的利益。金融市场的全球化促使资本自由流动，也为单个州政府的征税和监管带来困难。金融交易的放松管制以及对创新采取的宽松环境提高了金融企业的赢利能力。无论是在美国还是英国，金融业创造的利润都达到了所有企业利润总和的1/3。

由于市场原教旨主义基于错误的假设，因此20世纪80年代将其作为经济政策指导原则的做法必将带来恶果。实际上，从那时起，我们已经经历了一系列金融危机。但是这些恶果对处在全球金融系统最边缘的国家造成了重创，而不是处于金融系统中心的国家。因为整个金融系统由发达国家，特别是在国际货币基金组织享有否决权的美国控制。

一旦金融危机对美国的繁荣产生威胁（例如20世纪80年代末的储蓄和贷款危机，以及1998年对冲基金公司美国长期资本管理公司的倒闭），政府就会出面干预，制定政策，解救受困的金融机构，在经济活动放缓的时候出台货币和财政刺激政策。因此，阶段性的危机实际上成为成功的测试因素，鼓励了更大规模的信贷扩张，以及金融市场应独立运行的错误认识。当然，是金融监管机构的干预，而不是金融市场修正本身错误的能力使得这些测试获得成功。但是投资者和政府倾向于自我蒙蔽。与出于金融系统边缘的国家相比，美国的相对安全和稳定促使美国极力吸引全球其他国家的存款，使得经常账目的保持赤字。2006年第一季度，美国经常账目的赤字达到了占GNP 7%的顶峰。

最终，美联储和其他监管机构倾向于市场原教旨主义，放弃了监管的责任。他们更应该了解，正是他们的决策促使美国经济保持平稳。艾伦·格林斯潘尤其相信，宽松的金融创新环境将带来巨大的利益；而相对于创造的生产力，拯救偶然发生的金融灾难只是需要付出很小的代价。当超级泡沫依然存在的时候，他对所坚持的自由主义政策进行的成本收益分析并未完全错误。直到现在，他才被迫承认他的论断存在缺陷。

金融工程包括为利用财务杠杆创造出人为的金融衍生工具，例如，债务抵押证券和信贷违约掉期等。它还包括为了使得利润最大化而利用日趋复杂的数学模型计算风险。这些金融工具的复杂程度之高使得监管机构无法计算风险，转而依赖金融机构自己的风险管理模型。信用评级机构在评估认为创造的金融工具时也采用了相似的做法：依赖于发行机构提供的数据信息，而评级机构在不断增加的业务中获得了相当可观的收入。这些神秘的金融工具和复杂的风险管理技术都是依赖错误的前提，即市场均衡的偏离总是偶然发生。但是金融工程不断向市场注入持续增强的信贷扩张的理念，打乱了所谓的市场均衡，并最终导致了危机。起初，偶发的金融危机只是成功的测试。但是次贷危机扮演了不同的角色：成为超级泡沫发展的顶峰，或者说是泡沫破裂的转折点。

必须强调的是并非一定要按照我的反身理论来分析解释这个超级泡沫破灭的现状。假使金融当局能够成功控制次贷危机（在他们认为本来能够控制次贷危机的时候），这也只是一次成功的尝试而非实质性的逆转。我的反身理论可以很好地解释目前的现状而非预测。他不像以前那些理论这么张狂。他并不像均衡理论那样所宣称的可以决定结果，但他可以断言一个繁荣最终会危机爆发，但是他不能决定繁荣期的范围和时间。事实上，对于承认房地产泡沫的人都希望其更快破灭。如果真是这样，危害会相对小很多，而且政府当局可以有能力让这个超级泡沫继续下去。绝大多数危害都是由于过去两年房地产泡沫终于按揭有关的证券所造成的。

新情况的发生并不能预测未来解释了为何现在仍没有取得任何进展。而最近的经验表明，这一现象不能再继续被忽视。我们必须认识到，反身性理论将"不确定性"这一其他理论所忽视的因素引入了金融市场。反身性理论可以用于建立数学模型来计算风险，或将捆绑次贷转换为可交易的证券。但是，反身性理论所涉及的这种"不确定性"是无法被数量化的。过度的信赖那些数学模型已经带来了巨大的损失。在我的书里，我曾预测如今的这场金融危机将是自20世纪30年代以来最糟糕的一次，而整个危机的发展进程甚至超出我最坏的预期。9月15日雷曼兄弟宣布破产时，意想不到的事情发生了：金融体系崩溃了。一家大型货币市场基金由于投资雷曼公司发行的商业票据损失了其部分资产，使得"货币市场基金中的投资永远是安全而具有流动性的"这一潜在保证被打破了。这引发了货币市场基金的恶性循环，并迫使作为商业票据市场中最主要买家的货币市场基金开始停止购买任何商业票据，从而导致了整个票据市场的失灵。因此，所有商业票据的发行人（即使最大、最有信用的公司）都被迫降低了他们的信用额度，这又使得银行间拆借处于停滞状态。信用利差（即高于无风险利率的风险溢价）被放大到前所未有的程度，并且导致股票市场充斥着恐慌情绪。而这一切都发生于短短一周之内。

世界经济仍被后续的影响持续拖累。各国政策制定者都注入大量的资金来恢复金融系统的活力，把这一点定位为重中之重。联邦储备的资产负债表短短几周时间从8000亿美元膨胀到了1.8万亿美元。当这样还尚显不足时，美国和欧洲的金融政策制定者都空开许诺：他们绝不会放任任何一家大型金融机构倒闭。

这些前所未有的措施开始显现一些效果：银行间拆借恢复，伦敦银行同业拆借利率有所改善。金融危机开始显现消退的迹象，但是对于国际金融中心银行不会倒闭的担保正在引起一个新的危机，而这还未引起各国政策制定者的重视：处于国际金融体系边缘的国家，比如东欧、亚洲、拉美地区的国家，他们并不能作出同样的担保，因此，金融资本正在从国际金融边缘国家向中心国家流动。相对于美元和日元，其他的货币开始贬值，其中一些贬值程度非常巨大。大宗商品价格一落千丈，新兴国家利率飙升。对于信用违约的保险费用也不断上涨。对冲基金和其他杠杆工具投资者承受了巨大损失，追加保证金通知及被迫抛售蔓延到了中心国家的股票市场。最近，信贷市场又重新开始恶化。

不幸的是，政策制定者一般总是后知后觉。国际货币基金组织正在设立一个新的信贷机构专为财政健康的金融边缘国家无条件提供 5 倍于年配额的贷款，但已经杯水车薪为时晚矣。重新稳定市场需要更多的资金。即使实力稍强的边缘国家可以渡过难关，那么国力弱小的国家又将如何呢？拯救国际金融系统的战斗还在继续。即使最终成功，消费者、投资人、产业都已经收到巨大的冲击，这对国际经济活动已经产生全面而长久的影响。深层次经济衰退已经不可避免，造成类似于 20 世纪 30 年代的经济萧条也并非毫无可能。

这种严酷的形势对中国会产生何种影响呢？从很多方面来看，中国的情况要比其他许多国家要好得多。中国已经成为全球一体化主要的受益方。相对于其他国家来说，中国外汇储备充足，银行体系并未收到严重损失，中国政府相较别国政府参与了更多的政策选择。但是，中国却无可避免地会受到全球经济衰退的影响。出口大幅缩减，铁矿石等大宗商品库存增加，股票市场比其国家下跌更加严重，而且房地产泡沫也开始破裂。中国需要刺激内需，但这还是远远不够，中国还需要在推动全球经济方面扮演更加主动的角色。否则，出口方面不可能有所好转。

包括国际货币基金组织和世界银行在内的国际金融组织也有了新的职责：保护处于国际金融体系边缘的国家免受位于该体系中心的美国所产生的金融危机的冲击。因为中国巨大的外汇储备，如果没有中国的协助，他们就不可能完成这样的职责。幸运的是，美国的新总统非常清楚国际合作的必要性。我们非常希望中国的领导人也同样能看清这种合作的重要性。

合作应该包括哪些方面呢？超级泡沫源于美国的消费超过其生产能力。2006 年，美国经常项目赤字高达美国 GDP 的 7%。而这一高额赤字是通过中国和其他亚洲出口导向型国家和其他石油生产国越来越大的美元贸易顺差所支撑的。这种共生的关系现在已经结束，美国的消费已经不能再继续作为拉动世界经济增长的发动机。因此我们需要寻找新的动力。这意味着中国和世界其他国家要在经济衰退时期通过财政赤字政策刺激内需。中国可以做到这一点，但是正在受到金融资本外逃冲击的其他国际金融系统边缘国家无法做到。我们必须努力停止这种资本外逃，而且需要找到有效的方法来为这些边缘国家的财政赤字筹集资金。如果没有顺差国家和大量国家主权基金投入的支持，这就不可能实现。即使这样也许还远远不够，信用系统的崩塌和财富减少得如此严重，可用资金已经非常不足。或许有必要通过国际货币基金组织发行特别提款权等形式提供更多的资金。无论如何，刺激消费者需求也许最终仍并不是正确的方式，因为它包括了为支持信贷消费而产生的信贷扩张，而信用应该主要用于支持投资。

我相信会有其他的解决途径。世界正在对抗全球变暖这一严重紧迫的难题，为使环境问题得到控制，需要在节约能源和寻找替代能源方面进行巨大的投资。这应该可以成为推动世界经济的动力。为使这一切成为可能，我们需要针对巨大的碳排放制定一个国际准则，要求为燃烧煤炭产生的碳排放定价和支付费用。当然这样的国际准则的制定没有中国的参与是无法实现的。

（来源：索罗斯于 2008 年 11 月 21 日在中金论坛上的演讲）

用凯恩斯的 "动物精神" 来解释和应对危机

[美] 乔治·阿克洛夫　诺贝尔经济学奖 2001 年得主

[美] 罗伯特·希勒　耶鲁大学经济学教授、美国艺术与科学院院士

人们总是有非经济方面的动机，而且，他们在追求经济利益时，并不总是理性的。在凯恩斯看来，这些动物精神是经济发生波动的主要原因，也是非自愿失业的主要原因。资本主义社会，正如传统经济学所证明的那样，可以有极大的创造力。政府应该尽可能少地干预这种创造力。另一方面，若完全放任，资本主义经济也会走过头，正如当前所经历的那样。

生活中偶尔也会有真相大白的时刻。在亨利·詹姆斯的小说《金碗》中，那位美国豪门女继承人在不经意的一瞥间就证实了她心中的怀疑：她的丈夫和她的继母关系暧昧。对全球经济而言，2008 年 9 月 19 日就是这样一个决定性的时刻。美国国会拒绝通过（尽管后来又推翻了这一决定）财政部部长亨利·保尔森提出的 7000 亿美元紧急救援计划。道琼斯股票市场指数大跌 778 个点，全球股市也应声而落。突然之间，似乎再也不可能发生的 "大萧条" 变成了现实的威胁。

大萧条是 20 世纪的一场灾难。它导致了 20 世纪 30 年代的全球性失

业。然而，大萧条似乎还嫌带来的痛苦不够深重，它又创造了一个权力真空，这个权力真空酿成了第二次世界大战。5000 多万人在战争浩劫中丧身。

眼下，大萧条重演的可能性很大。因为经济学家、政府以及普通大众近年来洋洋自得，已经忘记了 30 年代的教训。在那个艰难的年代，我们知道了经济实际上是怎样运行的。我们还知道，在一个强健的资本主义经济体中，政府应当扮演什么样的角色。本书将重新剖析这些教训，但也会对它们给出现代的解释。为了弄明白世界经济如何陷入当前的困境，就有必要理解这些教训。更为重要的是，只有理解了这些教训，我们才知道该怎么做。

在大萧条中期，约翰·梅纳德·凯恩斯出版了《就业、利息和货币通论》。这本于 1936 年出版的凯恩斯经典著作描述的是，有信誉的政府，如美国和英国的政府，如何通过借贷和支出，让失业者重新就业。这个药方在大萧条期间并没有得到系统贯彻。直到大萧条过后，经济学家才开始向政治家提供清晰的指导。因此，各国的领导人只能摸着石头过河。例如，在美国，赫伯特·胡佛和富兰克林·罗斯福并没有推行赤字支出政策。在大多数时间里，领导人的直觉是正确的，虽然他们也非常困惑，但政策方向基本上是正确的。然而，由于他们没有指导方针，在贯彻政策时，显得信心不足。

失业一直持续到因战争而采用凯恩斯主义的赤字支出政策。到 40 年代，凯恩斯药方已经成为标准药方，它被世界各国采用，甚至被写入了法律。在美国，1946 年的《失业法》将维持充分就业作为联邦政府的责任。

在抗击衰退的过程中，关于财政和货币政策作用的凯恩斯主义原理完全融入了学院派经济学家、政治家甚至一些普通大众的思想。据说，甚至连米尔顿·弗里德曼也被引述说"我们现在都是凯恩斯主义者"，但弗里德曼后来否认他曾说过这样的话。凯恩斯主义的宏观经济政策大体上是可行的。当然，经济总是有起有落，而且总会发生一些大剧变，如20世纪90年代之后的日本、1998年后的印尼、2001年后的阿根廷。但是，鸟瞰全球经济，整个战后时期的经济发展一直是成功的，而且还将继续取得成功。一个又一个国家维持了所谓的充分就业。有着庞大人口的中国和印度正在向市场经济转型，并开始经历经济繁荣和增长。

但是，在运用赤字融资有效地摆脱衰退的背后，是另一个更为根本的事实，那就是《通论》被弃若敝屣。在《通论》里，凯恩斯对经济运行和政府角色进行了深入的分析。1936年《通论》出版时，政治经济学谱系的一端是那些认为凯恩斯主义之前的传统经济学非常正确的人。按照这种古典经济学的观点，自行调节和无政府干预的私人市场，"好像在一只看不见的手的指引下"，确保充分就业。根据最简单的古典经济学逻辑，如果一名工人愿意以低于其所生产产品的工资工作，雇主给他提供一份工作就能从中赚取利润。持这些观点的人要求政府平衡预算，主张政府干预越少越好。在1936年，政治经济学谱系的另一端是社会主义者。他们认为，只要政府接管企业，经济就可以从30年代的大规模失业中复苏。政府可以通过自己雇人来消灭失业。

但是，凯恩斯选择了一种更中庸的方法论。在他看来，经济不只受理性参与者的影响，这些人如古典学者所认为的那样，"好像在一只看不见的手的指引"下，从事能够相互获利的经济交易。凯恩斯承认，大多数经济行为源自理性的经济动机，但是也有许多经济行为受动物精神的支配。人们总是有非经济方面的动机，而且，他们在追求经济利益时，并不总是理性的。在凯恩斯看来，这些动物精神是经济发生波动的主要原因，也是非自愿失业的主要原因。

要想理解经济，就必须要理解它是怎样受动物精神驱动的。正如亚当·斯密的"看不见的手"是古典经济学的基本原理一样，凯恩斯的动物精神则是另一种经济观（解释资本主义内在不稳定性的观点）的基调。

　　凯恩斯关于动物精神如何驱动经济的主张，让我们看到了政府的作用。凯恩斯关于政府在经济中所起作用的观点十分类似于各类育儿指南书给我们的告诫。一方面，它们警告我们不要太独裁。孩子会表面上服从，但当他们到了青少年时，就会反叛。另一方面，这些书告诉我们不要太娇惯孩子。娇惯孩子就无法教会他们自我约束。指南书告诉我们，恰当的育儿方式要在这两个极端之间走一条中间道路。父母的恰当角色是，设定限制，这样孩子就不会过度放纵他们的动物精神。但是，这些限制还要给孩子留有独立学习和发挥创造力的空间。父母的任务是营造一个幸福的家庭，它会给孩子自由但也保护孩子免受动物精神的支配。

　　这个幸福的家庭正好对应于凯恩斯（也是我们）关于政府恰当作用的观点。资本主义社会，正如传统经济学所证明的那样，可以有极大的创造力。政府应该尽可能少地干预这种创造力。另一方面，若完全放任，资本主义经济也会走过头，正如当前所经历的那样。经济会出现狂热，随之而来的便是恐慌。

　　说到极端行为，小布什曾精辟地将这次经济危机解释为"华尔街喝醉了"。但是，华尔街为什么会喝醉，为什么我们的政府创造了让它喝醉的前提条件，然后当它过度放纵时却置之不理，当前对这些问题的解释必定来自一个关于经济及其如何运行的理论。而这个理论来源于对凯恩斯《通论》的逐步阉割，这个过程在《通论》出版后不久便开始了，20世纪六七十年代被进一步强化。很多人会失去工作；人们消费得太多，储蓄得太少；少数族裔受歧视，并遭受痛苦。房地产价格、股票价格甚至石油价格暴涨，然后暴跌。政府的恰当作用，正如育儿指南书中提到的父母的恰当角色一样，是搭建平台。这个平台能够充分驾驭资本主义的创造力。但是，它也能够抵消由我们的动物精神引起的极端行为。

　　在《通论》出版之后，凯恩斯的追随者发现了几乎所有的动物精神——非经济动机和非理性行为。在凯恩斯对大萧条的解释中，动物精神是核心。但追随者们只保留了恰能得出最小公分母理论的动物精神元素，使得《通论》和当时标准的古典经济学之间的学术差异最小。古典理论中并没有动物精神，它认为人们完全按照经济动机行事，而且总是完全理性地行动。

凯恩斯的追随者采取这种"改头换面的做法"（如海曼·明斯基所述），有两个充分的理由。首先，萧条仍在肆虐，凯恩斯的追随者希望能让人们尽快改变观念，专而支持凯恩斯关于财政政策作用的观点。为了获得尽可能多的支持者，他们将凯恩斯的理论改造成尽可能地接近当时的理论。保留最小程度的差别还有另一个原因，它能够让当时的经济学家们用旧理论来理解新理论。

然而，这种短期的解决方式带来了长期后果。被注了水的《通论》在20 世纪五六十年代几乎被普遍接受。但是，这种被裁减后的凯恩斯主义经济学也容易受到攻击。70 年代，新一代经济学家兴起，他们对被裁减后的凯恩斯主义经济学提出了批评，形成了所谓的新古典经济学（New Classical Economics）。该学派认为，在凯恩斯主义思想中仍残存的少数动物精神可有可无，以至于对经济无重要性可言。他们认为，凯恩斯的原创理论改造得还不够。在他们看来，无论是现代宏观经济学的核心内容还是经济学家们都不需要考虑动物精神。因此，颇具讽刺意味的是，不存在非自愿失业的、凯恩斯主义之前的旧古典经济学又复活了。动物精神被扔进了知识史的垃圾箱。

这种对经济如何运行的新古典观点从经济学家传播到了智囊人物、政治精英以及大众知识分子，最后传给了大众媒体。它变成了一个政治魔咒："我是自由市场的信奉者。"政府不应该干预人们追求其自身利益的信念影响了世界各国的政策。在英国，它的表现形式是撒切尔主义；在美国，则是里根主义；然后又从这两个盎格鲁–撒克逊国家传遍全世界。

关于政府作用的这种父母放任不管论取代了凯恩斯主义的幸福家庭

论。在撒切尔和里根当选首相和总统的 30 年后，我们亲眼目睹了这种论点带来的种种麻烦。对华尔街的极端行为不加限制，导致它烂醉如泥。现在，全世界都不得接受这一恶果。

自我们发现政府可以采取某些方式来消除资本主义经济中得的理性和非理性的冲击后，已经过去了很长时间。但是，作为凯恩斯的遗产，政府的作用一直遭到质疑，从大萧条的经历中建立起来的保护机制被破坏了。因此，我们有必要重新理解资本主义经济（其中的人们不仅有理性的经济动机，而且还有各种动物精神）的真实运行。

本书吸收了行为经济学这门新兴学科的观点，它描述的是真实的经济运行。它解释了当人们作为真实的人，因而有着真正合乎人性的动物精神时，经济是如何运行的。而且，它也解释了为什么忽视真实的经济运行已经使世界经济陷入当前的危机：信贷市场已经崩溃，实体经济也岌岌可危。

借助社会科学领域过去 70 多年来的研究，我们能够阐释动物精神在宏观经济学中的作用，从而完成早期凯恩斯主义者未能完成的任务。由于深知动物精神的重要性，所以我们把它作为我们的理论核心，而不是将它略而不论。因此，这样的理论是不容易受到攻击的。

在当前经济衰退的背景下，这样的理论尤其必要。首先，政策制定者必须知道该做什么。对于那些已经有正确直觉的人而言，例如联储主席本·伯南克，这样的理论也是需要的。只有清楚地理解该理论，他们才会有信心和合适的理论武器，积极行动起来，应对当前的经济危机。

（来源：乔治·阿克洛夫、罗伯特·席勒：《动物精神》前言，黄志强译，中信出版社 2009 年 7 月版。文章标题为编者所加）

靠什么保护全球金融体系

谢国忠　《财经》杂志特约经济学家、玫瑰石顾问公司董事

这场危机并不意味着自由市场气数已尽，它只是告诉我们，自由市场体系需要"知新"，有时也要"温故"；需要通过监管来制约自由市场体系的缺陷，而不是用政府计划取而代之。金融危机不会灭绝。我们需要建立起最好的体系来降低它发生的频率。阻止人们承担风险来根绝金融危机是错误的，因为这将导致经济停滞。

这场全球性的金融危机发生后，加强监管的呼声渐高。有些欧洲国家甚至主张建立"布雷顿森林体系 II"来管理国际金融活动。

小心为妙。在这样一个心急火燎的时刻，忙着去做改变是很危险的。必须想清楚，到底哪里出了错、全球金融体系要靠什么来保卫，而不是去扼杀所有承担风险的行为。

一 错在何处

"大萧条"的沉痛教训告诉我们,道德风险是金融稳定的最大威胁。只要有人是拿着别人的钱去冒险,他的自由就必须受限。

首先,我对这场危机的总结是:错就错在"大萧条"之后建立起的金融监管体系分崩离析。"大萧条"的沉痛教训告诉我们,道德风险是金融稳定的最大威胁。只要有人是拿着别人的钱去冒险,他的自由就必须受限。所以,当务之急就是重建过去十年拆毁了的防线。

眼前这场危机蔓延全球,正暴露了全球化的一大弱点。在货物贸易方面,我们有世界贸易组织(WTO)的框架来解决国家间争端;而在全球资本方面,却没有一个可与之比肩的机制。

大型金融机构的资产和负债遍布多国,若它们破产,政府如何来处理?雷曼兄弟破产前,将数十亿美元从香港和伦敦转移至纽约,损他国而利美国。资本的流动在广度上不亚于货物,速度上则远胜于它。为了未来的金融稳定,必须加上全球监管这样一把"安全锁"。

二战后的布雷顿森林体系是一个汇率安排,主要是其他货币与美元挂钩,美元与黄金挂钩,并成立了国际货币基金组织(IMF)来监督国际收支的平衡。由于当时资本流动还微乎其微,故国际贸易的平衡就是监督的主要内容。当一国外汇储备行将耗尽,IMF就会加以美元贷款支持,并安排一次汇率贬值以降低其贸易赤字。

今天的问题则大相径庭。挑战来自资本流动,而非货物流动。跨境的资本流动如此之巨,回到固定汇率制是不可能的。的确,浮动汇率制在应对危机方面表现得很不错,还没有哪个发生了危机的这类国家货币彻底崩溃。1997年至1998年亚洲国家货币体系崩溃的同时,其与美元的固定比价也一并破裂，这也体现出固定汇率制的弱点。

防止未来银行危机的药方，一是重建检查道德风险的监管规则，二是建立全球性的监管机构来监督跨境资本流动，处理牵涉多国的银行破产事件。但是，这场危机并不意味着自由市场气数已尽，它只是告诉我们，这个体系需要"知新"，有时也要"温故"。需要通过监管来制约市场体系的缺陷，而不是用政府计划取而代之。

美联储前主席格林斯潘说，这是一场百年一遇的危机，言下之意，这是一个类似于地震的自然灾难。此言不实。如果说，有人要对这场灾难负责，那就是他。当初，分析人士纷纷指出房产泡沫和难以理解的衍生品背后的风险，他却在一次次的国会听证中断言，全国性的房产泡沫可能性不大，因为这种事过去从未发生（这也不对），还说金融机构的自律对于控制衍生品的风险很有效。他的这种置若罔闻，与犯罪相去不远。

当然，格林斯潘不是唯一要负责的。许多人都像崇拜神一样崇拜他。美国参议员菲尔格拉姆曾说，一旦伟人（指格林斯潘）逝世，他要将其遗体竖立于美联储主席的座位之上，以"镇"市场。从学界到媒体，吹捧者甚众，说他发现了管理货币政策的新策略。

其实，他的政策效果无非源自他对资产价格的影响力。资产价格的上升迅速振奋了需求，政策效力就显得立竿见影了；但其实，那只是屡见不鲜的资产泡沫，有些人却非相信他不可。异议被冷落，提出异议者被认为是"吃不到葡萄说葡萄酸"。那些对格林斯潘大唱赞歌之辈——也就是大多数人，都对这场危机负有责任。

华尔街的贪婪，是造成这场灾难的另一因素。投资银行过去的赢利模式主要是依靠收费业务，诸如，帮助公司上市、为公司兼并提供咨询，以及为机构投资者进行研究并赚得其在二级市场买卖证券的手续费。

2000年的高科技泡沫之后，这些业务都萎缩了，他们就开始大肆宣扬"风险承担"，也就是买入高风险资产以待升值。这些所谓的"自营业务"

的收入逐渐上升，成为其收入主体。这场游戏，华尔街当然谁也不想输，他们都得靠"成功"捞取丰厚的油水。大部分人是盲目跟风，而有一些（特别是一些高级经理人）知道这不过是一个诡计，但他们却趁势而行，大渔其利。

第三个原因是，当全球化压制了工资水平的上升，美国工人却想通过借贷来维持自己的生活水平。大部分美国工人的实际工资增长停滞甚至有所下降。当美国工人撞上了来自中国和印度工人的竞争，而后者的工资不及前者的1/10，人数却逾十倍，他们只能败下阵去。

这一严峻的现实，与认为"明天总会更好的"美国式乐观主义发生了冲突。正常情况下，这种乐观主义是鼓励进取的积极动力，但当真有必要节衣缩食时，这种想法就可能延误所需的行动。

二　被撤的防线

政治的庇佑助长了华尔街对监管的践踏。过度地放松监管，一定程度上也受到金融机构能够有效自我监管的论点所支撑。这真是个大错。

正因为要维系美国工人"生活水平会永远上升"的幻想，就有了政治上对放松监管的容忍，也就是降低对股本和担保品的要求来使借贷更为容易。政治的庇佑助长了华尔街对监管的践踏。分离了商业银行和投资银行的《格拉斯－斯蒂格尔法》被打倒，来为旅行者集团（Travelers Group）和花旗银行的合并铺路，并掀起了商业银行和投资银行抱团的浪潮。

这些缺乏投行业务资历的商业银行，他们的入场券就是对资产负债表实施杠杆操作，说白了就是给客户提供廉价贷款，换取他们的投行生意。用商业银行业务补贴投行业务，这就是他们的竞争力所在。这给没有存款基础的传统投行施加了巨大压力，而当美联储降低利率，传统投行就开始通过发行商业票据汲取廉价货币，来跟商业银行竞争。

在这场危机中，传统投行比大型商业银行更为脆弱。一旦其资产的流动性不足，市场就会拒绝宽限其债务，它们的倒闭就自动变为事实。有些人认为与商业银行合并是一条出路，因为储蓄存款将提供稳定的资金来源。竟然没人对此观念提出质问，真是让人吃惊！

监管者怎么可以允许投行用受政府担保的储蓄来持有高风险资产？这不是资金来源的问题，是他们在资产上承担了高风险的问题。商业银行是商业银行，投资银行是投资银行。前者用政府担保的储蓄来放贷，就必须接受监管来决定可以担多大风险；后者通过提供服务赚取收入，而不是去赌博。

还有一个重要转变发生在2004年。美国金融系统债务曾以GDP增速2倍的速度增长，投资银行的则更快。当资本充足率阻碍债务进一步扩大时，投行们就想去改变规则：他们想要取消原先限制其经纪业务负债总额上限的监管规则，而此类规则的目的正是为了对未来的投资损失有所缓冲。被解放的资本于是流向其母公司，而后投资到按揭支持证券、信用衍生品和其他怪异的工具中。这一改变在次级按揭和衍生品市场的扩张中扮演了重要角色，使投行能将那些晦涩的资产放进资产负债表，将自创自购这些资产的收入和资产升值后才会取得的资本利得记入账簿。

过度地放松监管，一定程度上也受到金融机构能够有效自我监管的论点所支撑，这真是个大错。大型金融机构往往没有大股东而被管理层所控制，这些高管感兴趣的奖金都跟他们账面上的利润挂钩。但是，就像那些优秀的中情局特工，他们坚持自己风险控制的程式，来确保自己的奖金不会因为大型失误而被收回。现在，某些政府机构打算收回他们的奖金了，放心，他们肯定会拿出一部分奖金去雇一些好律师来保住自己的赃款。

三 全球化提出的监管难题

必须有一种全球体系，来确定谁为什么负责。一场金融危机发生后，短时间内发生另一场金融危机可能性不大，因为被灼伤之后的政府和投资者会变小心。但好了伤疤忘了疼，一段时间后贪婪将再次占得上风。

金融机构的资产和负债都跨越国境，这为应对金融危机提出了两点新的挑战。首先，许多交易都是在多国进行，并涉及多种资产。一个市场倒下，其他地方也将迅速跟随。系统性风险在当今世界是全球性的。其次，当一国救援金融机构，它就要用自己纳税人的钱去救援许多国家的投资者和储户。从政治角度上看，只有当危机达到相当严重的程度，政府才会有足够的意愿去如此行动。所以，必须有一种全球体系，来确定谁为什么负责。当然，若一国可能用自己纳税人的钱来救援外国的投资者和储户，它就会要求在定义全球金融体系的监督方面有发言权。

欧洲政府倾向于一个全球金融监管机构，美国则还是试图像以前一样，各国各自监管本国境内的金融机构。美国的立场显然站不住脚，金融机构已在国家间开始了监管套利，利用世界范围内金融监管的差异隐藏自己的风险承担行为。

全球金融监管机构是一个比较极端的解决方案。它要求国家放弃相当一部分主权，这对大部分国家来说颇为敏感。如果所有的主要经济体肯接受这个计划，他们将重新组织现有的多国组织，如 IMF 和国际清算银行（BIS），将其组合成为一个全球监管机构。其责任将是设立规则并监督金融机构在多个国家内实施。其劣势在于，对这样一个组织的要求可能会太高，它在设定规则时可能会过于严苛。

我认为，大部分国家并不准备放弃这么多主权。可接受的转变可能是：（1）对金融监管和督察达成全球统一标准；（2）设立一个全球性机构，可以是 IMF 和 BIS 的合并，来协调国家层面的监管，并对金融体系在跨国活动中承担的过度风险提供早期警示。

不过，这样一个结果能够防止未来危机的发生吗？很可能不行。一场金融危机发生后，短时间内发生另一场金融危机可能性不大，因为被灼伤之后的政府和投资者会变小心。但好了伤疤忘了疼，一段时间后贪婪将再次占得上风。

然而，金融危机不能抹杀市场经济，我们至今未发现其他更好的体系。市场经济下，代理人、工人和企业都有动力去追求最佳，同时承担可估量的风险，不担风险就不会有进步，金融危机只代表了市场经济波动性的极端形式。稳定固然好，却不是最理想的目标。原始社会算是最稳定的了，但只是稳定在低下的经济活动之上。

金融危机不会灭绝。我们需要建立起最好的体系来降低它发生的频率。阻止人们承担风险来根绝金融危机是错误的，因为这将导致经济停滞，切勿由于恐慌就因噎废食！

（来源：《财经》2008 年第 22 期）

后华盛顿共识：次贷危机之后的发展

　　　　　　　　　　[美] 南希·伯索尔　全球发展中心主席
[美] 弗朗西斯·福山　美国斯坦福大学弗里曼·斯波格利国际研究中心高级研究员

陈雄兵　张甜迪　译

　　如果说全球金融危机是对某些发展模式的审判，那将是以小政府、低税收、放松管制和私有产权为特征的自由市场或新自由主义模式。美国式的资本主义，即使不是声名扫地，至少将不再占据主导地位。在未来十年里，新兴市场国家和低收入国家很可能继续推进经济政策的改革，用旨在能有效应对竞争压力和全球经济创伤的更具弹性的国内政策，来取代与自由市场模式相关的灵活性和效率。

　　1929—1933 年，发端于美国的全球大萧条不仅毁灭性地打击了世界经济，而且深刻地影响着世界政治。大萧条为严格的货币主义和自由主义政策转向凯恩斯主义的需求管理政策创造了条件。更重要的是，在大多数人看来，它使资本主义体制本身丧失了合法性，而为世界各地的激进和反自由主义运动的兴起铺平了道路。

　　然而，次贷危机爆发时，世界范围内并没有出现激进的反资本主义浪潮，即使在发展中国家也是如此。在全球金融恐慌处于巅峰的 2009 年年初，中国和俄罗斯都向其国内外投资者明确表示，它们无意排斥资本主义模式。主要新兴经济体的领导人也没有背弃对自由贸易或全球资本主义体系的承诺；相反，西方发达国家则强调过度依赖市场导向的全球化的风险，并呼吁对世界金融体系实行更为严格的监管。

为何发展中国家在本轮危机之后的反应不像大萧条之后那么极端？原因之一在于，它们认为美国是危机的始作俑者。众多发展中国家人士赞同巴西前总统卢拉的观点：本轮危机应该归咎于蓝眼睛的白种人。如果说全球金融危机是对某些发展模式的审判，那将是以小政府、低税收、放松管制和私有产权为特征的自由市场或新自由主义模式。几乎没有发展中国家认为自己完全采纳了这一模式。

事实上，发展中国家在本次危机之前就一直在疏远新自由主义模式。20 世纪 90 年代末，东亚与拉美地区的金融危机促使发展中国家纷纷抛弃了与"华盛顿共识"有关的理念，尤其是单纯依赖外国资本的理念。截至 2008 年，大部分新兴市场国家通过积累巨额外汇储备和严格监管银行系统来降低它们在国外金融市场上的风险敞口。这些政策为缓解全球经济波动提供了有效的缓冲带，其正确性也被如下事实所证实：新兴经济体在危机之后出现了强劲的反弹，其经济增长率比发达国家更高。

因此，美国式的资本主义，即使不是声名扫地，至少将不再占据主导地位。在未来十年里，新兴市场国家和低收入国家很可能继续推进经济政策的改革，用旨在能有效应对竞争压力和全球经济创伤的更具弹性的国内政策，来取代与自由市场模式相关的灵活性和效率。这些国家将不再倚重资本的自由流动，而是更多地着眼于通过社会安全网来使社会动荡最小化，并积极扶持国内产业的发展。新兴市场国家不再像以前那样恭奉发达国家所谓的专业技能，而是深信全球经济实力和智力资源的分布正日益均匀，这一认知是正确的。

一 "外资崇拜论"的终结

2008—2009 年金融危机的后果之一便是，美国人和英国人终将领悟东亚国家十多年前的教训，即资本市场的开放和金融体系监管的缺乏迟早会导致灾难。

危机之前，传统经济共识的核心特征之一是假设外国资本的大规模流入将使发展中国家获益良多，这被经济学家阿文德·萨伯拉马尼安（Arvind Subramanian）称为"外资崇拜论"。西方决策者多少有些想当然地认为，与商品和服务的自由流动一样，全球范围内畅通无阻的资本流动将提高市场效率。20 世纪 90 年代，美国和国际货币基金组织等国际金融机构敦促发展中国家借款人向外国银行开放资本市场，并解除汇率管制。

自由贸易的好处已经广为人知，但完全资本流动的优势却不甚明了，其原因与金融部门和实体经济部门之间存在的差异有关。自由的资本市场的确能有效配置资本，但规模巨大、相互关联的金融机构会以大型工业企业无法采取的方式，从事对其他经济部门具有重大负外部性的高风险活动。

因此，2008—2009 年金融危机的后果之一便是，美国人和英国人终将领悟东亚国家十多年前的教训，即资本市场的开放和金融体系监管的缺乏迟早会导致灾难。亚洲金融危机结束后，美国众多决策者和经济学家纷纷抛弃此前鼓吹的快速自由化，转而倡导"自由化的次序"，即在能充分地监管银行的强大监管体系到位的前提下的自由化。但是，对于特定的发展中国家能否迅速制定这种监管体制，以及适宜的监管体制理当如何，他们却鲜有着墨。此外，他们忽视了有序的自由化这种新观点与自身实际情况之间的相关性，未能就美国市场上规模庞大、缺乏管制且杠杆率高企的影子金融部门的危险性提出警告。

因此，本轮危机的第一个明显后果便是"外资崇拜论"的终结。狂热地尊奉这一理念的国家，如冰岛、爱尔兰以及东欧诸国，在危机中遭受的打击最为深重，其复苏之路也最为艰难。正如华尔街所经历的那样，上述国家在2002—2007年的强劲经济增长纪录在一定程度上不过是海市蜃楼而已，它们仅仅反映了信贷的易得性和高的杠杆比率，而非稳健的经济基本面。

二　社会政策的功效

这场危机凸显了资本主义制度——即便像美国这样发达和先进的资本主义制度——内在的不稳定性。资本主义是一个定期制造无辜受害者的动态过程，他们要么丢掉就业机会，要么坐视生计受到威胁。

本轮危机的第二个后果是合理的社会政策带来的政治和社会收益重新赢得了发展中国家的遵从。危机爆发前，决策者们通常轻视社会保险和社会安全网的作用，而青睐那些强调经济效率的战略。20世纪70年代末到80年代初，美国总统罗纳德·里根和英国首相玛格丽特·撒切尔上任伊始便大肆抨击现代福利国家，其中的许多攻讦深入人心：众多国家的政府部门机构臃肿，效率低下，民众的权利意识（entitlement mentality）也大行其道。"华盛顿共识"并不排斥社会政策，但它对效率和财政纪律的关注常常导致社会开支的削减。

然而，这场危机凸显了资本主义制度——即便像美国这样发达和先进的资本主义制度——内在的不稳定性。资本主义是一个定期制造无辜受害者的动态过程，他们要么丢掉就业机会，要么坐视生计受到威胁。在危机期间和危机过后，社会公众一直期望本国政府能在经济不确定之时提供某种稳定机制。这是发展中国家的政治家们难以释怀的惨痛教训，这些国家的民主制度非常脆弱，其凝聚力与合法性取决于政府提供广泛的社会保障的能力。

我们来看看欧洲大陆的反应与美国有何不同。截至目前，尽管存在欧元区危机，但西欧的复苏之路远不如美国那样痛苦，这主要归功于前者建立了包括失业保险在内的更为成熟的自动逆周期的社会支出系统。相反，无就业增长的经济复苏大大削弱了美国模式对发展中国家决策者的吸引力，对那些致力于满足中产阶层需要而倍感政治压力的决策者来说尤其如此。

中国为社会政策承担的新压力提供了良好的例证。为应对人口的快速老龄化，中国领导层一直潜心构建现代养老金体系，这意味着从单纯强调创造新就业岗位的传统战略向维持社会与政治稳定性的新战略的转变。拉美地区则对同样的压力采取了不同的释放策略。20世纪90年代的自由化改革并未带来预期的增长，反而导致经济疲软，这使得拉美国家在新世纪转向左翼阵营，新政府纷纷通过增加社会开支来消除贫困和不平等。更多国家则借鉴巴西和墨西哥的成功经验，着力推行针对贫困家庭的现金转移支付计划（该计划要求受益人让儿童接受教育或满足其他条件）。巴西和墨西哥的这一计划使得两国长期以来的收入不平等首次出现明显下降，并帮助最贫困的家庭免于遭受近来危机的影响。

由此引发的问题是，此类针对穷人的项目（进而使财政开支保持极低的水准）能否赢得本地区不断壮大的中产阶层的长期支持？同时，这些国家与包括中国在内的其他新兴经济体如何管理全民医疗、养老和其他社会保险的融资成本？在应对全民福利项目资金短缺的诸多难题（人口不断老龄化的欧美国家正遭遇这些难题）上，新兴经济体是否更有专长？

三　产业政策的作用

最近 30 年来，总部位于华盛顿的众多发展机构一直认为，经济增长的威胁更多地来自政府的无能和腐败，而非市场失灵。既然美国式资本主义已经跌下神坛，这一观念会否发生变化？

本轮危机的第三个后果是新一轮产业政策探讨热潮的兴起。产业政策是指一国传统上通过诸如低息贷款、直接补贴或是通过对开发银行的管理来发展特定产业部门的战略。由于以高昂的融资成本维持着低效的"内部人产业"，这些政策在 20 世纪 80 年代和 90 年代被视为危险的败笔而遭到抛弃。但本轮危机及部分国家随后的有效应对举措极有可能催生这一理念，即发展中国家精干的技术官僚能有效管理国家对生产部门的干预。例如，巴西通过政府资助的开发银行将信贷快速导入特定部门，中国政府通过国有银行采取了类似的举措。

然而，这种新型产业政策的主旨不是"挑选胜者"，或促使产能在部门间的大规模转移，而是解决协调问题以及私人资本投资于新行业和新技术中遇到的障碍，这些问题仅靠市场力量并不能克服。例如，为了促进创新型服装产业的发展，西非政府力保纺织品的稳定供应，或者对港口的建设进行补贴以避免出口瓶颈。这些政府行为背后的理念是，通过承担初始阶段的部分融资风险或者其他风险，并更系统地完善公共基础设施，政府能帮助私人投资者克服作为新兴产业的先行者和创新者所面临的高昂成本。

最近 30 年来，总部位于华盛顿的众多发展机构一直认为，经济增长的威胁更多地来自政府的无能和腐败，而非市场失灵。既然美国式资本主义已经跌下神坛，这一观念会否发生变化？国家可以发挥更多积极作用的理念能否得到更多关注？对任何一个发展中国家而言，问题的答案取决于对其国家能力和总体治理水平的评估。因为对产业政策的最严厉批评不是来自经济层面，而是源于政治层面，发展中国家的经济决策无法摆脱政治压力。批评者声称，政策制定者在实现国内产业飞跃发展的初衷后仍将会延续贸易保护主义措施。诸如减少进口依赖以及扶持新兴行业的产业发展政策，虽然后来遭到位于华盛顿的那些发展机构的嘲讽，但是它们的确在20世纪50—60年代的东亚和拉美创造了令人震惊的经济增长率。但问题在于，拉美各国在政治上无法为保护主义政策松绑，最终导致其国内产业丧失了国际竞争力。

因此，发展中国家的技术官僚在制定产业政策时，必须对它的政治后果多加思量。一个能力强大而且独立于政治压力之外的官僚系统是否存在？是否有足够资金支撑这一目标？是否可能作出艰难的政治抉择？绝大部分成功运用产业政策的案例来自东亚地区，该地区长期以来的传统是技术官僚拥有强大的实力，缺少这种优势的国家必须三思而后行。

四 政府机构的效率

发展中国家和发达国家的领导人都惊叹于中国在危机后的强劲复苏能力，这主要归因于其有一套严格管理、自上而下的决策制定机制，它能够避免混乱的民主过程引起的政策延误。

这场危机的第四个后果是惨痛地警示我们，一国若想促进产业发展并提供社会安全网，就必须改革其公共部门，否则便会付出巨大的代价。美国的监管机构资金不足，难以吸引到高素质的人才，并且遭遇到政治阻力。这并不奇怪，因为里根－撒切尔主义的隐含假设是：市场是有效政府的替代物。这场危机表明，缺乏监管或监管不力的市场将会付出巨大的代价。

发展中国家和发达国家的领导人都惊叹于中国在危机后的强劲复苏能力，这主要归因于其有一套严格管理、自上而下的决策制定机制，它能够避免混乱的民主过程引起的政策延误。受此影响，发展中国家的领导人将效率和能力与威权体制联系起来，但低效无能的威权体制也同样存在。中国一枝独秀的原因在于，其政府机构，至少是高层机构，能管理和协调诸多复杂多变的政策。这就使得中国成为低收入国家中的例外。

提升公共部门的效能是世界发展所面临的最严峻的挑战之一。世界银行和英国国际开发署等发展机构在过去 15 年里支持了一批强化公共部门、优化治理能力并与腐败作斗争的项目，但却收效甚微。即便是美国和英国的金融监管者也未能有效地行使监管权力，或监控快速变化的金融市场——这些令人沮丧的事实提醒我们，确保公共部门的效能是一个巨大的挑战，即使在最发达的国家也是如此。

为什么发展中国家的公共部门在效率提升方面取得的进步屈指可数？第一，它们的官僚机构通常服务于作为寻租同盟的政府，后者依据自我利益而非客观的公共利益来行动。除了欧盟的准入过程这个特例以外，外部的捐赠者缺乏促使政府机构变革的影响力。第二，有效的社会制度必须本土化演进，从而反映一国自身的政治、社会和文化现实。西方国家客观公正的政府机构经历了漫长而痛苦的发展过程，外生于经济的诸多因素（比如战争的动员）在创建强大政府机构（比如普鲁士王国中高效闻名的政府机构）中发挥着巨大作用。在法律法规等制度方面，如果发展中国家只是简单地将外国的那一套生搬硬套过来而不深入了解其实质，那它就基本上不会起作用。第三，公共部门改革需要一个同步的民族塑造过程。除非一个社会拥有清晰的民族特性和共享的公共利益，否则个人对社会的忠诚度将会低于其对自己的种族、部落或者庇荫团体的忠诚度。

五　迈向多极化

世界向多级化转变的趋势已开始多年，西方金融市场的崩溃与随后的脆弱复苏只是加速了这一过程而已。通过要求新兴经济体在全球事务中发挥更大的领导作用，西方国家正含蓄地承认它们自己已经无法管理全球经济事务。

数年之后，历史学家可能会恰如其分地将本轮金融危机视为美国在全球事务中经济主导地位的终结。然而，世界向多级化转变的趋势已开始多年，西方金融市场的崩溃与随后的脆弱复苏只是加速了这一过程而已。甚至在危机之前，为应对二战以后的经济与安全挑战而设立的国际机构就已经压力重重并亟待改革。国际货币基金组织和世界银行的管理结构反映的只是过时的世界经济格局，这让两大机构广受诟病。20世纪90年代以来，赋予巴西和中国等新兴市场国家更多投票权的呼声让布雷顿森林体系机构承担的改革压力与日俱增。与此同时，虽然其他的权利中心已经出现，但由6个经济上最重要的西方民主国家加上日本所组成的七国集团（G7）这一精英团体仍然作为全球非正式的操控委员会来协调处理世界经济问题。

本轮金融危机最终导致了G7作为全球经济政策协调主导核心的终结并被20国集团（G20）所取代。2008年11月，G20的领导人聚首华盛顿以协调全球经济刺激计划，这一会议随后便发展为一个成熟的国际组织。与G7不同的是，G20包括了巴西、中国和印度等新兴经济体，经济协调范围的扩大意味着全球经济事务参与者组成的新团体得到姗姗来迟的认可。

这场危机也为国际货币基金组织和世界银行注入了新的生机和合法

展机识后
之：华
后次盛
的贷顿
发危共

179

性，危机之前的国际货币基金组织看起来就像是一个日益过时的机构。私人资本市场以优惠的条件向一些国家提供融资，而不会像国际货币基金组织的贷款那样添加附加条件。国际货币基金组织为自身业务的融资问题而大伤脑筋，并且开始削减入手。

但这一前景在 2009 年发生了变化，当时 G20 领导人一致同意为布雷顿森林机构提供 1 万亿美元的额外资金以帮助危机国家更好地应对未来的资金缺口。巴西和中国等国都是这一特别基金的主要资助者，而早期对希腊、匈牙利、冰岛、爱尔兰、拉脱维亚、巴基斯坦和乌克兰等国的援助使得这一特别基金几乎耗竭。

通过要求新兴经济体在全球事务中发挥更大的领导作用，西方国家正含蓄地承认它们自己已经无法管理全球经济事务。但是，所谓"其他国家的崛起"不仅涉及经济实力和政治权势，而且关系到不同发展理念与模式的全球竞争。西方世界，尤其是美国，不再被看做全球社会政策创新思维的唯一中心。例如，附加条件的现金转移计划最先是在拉美制订并实施的。过去 30 年中，西方国家在产业政策这一领域的创新思维寥寥无几，现实中成功的模式更多地来自新兴市场国家而非发达国家。在国际组织中，美国和欧洲的声音和观点正逐渐丧失其主导地位，而作为国际金融机构主要资助者的新兴市场国家则越发受到重视。

所有这些均昭示着发展议程的明显转变。传统上，这些议程由发达国家制定并在发展中国家实施，甚至通常是被强加给发展中国家。美国、欧洲和日本仍将是经济资源和发展思想的主要来源地，但是，新兴经济体已经登堂入室并将成为重要的参与者。巴西、中国、印度和南非等国在用于发展的资源以及如何最好地使用这些资源方面，同时成为捐赠者和受益人。尽管世界上的大部分穷人仍然生活在上述新兴市场国家，但在经济、政治和知识等方面，新兴经济体已经在全球舞台赢得了新的尊重。事实上，发展从来不是富国对穷国的恩赐，而是穷国自我努力的结果。对西方大国而言，远未结束的这场危机似乎正促使它们接受这一事实。

（来源：《经济社会体制比较》2011 年第 4 期）

美国应终结新自由主义经济体制

[日] 服部茂幸　日本福井县立大学经济学部教授

此次的危机是美国新自由主义经济体制破产所带来的恶果。从这一点来说，它是一段历史的终结。依据新自由主义理论放宽金融而产生的并非生产性的财富，而是赌场资本主义。其最终的结果就是此次的金融危机。无视凯恩斯的警告和大萧条的教训必然要付出巨大代价。

2008 年 9 月雷曼兄弟公司破产，引发了世界性的金融危机。尽管已经过去了 3 年时间，但美国和世界经济的复苏依然任重道远。虽然美国的债务违约问题暂时得到了解决，但美国主权信用评级却被下调，经济前景并不容乐观。日本和欧洲经济也同样笼罩在不安当中。

在此次世界性危机之前曾经有过"安全神化"。有人认为美联储前主席格林斯潘通过巧妙地操作金融政策，引导美国经济保持了繁荣。在 2000 年 IT 泡沫破灭之后，格林斯潘果断而迅速地下调了利率，带动了美国经济的复苏。然而，次贷泡沫破灭所造成的金融海啸却打破了格林斯潘的神话。虽然他已将美联储主席的位置让给了伯南克，但在他任期内积累的房地产泡沫引发了世界史上最大的金融危机，人们对此还是念念不忘，并多有指责。

2002 年，现任美联储主席伯南克在担任理事时曾经表示 1929 年的经济大萧条是当时美联储的失败，并发誓不会让历史重演。2004 年伯南克曾经发表了题为《大缓和》的演说。20 世纪 80 年代后半期以来，美国的经济循环周期变短，被称为"大缓和"。伯南克认为大缓和是改进金融政策带来的成果。伯南克所掀起的是超过大萧条的空前的金融危机和仅次于大萧条的世界性的经济危机。

去年 11 月至今年 6 月，伯南克主席推出了第二轮量化宽松政策。尽管如此，美国经济毫无复苏的迹象。已经有人提出应尽快实施第三轮量化宽松政策。"大缓和"的"神化"已经不攻自破。随着 20 世纪 80 年代凯恩斯经济学的退潮，以弗里德曼为首的新自由主义经济学开始兴起。世界政治的舞台上诞生了美国的里根政府和英国的撒切尔政府。他们遵循新自由主义的意识形态，将大政府、福利国家等这些支撑着二战后经济的框架统统打碎。当然，里根政府的赤字财政又被称为美国在二战后奉行的最大的凯恩斯政策。美国（或者说盎格鲁－撒克逊国家）奉行的新自由主义政策渗透到了全世界。

此次的危机是美国新自由主义经济体制破产所带来的恶果。从这一点来说，它是一段历史的终结。

今年公布的《美国经济白皮书》指出，布什时代的经济增长是不可能维持的。白皮书认为，可持续增长是指依赖出口和设备投资的增长，依靠房地产投资和消费的增长是不可持续的。因此 21 世纪最初 5 年依靠房地产投资和消费的增长是不可持续的增长。

在此次的危机中，凯恩斯的做法再次受到重视。不过，凯恩斯政策 = 赤字财政政策，这种通俗的理解即使不算错，也存在着偏颇。我们不应忘记凯恩斯是反对"金钱游戏"和"赌场资本主义"的。

我们不应忘记曾经发生的大萧条。当时的人们认为是没有限制的金融市场引起了大萧条。随着对大萧条的反省，人们开始认为金融市场是应该受到限制的。尽管具体的方式因各国国情不同而存在着差异，但金融限制的原则是日欧美都赞同的。由此而诞生的二战后的金融体制，实现了资本主义历史上前所未有的稳定。

然而，新自由主义经济学却认为政府的干预会降低市场效率。弗里德曼一向认为投机能够稳定价格。在这种思想的指导下，20 世纪 80 年代以来欧美国家一直采取了放宽金融的做法。信奉新自由主义的格林斯潘也极力推进市场的自由化。

依据新自由主义理论放宽金融而产生的并非生产性的财富，而是赌场资本主义。其最终的结果就是此次的金融危机。无视凯恩斯的警告和大萧条的教训必然要付出巨大代价。

新自由主义的政策始于 20 世纪 80 年代的里根政府。不过，正如前面所提到的，当时的美国面临着很多的问题，美国经济衰退论也盛极一时。当时所谈论的美国经济的问题可以归纳为以下几点：（1）不可能长久维持的财政赤字和政府债务；（2）不可能长久维持的经常项目赤字和对外负债；（3）产业，特别是制造业的衰退；（4）工资水平的停滞。

新自由主义经济政策未能解决 20 世纪 80 年代美国面临的任何问题。尽管如此，90 年代之后，唱衰美国经济的论调却越来越没有市场，取而代之的是美国经济复苏论。这是因为"金融立国"获得了成功。美国和英国表面上看似成功地实现了金融立国，日本经济学家在看到了这种成功之后，也开始要求日本也走金融立国之路。

笔者在此并不想否定金融立国的原理。虽然当时处于高速经济增长期的日本算不上是金融立国，但金融无疑发挥了重要作用。高速经济增长期是重化工业的时代，设备投资需要大量的资金，而当时的日本企业自己又没有能力拿出这么多的资金。向重化工业提供必要资金的是银行，特别是长期信贷银行。

　　然而，金融立国的内容更加重要。美国版的金融立国，本质上是怎么一回事呢？美国的房贷公司向没有能力还贷的人提供了次级贷款。华尔街的投资银行将这种次级贷款变成了证券进行销售，赚取了手续费。投资银行本身和相关的公司购买了部分的证券，赚取了利益。然而，泡沫破灭之后，次级贷款化为泡影，投资银行也破产了。

　　美国的金融立国实际上是在泡沫中，将资金贷给没有偿还能力的人，赚取利益。即使这种经济模式能在短时间内赚取巨大的收益，但一旦泡沫破灭，就会走向崩溃，这是显而易见的事情。美国的金融立国只不过是空中楼阁。

　　今年的《美国经济白皮书》提出了扩大出口的政策。经济停滞的原因在于需求不足，从原理上讲，增加任何需求都是可以的。然而，在家庭和企业都面临着过多负债的今天，通过进一步贷款来增加消费已经不现实。由于财政状况恶化和主权信用评级下调，现在的联邦政府不得不削减开支。当然，削减联邦政府开支主要是基于政治考虑，笔者并不认为有多大的合理性。财政恶化的地方政府从很久以前就开始削减开支了。

　　剩下的就只有扩大出口了。美国巨额的经常项目赤字引起的"世界性不平衡"，早在危机之前就被当成了问题。从解决世界性经济不平衡这一点来说，美国也需要扩大出口。从方向上来看，白皮书提出的扩大出口的路线并没有错。但能否实现却是另外一回事。

　　始于20世纪80年代的新自由主义经济政策一直被认为是成功的。但所谓的成功应该是带引号的，美国的贫富差距在拉大，贫困人群在日益增多。不能使大多数国民生活得到改善的增长，算不上是真正意义上的增长。少数政治精英鼓吹的成功只是泡沫吹出的海市蜃楼。泡沫破灭后，海市蜃楼即刻不复存在。

　　美国的大萧条也意味着自由放任时代的结束。罗斯福政府通过实行新政开创了新的时代。现在的奥巴马政府需要做的同样是与穷途末路的新自由主义时代诀别，开创新的时代。

（来源：日本《世界》月刊 2011 年 10 月号题为《美国新自由主义经济理论的终结》一文）

1%的人所有、1%的人治理、1%的人享用

[美] 约瑟夫·斯蒂格利茨

很久以前，经济学家就试图证明巨大的收入不平等是正当的。他们提出了"边际生产力理论"，将高收入者与更高的生产力、对社会有更大贡献联系在一起。富人一直深爱这种理论。然而，没有多少证据表明这种理论站得住脚。他们说，现在重要的不是如何分配蛋糕，而是蛋糕的尺寸有多大。这种观点从根本上就是错误的。之所以出现这样大的收入不平等，一个主要原因是：金字塔顶端的1%人群希望事情变成这样。

对已经发生的事视而不见，那是没有用的。现在，身居美国财富金字塔顶端的1%人口每年收入占全国总收入将近1/4。若以所拥有的财富而论，这1%人口所控制比例达40%。而在25年前，这两个数字分别为12%和33%。对此有人表示，是独创性和干劲给这些人带来了财富，并主张说20多年来所有人的生活都已水涨船高。这种观点是具有误导性的。过去10年来，上层1%人群的收入激增18%，中产阶层的收入却在下降。而对于只有高中文化程度的人来说，收入的下降尤其明显——光是在过去25年里，就下降了12%。最近几十年来所有的经济增长，还有其他好处，都

流向了金字塔顶端的人群。在收入平等方面，美国落后于小布什曾经嘲笑过的"老旧"、"僵化"的欧洲国家，这方面可与美国比肩的是存在寡头政治的俄罗斯，还有伊朗。拉丁美洲许多过去以收入不平等著称的国家——如巴西——最近几年都急速发展，成功地改善了穷人的困境，缩小了收入差距，而美国却让不平等状况加剧。

很久以前，经济学家就试图证明巨大的收入不平等是正当的。19 世纪中期，美国深为这种情况困扰时（虽然与现在相比，那时的差距只是小菜一碟），他们就提出了"边际生产力理论"，将高收入者与更高的生产力、对社会有更大贡献联系在一起。富人一直深爱这种理论。然而，没有多少证据表明这种理论站得住脚。过去三年来，造成经济危机的那些公司高管对社会及自己公司的贡献主要是负面的，然而他们至今仍领取着大笔"绩效奖金"。有时连他们所属的公司也觉得"绩效奖金"之名令人尴尬，改称"留才红利"，虽然它们唯一留住的是这些人糟糕的业绩。与这些把全球经济拖到毁灭边缘的人相比，那些给社会真正作出贡献的人——包括遗传研究先锋和信息时代领航者——所获取的报酬简直是微不足道。

对于这种状况，一些人耸耸肩，一笑了之。这个人赚了，那个人亏了，那又怎么样呢？他们说，现在重要的不是如何分配蛋糕，而是蛋糕的尺寸有多大。这种观点从根本上就是错误的。一个大部分市民年复一年境况越来越糟糕的经济体——亦即美国这样的经济体——长期来说也不可能表现得很好。理由如下：首先，日益扩大的收入不平等其实是另外一件事的外部表现，那就是机遇的减少。无论何时，只要机遇的平等在减少，这就意味着我们未能以最有效方式使用最有价值的资产——人；其次，很多导致收入不平等的不当做法——比如鼓励垄断、偏向特殊利益集体的税收政策——都会降低经济效益。而新的不平等还导致新的错误，使经济效益进一步降低。仅举一例：许多才华横溢的年轻人受丰厚收入吸引进入金融行业，而不是进入更符合他们兴趣、更有利于发挥他们的才华、更能塑造健康经济的领域工作；最后，可能也是最重要的一点，就是现代经济要求"集体行动"——它需要政府投资于基础设施、教育和技术。政府资助的研究引领了互联网时代的到来，促进了公共健康等领域的飞速发展，美国和世界各国都从中受益匪浅。但长期以来，美国便饱受基础设施、基础研究、各级教育投资不足之苦（看看我们的高速公路、桥梁、铁路和机场吧），接下来这些领域的预算还要被大幅削减。

这些现象的发生丝毫不足为奇——当一个社会的财富分配极为不平衡时，这一切就会自然而然地出现。一个社会在财富分配方面差距越大，用于公共需要的财富数量就会越少。富人无须依靠政府建的公园，政府办的教育、医疗和个人安保机构，他们可以用钱买到这一切。在此过程中，他们离普通人越来越远，对于普通人曾有的同情也随之淡化。他们也不喜欢大政府——因为大政府可以利用自己的力量来调整这种不平衡，拿走他们部分财富，以投资于公共需求。他们可能会对美国现有政府颇有怨言，但事实上他们还是挺喜欢它的：囿于条条框框无法实现再分配，各部门意见分歧，除了减税，什么事也做不成。经济学家不知如何充分解释美国出现的收入日益不平等现象。普通的供需原理肯定在其中扮演了一定角色：可以节省劳力的技术令很多蓝领、中产劳动者失去工作机会，全球化浪潮则创造了一个世界性的劳动力市场，迫使昂贵的美国非熟练工与廉价的海外非熟练工竞争。社会变化也起到一定的作用——比如说工会的衰退，过去美国1/3的工人加入工会，现在只有大约12%。

但是，之所以出现这样大的收入不平等，一个主要原因是：金字塔顶端的1%人群希望事情变成这样。最明显的例证就是税收政策。富人们很大一部分财富来自资本收益，而降低资本收益税率让最富有的美国人几乎可以坐享其成。垄断和类垄断经营一直是大亨们的收入来源之一，从20世纪初的洛克菲勒到20世纪末的比尔·盖茨，莫不如此。而反托拉斯法规执行不力（特别是在共和党执政时期），对金字塔顶端人群来说是天赐之福。

今日之收入不平等还有很大一部分来自金融系统的操纵，辅以监管规则的变化（均由金融业出资推动，这是他们最好的投资之一）。政府以近乎为零的利率，将钱借给金融机构，当他们失败时又提供慷慨的救市资金，条款极为优厚。对于该行业的不透明和利益冲突，监管者则视而不见。细看美国上层1%的人群所控制的财富规模，简直可以说扩大收入差距乃现代美国一大成就——当初我们在这方面远远落后，可是现在位居世界前列。目前看来，未来数年中，我们还将继续巩固这种"优势"，因为财富会带来权力，而权力则将带来更多财富。在不久前的联合公民诉联邦选举委员会案中，最高法院取消了对公司使用自有资金影响选举结果的限制，为企业出钱收买政府大开方便之门。在今日之美国，富豪与政治完美地结合在一起。几乎所有美国参议员，以及大部分众议员，以金字塔顶成员身份出任，靠金字塔顶的财富支持留任，在任时会卖力为这一人群服务，以便卸任后得到相应犒赏。行政部门贸易与经济政策方面的重要决策者也基本来自这一人群。他们通过立法，禁止最大药品采购方——政府——在采购药品时议价，相当于给制药公司奉上价值万亿美元的大礼。除非为富人大幅减税，否则对穷人有利的税法就无法出台，对此你也不要大跌眼镜。鉴于塔尖人群所拥有的能量，政府这样运作，我们一点也不该感到惊奇。

收入不平等正扭曲着社会。大量事实证明，不少普通大众效仿塔尖1%的人群的生活方式，消费超出自身承受能力。先富带动后富的"滴入式经济"也许只是一种狂想，但塔尖人群的行为方式倒是真的成功渗透到了下面。收入不平等极大地扭曲了我们的外交政策。塔尖1%的人群很少去服兵役——志愿兵那点收入根本不能吸引有钱人的儿女，他们的爱国主义仅止于此。国家参战时，他们也不会受到高税额的"勒索"：因为国家全用借来的钱支付这些费用。外交政策的定义本是平衡国家利益和国家资源。但掌权的1%人群因为从不付出任何代价，所谓平衡和限制的概念有时和实际差得很远。于是美国经常冒不必要的风险，企业和合同商则跟着逐利。同样，经济全球化规则也是为富人而设计的：它们鼓励国家之间的商业竞争，这会导致对企业降税，减少健康和环保方面的投入，破坏过去被视为核心价值的劳工权利。假如这些规则鼓励国家之间的劳动力竞争，结果将会怎样？各国政府会争着保障经济环境稳定，降低对普通工薪阶层的征税，提供好的教育和清洁的环境，这些都是劳动者关心的，塔尖1%的人群才不在乎这些。

或者，更准确地说，他们以为自己不需要关心这些。塔尖1%的人群给社会带来诸多负面影响，最大后果就是侵蚀了人们对美国公民身份感的认同，让普通人不再相信公平竞争、机会平等和社区意识。美国向来以社会高度公平为傲，宣扬人人都有机会，但统计学数据却证明了另外一个事实：美国穷人，甚至是中产阶级，挤进上流社会的机会远比许多欧洲国家要小。现实的牌局对他们不利。最近中东动荡，正是因为人们不满于体制不公，认为没有出头的希望，食品价格上涨和年轻人失业率高企只是导火线。眼下美国年轻人失业率达到将近20%（在一些地方和族群中甚至达到40%），1/6的美国人想得到一份全职工作而不能，1/7的美国人要靠食品券生活，大量证据表明，好处全部留在上层，并未"滴流"到下面，惠及其他人群。这不可避免地导致疏离感——上次大选中，20多岁人群的参选率约在21%，与失业率相当。

最近数周，在中东一些国家，数百万人涌上街头，抗议糟糕的政治、经济和社会状况，一些政权被推翻。该地区其他统治家族也正紧张地躲在空调房里，观望形势——下一个会是自己吗？他们的担心是对的。这些社会有一些共同点：一小部分人群——不到1%——控制了绝大部分的财富，而且财富是权力的决定性力量，种种腐败已成痼疾，渗入日常生活，此外富人常常极力阻挠有利民生的政策的实施。

看着别国街头的乱象，我们该扪心自问：什么时候会轮到美国？在很多重要的方面，美国正变得跟这些遥远的、动荡的国家一样。亚历西斯·

德·托克维尔在《论美国的民主》中曾经阐述过他眼中美国社会的主要优势，他称之为"适度的利己"。重点在于"适度"二字。每个人都有狭义上的利己思想，"适度的利己"是不同的。它认为关注别人的利益——换句话说，关注公共福利——是实现个人最终利益的先决条件。托克维尔并不认为这种想法有多么高贵。事实恰恰相反，他认为这是一种美国实用主义的标志。精明的美国人理解一个基本的事实：关心别人不仅对灵魂有益，对生意也有好处。

塔尖 1% 的人群住着最好的房子，享受最好的教育、医疗和最美妙的生活方式，但是有一样东西钱是买不来的：那就是意识到自己的命运取决于其他 99% 的人生活得如何。纵观历史，无数 1% 的人群最终都明白了这一点，但往往为时已晚。

（来源：美国著名杂志《VANITY FAIR》2011 年 5 月）

C 方

危机的爆发和扩大是由于政府的不当干预措施
（比如央行的货币政策失误），
因而让市场充分自发调节才能得以解决。
即便危机愈演愈烈，
资本主义的前景依然令人乐观。

危机中的选择

张维迎　北京大学光华管理学院经济学教授

　　事实和逻辑分析表明，这次危机与其说是市场的失败，倒不如说是政府政策的失败；与其说是企业界人士太贪婪，不如说是主管货币的政府官员决策失误。在我看来，这次危机也许是复活奥地利学派经济学和彻底埋葬凯恩斯主义经济学的机会。

一　理解危机可能比简单出对策更重要

　　对造成目前局面的不同理解和回答，也自然导致了政策上的不同选择。而且，不仅关系到我们的政策选择，还关系到未来走向什么样的经济体制，也关系到经济学的未来走向。

　　世界充满了不确定性。这是一句老话，但今天说起来更让我们刻骨铭心。一年半前，中国企业家对中国经济景气的信心指数达到 8 年以来的最高点；即使到 2008 年年初，企业家信心指数仍然处于 8 年以来的最高点之列。但到年底，这一信心指数掉到了 8 年来的最低点，而且远低于过往 8

年的任何时候。中国经济学家的信心指数也类似。不过，调查数据表明，经济学家对中国经济信心的滑坡比中国企业家早了一个季度。今天，无论是中国企业家还是中国经济学家，都很难再有一年前的乐观情绪！

企业家信心指数的变化确实是中国经济景气变化的真实写照。过去12个月，中国工业增加值指数的变化有两个主要特征：第一个特征，增长速度下滑非常快，好像所有企业在同一时间犯了大错误；第二个特征，重工业的下滑速度远大于轻工业，也就是生产资料行业的下滑远远大于消费资料行业的下滑。这两个特征也是所有经济萧条时期的主要特征。应该说，我们的经济已经进入了一个艰难时期，或者出现了增长的衰退。

中国经济的变化是世界经济变化的一个缩影，尽管我们的问题出现得晚一些。现在大家都在讨论，中国经济什么时候能够走出低谷？底部在哪里？有人说是 V 型，有人说是 U 型，也有人说是 W 型，最悲观的说法是 L 型。但我认为更重要的是，我们要理解，为什么会发生这次世界性的经济大衰退？对这个问题可能有不同的回答。但是我想，最根本的问题是：这次危机是根源于市场的失败，还是政府的失败。换一句话说，究竟是"看不见的手"出了问题，还是"看得见的手"出了问题？对造成目前局面的不同理解和回答，也自然导致了政策上的不同选择。而且，不仅关系到我们的政策选择，还关系到未来走向什么样的经济体制，也关系到经济学的未来走向。

西方经济学界一般把对市场的信仰划分为四个层次。第一个层次就是对市场经济没有任何信仰，不相信市场经济，这是传统的马克思主义经济学；第二个层次是怀疑主义，摇摆不定，有时候信，有时候不信，这是凯恩斯主义经济学，也就是主张政府干预主义的经济学；第三个层次是对市场经济非常信仰，但是也认为，必要的时候，政府应该介入市场，这是芝加哥学派。弗里德曼就认为，经济萧条时期政府应采取积极的货币政策让经济走出低谷；第四个层次是对市场坚定不移，完全信仰，这是以米塞斯和哈耶克为代表的奥地利学派，但这一学派当今的代表人物主要在美国。

有人把这次经济危机归结于市场失灵，特别是经济自由化导致的结果。确实，危机出现后，凯恩斯主义的经济干预政策已经开始在全世界大行其道。但事实和逻辑分析表明，这次危机与其说是市场的失败，倒不如说是政府政策的失败；与其说是企业界人士太贪婪，不如说是主管货币的政府官员决策的失误。在我看来，这次危机也许是复活奥地利学派经济学和彻底埋葬凯恩斯主义经济学的机会。

二　重温奥地利学派对大萧条的解释

在米塞斯和哈耶克他们看来，任何一个经济中，人为造成的繁荣一定会伴随一场大衰退。大繁荣和大衰退是一枚硬币的两面。他们的理论也告诉我们，判断经济是否过热，不能只看价格水平是否上涨，而主要应该看利率水平和信贷扩张。

让我们回顾一下 80 年前发生的那次大危机。这次危机发生的背景虽然与那次有所不同，特别是经济全球化和中国等新兴经济体的崛起，但也确实有许多相似的特征：危机之前，一方面，技术创新，生产率提升，经济高速增长，价格水平稳定甚至下降，似乎一切正常；另一方面，银行信贷持续扩张，流动性过剩，贷款利率低，固定资产投资强劲，股票市场和房地产市场泡沫严重，似乎难以持续。20 世纪 90 年代开始的日本经济的长期萧条和 20 世纪 90 年代后期的东南亚金融危机之前都有类似的特征。

1929—1933 年那场世界性的经济大萧条，有人预测到了吗？有，有两个人，而且只有两个人，尽管他们没有指出准确时间。这两个人一个叫米塞斯，另一个叫哈耶克，他们都是奥地利经济学派的领军人物，哈耶克曾获得过 1974 年的诺贝尔经济学奖。他们之所以能预测到 1929 年的经济危机，是因为有一整套更为科学的商业周期理论。根据他们的理论，20 年代美联储实行持续的扩张性货币政策，利率定得非常低，信贷规模膨胀，最后的结果必然导致大危机、大萧条。为什么会这样？因为利率过低会扭曲资源配置信号，企业家就开始投资一些原本不该投资的项目，特别是一些重工业、房地产等资金密集型产业，它们对利率的反应非常敏感。流动性过剩导致的股票市场泡沫会进一步助长固定资产投资热潮，导致投资过度扩张。越来越大的投资需求导致原材料价格和工资的相应上涨，投资成本上升，最后证明原来的投资是无利可图的。当政府没有办法如之前那样继续实行扩张性政策时，股票和地产泡沫破灭，原来的资金沉淀在不可变现的固定资产（如厂房和地产）中，资金突然不足，投资项目纷纷下马，大萧条由此发生。在米塞斯和哈耶克他们看来，任何一个经济中，人为造成的繁荣一定会伴随一场大衰退。大繁荣和大衰退是一枚硬币的两面。他们的理论也告诉我们，判断经济是否过热，不能只看价格水平是否上涨，而主要应该看利率水平和信贷扩张。因为从信贷扩张到价格水平的上涨有一个时差，当等到通货膨胀发生时，萧条就已经到来！

与米塞斯和哈耶克不同，凯恩斯认为，大萧条是由有效需求不足导致的，有效需求不足的原因是居民储蓄太多，而企业对未来太悲观，不愿意投资。

1929—1933 年的大危机造就了凯恩斯经济学。在大危机之后的 30 年代，奥地利学派和凯恩斯主义都有可能成为经济学的主流，但奥地利学派被边缘化了，凯恩斯主义获得了主流地位，统治了经济世界几十年，一直到 20 世纪 80 年代才被人们所怀疑。为什么凯恩斯主义能够成为主流？简单地说就是，凯恩斯主义为政府干预经济提供了一个很好的理论依据：需求不足，市场失灵，解决的办法就是政府介入市场，增加需求，从而使经济从萧条中走出来。而奥地利学派认为，萧条是市场自身调整的必然过程，有助于释放经济中已经存在的问题，政府干预只能使问题更糟。事实上，如果不是胡佛政府的干预（包括扩大公共投资、限制工资下调、贸易保护主义法律等），那次危机不会持续那么长时间。所以，政府特别喜欢凯恩斯主义。当然，很多经济学家也喜欢凯恩斯主义，因为，如果凯恩斯主义是对的，政府就会为经济学家创造很多就业机会。如果说奥地利学派是对的，经济学家在政府就没事干了。因为他们主张不干预，市场会自身调整。经济学家也是利益中人，凯恩斯主义能够大行其道，我想这也是一个非常重要的原因。

有了这个背景，我们看一下格林斯潘在1966年写的《黄金与经济自由》一书中对20世纪30年代那次经济危机的解释。他说：当商业活动发生轻度震荡时，美联储印制更多的票据储备，以防任何可能出现的银行储备短缺问题。美联储虽然获得了胜利，但在此过程中，它几乎摧毁了整个世界经济，美联储在经济体制中所创造的过量信用被股票市场吸收，从而刺激了投资行为，并产生了一场荒谬的繁荣。美联储曾试图吸收那些多余的储备，希望最终成功地压制投资所带来的繁荣，但太迟了，投机所带来的不平衡极大地抑制了美联储的紧缩尝试，并最终导致商业信心的丧失。结果，美国经济崩溃了。

格林斯潘40多年前对大萧条的上述解释与哈耶克80年前的解释如出一辙。遗憾的是，几十年之后，格林斯潘的行为可能跟他批评的当年美联储的行为并没有多大区别。当政者与在野者，其行为方式和立场观点会是多么不同啊！

三　这次危机的根源在哪里

中国经济当前面临的困难，与其说是美国金融体制太自由造成的，不如说是中国金融体制太不自由而放大的。无论哪方面，都与"看得见的手"的失误有关。

我们再看我们现在面对的这次经济危机。有没有人预测过这次危机？其实也有。有一个叫彼得·席夫（Peter Schiff）的学者型投资家，在 2006 年，甚至更早的时候，就预测到次贷危机很快会发生，美国经济会因此进入大萧条、大崩溃的阶段。同一年，国际清算银行的首席经济学家威廉·怀特（William White）撰文认为，世界性的经济危机将要发生。另外，美国米塞斯研究所的经济学家克拉斯米尔·彼得罗夫（Krassmir Petrov）2004 年就写了一篇文章，将当时的中国经济与 20 世纪 20 年代的美国经济的情形进行对比后，预测 2008 年之后中国会出现大萧条。这三位经济学家都被认为是奥地利学派经济学家或其拥护者，他们分析经济的理论框架来自哈耶克的商业周期理论。威廉·怀特认为，就分析当前全球经济问题而言，奥地利学派的理论更为适用。当然，也有非奥地利学派的学者提出过类似的警告。

在我看来，这次危机的根源和 1929 年那次危机没有什么大的区别。美联储实行持续的低利率政策和信贷扩张，市场信号扭曲，原本不该借钱的人都开始借钱，原本不该买房子的人都开始买房子，原本不该投资的项目都开始投资，由此，房地产泡沫和股票泡沫急剧膨胀。次贷危机就是因为在低利率和房地产泡沫的诱惑下，不该借钱买房的人借钱买房，但它是导火线，不是经济危机的根源。当利率信号被政府扭曲之后，无论是金融资产还是实物资产，定价机制都失灵。比如，股票的市盈率不再是判断股票价格合理与否的合适指标，因为利润本身是扭曲的。利润之所以是扭曲的，因为产品价格扭曲。而这与放松金融管制无关。

还有另一个非常重要的原因就是，美国政府对房地产市场的贷款担保。中国之所以愿意买几千亿的房地美和房利美"两房"债券，把钱大方地借给它们，因为这是两个政府担保的机构。如果政府不做担保，我们不会把钱借给它们。政府担保之后，放款人不再担心借款人的资信好坏和还

款能力，借款人知道被担保之后也就开始放心借钱。这是政府政策导致的
道德风险行为，也是东南亚经济危机发生的主要原因之一。

但是，另一方面，这次危机与 1929 年的危机有一个很大的不同。那时
的中国是一个很小的经济体，但现在已今非昔比。这一点是我们理解今天
的经济危机必须要加进去的元素。不能理解中国经济就无法完整解释这次
危机的原因；不能理解中国在世界中的地位，也就没有办法走出这次
危机。

国际上有一些观点认为，这次危机是中国导致的。因为中国人不花钱
就促使美国人花钱。这种观点当然是不对的，正如我们不能把东南亚的经
济危机归结于美国的债权人一样。但他们提出的问题值得我们思考，而不
要仅仅停留在情绪化的反击。中国的贸易顺差对 GDP 的比例达到 7%—
8%；外汇储备，1996 年 1000 亿美元，2001 年 2000 亿美元，2006 年
10000 亿美元，2008 年达到了 19500 亿美元。国际经济体系当中，一国外
汇储备如此快速地上升会给全球经济带来怎样的影响呢？假如 5 年前危机
爆发会像今天这么严重吗？我想不会，美国人要想多花钱也花不了那么
多，因为没有人给他提供。如果我们的金融体制更自由一些，我们在 5 年
前实现汇率自由浮动，人民币的升值就会给中国企业及时敲响警钟，会让
我们的企业家注意提升自己的产品质量，而不是一味地用廉价劳动力和廉
价资源搞出口，我们就不会有那么多的外贸顺差，也不会有那么多的外汇
储备，中国的货币供给增长也就不会那么快，投资规模也就不会那么大，
即使美国经济出问题了，我们自己面临的困难也不会这么大！

经济危机一定是多方面行为的结果。放款的人，借款的人，都有责
任，这两个方面离开任何一方都不行。根本的问题是什么原因导致了这样
的行为方式。中国经济当前面临的困难，与其说是美国金融体制太自由造
成的，不如说是中国金融体制太不自由而放大的。无论哪方面，都与"看
得见的手"的失误有关。

四　政府救市，还是自由调整

凯恩斯主义的需求经济学提供不了我们解决问题的答案。我们要知道，推动经济增长的是生产，是供给，而不是需求；是供给创造需求，而不是需求创造供给。如果刺激需求就可以发展经济，我们早就进入共产主义社会了！

凯恩斯主义的需求经济学提供不了我们解决问题的答案。推动经济增长的是生产，是供给，而不是需求；是供给创造需求，而不是需求创造供给。如果刺激需求就可以发展经济，我们早就进入共产主义社会了！

经济出了问题，人们通常会求助于政府，政府也认为自己责无旁贷。

让政府通过增加信贷和扩大需求的办法把经济从萧条当中解救出来，有没有可能呢？我抱怀疑态度。1929 年危机为什么拖了那么长时间？就是因为危机开始后政府干预太多了。现在有人讲是罗斯福1933 年的新政挽救了美国经济，其实罗斯福没有多少新政，罗斯福的政策在他的前任胡佛手里都早已开始实施了。现有的大量证据证明，美国政府加大公共工程投资，提高关税，限制工资的调整，都是在罗斯福上任之前进行的，所以导致了失败。根据奥地利学派经济学家的研究，正是政府的救市措施延缓了市场的自身调整，使萧条持续了更长时间。1990 年后日本政府救市政策的失败也说明了这一点，零利率政策和大量的公共投资并没有把日本从萧条中解救出来。

我们今天的救市能不能成功呢？我想也可能会有短期效果。但解决问题最好的办法是什么？是市场自身的调整，政府救市的结果可能延缓市场的调整。打一个比方，现在的经济就像一个吸毒病人，医生给吸毒病人开的药方却是吗啡，最后的结果可能会使问题更严重。这叫"饮鸩止渴"。

过度地投资，可能用不了多久，经济又会掉下来，而且，可能会掉得更惨。

以房地产为例，我同意取消房地产市场上所有提高交易成本的政策和规定，让市场更好地发挥作用，但仅此而已，我不同意政府去救市。只要交易自由了，该掉到什么价位就掉到什么价位，政府不应该干预。如果现在政府老想托市，本来一平方米应该是 5000 元，如果我们非要维持在 6000 元，看起来掉不下去，但始终没有人买房，房地产市场不可能发展。反之，如果我们让它一下子掉到底，掉到 5000 元甚至 3000 元，房地产市场会很快活跃起来。不仅是房地产，在所有的行业，都是同一个道理。

政府对破产企业的拯救不仅扭曲了市场的惩罚机制，延缓了结构调整，而且常常把小问题变成大问题，因为政府只解决大问题不解决小问题。政府的拯救措施也降低了企业界自救的积极性，导致更多的投资失误和更多的坏账。政府投入的资金越多，资金越短缺。而这正是中国经济的老大难问题。

现在，各国政府搞的都是凯恩斯主义的一套：刺激需求。但这在理论上是讲不通的。既然我们认为危机是由于美国人的过度消费和中国人过度投资引起的，怎么又可能通过进一步刺激消费和投资解决危机呢？

有人说中国人只赚钱不花钱，储蓄率太高。但事实上，在过去的十几年里，中国家庭储蓄占可支配收入的比重是降低的，从 1996 年的 30% 以上下降到 2000 年的 25% 左右，之后没有大的变化；中国居民消费占 GDP 的比重 1996 年是 20%，到 2000 年只有 15%，2005 年是 16%，远低于印度的 22%。当然，中国的储蓄率确实是世界上最高的，但主要原因是企业储蓄和政府储蓄高，而不是家庭的储蓄率太高。企业储蓄高有一些是合理的，但也有一些是不合理的。国有企业为什么有那么大的投资？因为对它们而言，赚了钱不需要分红，不需要交给政府和家庭，资金成本等于零，甚至是负的（如果预期花不完的钱将来会被上收的话），不投白不投！一方面是无效的投资，另一方面居民却没钱花。这才是中国的现实。

中国统计年鉴分别计算了消费、投资和净出口对 GDP 增长的"贡献率"，一些评论家也经常引用这个数据。但这个统计数据很让人费解。如果按这个统计数据对过去 30 年的 GDP 增长做个回归，我们发现，"消费贡献率"和"出口贡献率"与 GDP 的增长率负相关，只有"投资贡献率"与 GDP 增长率呈正相关。也就是说，消费和出口的"贡献率"越大，GDP 增长越低；投资的"贡献率"越大，GDP 的增长率越高。那么，为了 GDP 的增长，我们究竟应该是刺激消费、刺激出口还是刺激投资？

这个问题说明，凯恩斯主义的需求经济学提供不了我们解决问题的答案。我们要知道，推动经济增长的是生产，是供给，而不是需求；是供给创造需求，而不是需求创造供给。如果刺激需求就可以发展经济，我们早就进入共产主义社会了！邓小平 1992 年南方谈话并没有告诉我们怎样刺激需求，但是之后中国经济有了新飞跃。为什么？因为改革开放扩大了个人选择的自由，个人有了创业机会，可以经商做企业，经济自然就开始增长。这个思想对我们今天仍然是可用的。所以，我们应该像奥地利学派主张的那样，通过产权制度和激励制度的改进刺激生产，而不是刺激需求，把储蓄看成罪恶。这可能是最好的选择。让居民增加消费的唯一办法就是收入增长，收入增长了，消费自然就会提高。

（来源：《经济观察报》2009 年 2 月 16 日）

凯恩斯主义的真相与陷阱

许小年　中欧国际工商学院教授

就引发金融危机而言，美联储低利率的作用远超华尔街的"动物精神"。如果追究罪责，美联储是首犯，华尔街充其量只是一个从犯。美联储的低利率政策扭曲了金融市场中的最重要价格——利率，在错误的价格信号指导下，家庭过度负债，金融机构高杠杆运行，金融创新过度。

在欢庆纪元后第二个千禧年到来时，谁也没有料到，迎接人类的将是一场巨大的金融海啸。

这是怎么回事？究竟是谁之过？惊恐之余，人们纷纷翻出昔日的理论和早已被忘却的预言，试图证明人类的智慧尚未退化到不可救药的地步。马克思的《资本论》在东京热卖，哈耶克的《通往奴役之路》在纽约脱销。不同的学说受到不同人群的追捧，你、我各执一端，互指他人为肇事者，千方百计地为自己的愚蠢开脱。诸多学派之中，最为流行的当然是凯恩斯主义。

一 政府——救赎者或肇事者？

就算美联储扑灭了一场世纪之火，我们仍不能因其今日救火之功，宽恕它昨天的纵火之罪，或者因其危机时刻的称职表现，放松平时对它的制约和监管。

在"大萧条"的年代，是凯恩斯指出了市场失灵的可能性，也是凯恩斯给出了应对之方：政府增加开支，创造有效需求。这个今日天经地义的政策，70年前却是离经叛道的言论，称它为一场"革命"，毫不为过。对于凯恩斯的新理论，当时学术界莫衷一是，西方各国政府也满腹狐疑。直到1939年，美国才开始认真研究凯恩斯的主张，也只有到了1939年，第二次世界大战爆发，大规模的政府开支才具备了政治上可行性。然而经过记者和专栏作家（例如保罗·克鲁格曼）的演绎，这段历史变成了如下的版本：美国总统罗斯福接受了凯恩斯的建议，于1933年推出"新政"，结束了长达10年的"大萧条"。

数据告诉我们，美国经济在1933年之后停止萎缩，失业率从25%的高位回落，但真实GDP则是在1939年才恢复到1929年的水平，而失业率在1941年才降到单位数。军备开支的直线上升的确创造了有效需求，军队的大规模征兵当然也创造了工作岗位，到底是谁结束了"大萧条"？罗斯福还是希特勒？我们只能留给历史学家去澄清。有意思的是，率先采用凯恩斯政策的是瑞典和纳粹德国，凯恩斯本人当然不愿将后者作为他的案例，在他的讲话和文章中，完全回避了这个最早的"凯恩斯主义国家"。

凯恩斯经济学的关键假设是"动物精神"。在亚当·斯密的世界中，已知产品和要素的价格，经济个体经过理性的计算，作出最大化利于自己利益的决策。尽管并不完全否定决策过程中的理性分析，凯恩斯主义者认为，经济个体可以是非理性的，例如在纯粹心理因素的影响下，消费者和企业忽然悲观起来，对未来失去信心，消费与投资意愿下降，社会有效需求不足，经济因此而陷入衰退。由于"动物精神"无逻辑可言，几乎无法对它进行有意义的分析，人们无法改变而只能接受这个现实，并以此为前提，探讨应对之策。如人们所熟知，标准的凯恩斯主义对策就是政府的反向操作，增加财政开支以弥补民间需求的不足，即使不能避免衰退，也可减少"动物精神"对经济的负面影响。

当代凯恩斯主义者沿袭了"动物精神"的传统，指责"新自由主义"是这次金融风暴的始作俑者。在"动物精神"的驱使下，华尔街贪婪逐利，金融创新过度，而政府又疏于监管，未能以其理性的"人类精神"约束华尔街的冲动，听任资产泡沫发展，终于酿成大祸。不仅如此，他们还宣称，泡沫破灭之后，具有"人类精神"的美联储发挥了中流砥柱的作用，以超常规的市场干预挽狂澜于既倒，避免了金融体系的崩溃，从而避免了"大萧条"的重演。

遗憾的是，事实并非如此。

美联储对这次金融危机负有不可推卸的责任。从2001年开始，美联储执行了宽松的货币政策，将联邦基准利率降到当时的战后最低水平，并保持低利率达两年多之久。房地产市场因此出现了明显的泡沫，泡沫于2007年达到顶点。从2004年中起，美联储进入了加息周期，贷款利率随着基准利率节节升高。高利率增加了贷款偿还成本，最为脆弱的次级按揭市场首先拉响了警报，逾期和违约率的上升引发以次按为基础的债券价格下跌，盛宴结束了。为什么不早不晚，在美联储减息之后形成房地产泡沫？低利率刺激了金融创新，也促使金融机构不断提高杠杆率。金融创新过度并非源自华尔街的贪婪，华尔街何时不贪婪？银行家们不必等到2001年才集体疯狂。就引发金融危机而言，美联储低利率的作用远超华尔街的"动物精神"。如果追究罪责，美联储是首犯，华尔街充其量只是一个从犯。美联储的低利率政策扭曲了金融市场中的最重要价格——利率，在错误的价格信号指导下，家庭过度负债，金融机构高杠杆运行，金融创新过度。

凯恩斯主义者有意无意地忽视危机的真正原因，并欢呼是美联储防止了另一场20世纪30年代那样的大萧条。其实，弗里德曼在其名著《美国货币史》（与施瓦茨合作）中，令人信服地证明，美联储错误的货币政策是20世纪30年代"大萧条"的重要原因。纽约股市1929年崩盘后，市场上流动性奇缺，此时美联储不但没有增加货币供应，反而收缩广义货币达1/3！周转发生困难的银行大批倒闭，一次股市的调整于是演变为长达十年的经济萧条。伯南克与格林斯潘自称是弗里德曼的学生，两人都深入研究过这段历史，想必知道2008—2009年金融救援的功劳应该记在谁的名下，弗里德曼还是凯恩斯？

退一步讲，就算美联储扑灭了一场世纪之火，我们仍不能因其今日救火之功，宽恕它昨天的纵火之罪，或者因其危机时刻的称职表现，放松平时对它的制约和监管。是的，监管美联储，一个政客有意回避、世人宁愿忘却的问题。当消防队员奋战在火海之中时，谁愿追究他放火的责任呢？毕竟他是阻止火势蔓延的唯一希望。然而若不约束救火者伯南克，他就有可能变成格林斯潘第二。已有迹象表明，伯南克领导的美联储正在重蹈前任主席的覆辙，在系统崩溃的危险过去之后，幻想用增发货币刺激美国经济复苏，当利率已无法再降时，美联储就捡起日本人屡试不爽的"数量松宽"，继续投放货币。一如日本当年的情况，当企业和家庭的财务结构调整尚未完成时，当实体经济缺少投资机会时，除了制造资产泡沫，多余流动性再无其他作用。

中外货币政策的实践说明了限制中央银行货币发行权的必要性。在货币政策的操作上，对于理论界长期争论的"相机抉择"还是"基于规则"，实践也给出了回答。若想用货币政策削平经济周期的波峰和波谷，央行要有超人的智慧和技巧。由于微观经济单位的调整需要时间，货币政策从执行到发挥作用存在着时间上的滞后，央行必须事先准确预测经济的运行，在恰当的时点上、以恰当的力度和恰当的工具操作货币政策，方能收到预想的效果。如果在时点、力度和工具上出现哪怕是很小的差错，调控的结果和初衷可能大相径庭，甚至适得其反。弗里德曼和施瓦茨用令人信服的数据表明，在战后的 30 年中，美联储的货币政策非但没有稳定美国经济，反而引起和放大了经济的周期振荡。

说来不无讽刺意味，限制央行的必要性竟来自于凯恩斯主义，央行行长也是凡夫俗子，既有普通人的理性，也有普通人时常表现出来的"动物精神"。正是在人性假设的一致性上，我们看到了凯恩斯和弗里德曼的根本分歧。

二　凯恩斯主义的陷阱

凯恩斯主义关于政府的假设在现实中是不成立的，政府的"动物精神"丝毫不亚于私人部门，中国 1959 年到 1961 年的经济历史即为一例。同样经不起推敲的是"政府为公"的假设。

凯恩斯认为企业和个人具有"动物精神"，他们的乐观和悲观情绪交替轮换，造成经济从景气到萧条的循环。政府可以并且应该审时度势，带有前瞻性地运用宏观经济政策，进行反向操作，保证经济的平稳运行，这就是上面提到的"相机抉择"。弗里德曼针锋相对，他强调预测未来经济形势和政策操作的困难，并引用数据指出，实践中的货币政策引起而不是"熨平"了经济的波动。这一实证研究的政策含义是不言而喻的：欲稳定经济，必先稳定货币供应。弗里德曼由此提出了货币发行的固定规则，比如说每年增加 3%，或基本与 GDP 增长同步，禁止中央银行随意改变货币供应数量。弗里德曼虽然没有明确地将"动物精神"作为政府的属性，他对政府的"完美理性"显然充满了怀疑。

实际上，凯恩斯主义经济学的最大问题还不是"动物精神"，而是其逻辑的不一致性或者非自洽性（Inconsistency）。市场弥漫着"动物精神"，政府则充满了人类理性；市场有可能失灵，政府却永不失灵；市场上的交易是有成本的，政府的政策成本为零；市场上存在着信息不对称，政府却拥有充分的信息。至于目标函数，企业与个人是贪婪的，只追求一己之私利；而政府是仁慈和高尚的，以社会福利为己任。在这些假设下，不必建立数学模型，不必进行理论分析，假设已决定了结论。在令人眼花缭乱的数学推演背后，凯恩斯主义者证明的只是假设，以及假设的直接逻辑结果——完美的政府解救非完美的市场。

凯恩斯主义关于政府的假设在现实中是不成立的，政府的"动物精神"丝毫不亚于私人部门，中国 1959 年到 1961 年的经济历史即为一例。在"超英赶美"、"大跃进"等不切实际的经济发展目标下，政策制定者头脑发昏，大规模动员资源，将投资率（固定资产投资对 GDP 之比）从 1958 年的 15% 急剧拉升到 1959 年的 30%。政府的"动物精神"在西方也非罕见，如上面所提到的，美联储在 20 世纪 30 年代雪上加霜的货币紧缩，日本央行 20 世纪 80 年代一手制造的资产泡沫，以及格林斯潘 2001 年之后过于宽松的货币政策，都像是"动物精神"的经典案例。

同样经不起推敲的是"政府为公"的假设。希腊政府破产，多个欧洲国家陷入债务泥潭，如果真的是在追求公众利益，就不应该有债务危机。根据正统的凯恩斯主义说法，在经济萧条时，政府减税和增加开支以刺激需求，财政赤字和政府负债因此而上升；当经济转入繁荣时，财政政策反向操作，政府增加税收和削减开支，财政会出现盈余。繁荣期的盈余抵消萧条期的赤字，在一个完整的经济周期上，可实现财政预算的平衡。理论上听起来完美无瑕，为什么在实际执行中，各国政府都是负债累累而鲜有盈余呢？原因正是政府的自利动机。减税和增加政府开支如福利、补贴和投资等等，对选民有实惠，有助于捞到选票，政客乐此不疲。加税和减少财政开支却是不讨好的事，即使经济形势好转，也没有人愿意为长期的预算平衡而得罪选民，在政客们的眼里，自己今天的官位远比国家的未来重要得多。

如果保持逻辑的一致性，假定政府也具有"动物精神"，从上一节的讨论可知，较之个人的"动物精神"，政府的"动物精神"可以给经济造成更大的伤害。个人的非理性冲动是局部的，受到其他市场参与者的制约；个人必须承担自己决策失误的后果，也就是面临着"预算硬约束"。中央银行在决定货币政策时，既没有制衡，也不必对政策后果负责，即"预算软约束"，决策者们的"动物精神"随着货币政策散布到经济的各个角落，形成系统性风险。在一致性假设下比较个人与政府的"动物精神"，凯恩斯主义经济学的结论不再成立，为了减少经济的波动，公众应该立法规范货币政策，限制甚至禁止"相机抉择"式的政策干预，中央银行更像是一个规则的执行者，而不是现在这样的政策制定者。至于货币政策规则应该是什么，泰勒法则还是弗里德曼的固定增长率？基本上是一个实证问题，理论很难提供先验的指导。

（来源：《南方周末》2011 年 6 月 23 日）

货币的教训——美国次贷危机的思想影响

周其仁　北京大学中国经济研究中心教授、中央货币政策委员会委员

　　通过货币，我们可以清楚地看到根本就没有无政府的市场。从这一点来看美国最近发生的金融危机，首先就是货币出了问题。不少人谴责华尔街的贪婪，找寻政府监管的错失，或一般性地断言"市场失灵"。都有道理。但是离开了美联储多年宽松的货币发行，离开了脱离金本位的"自由美元"，上述因素没有可能单独造成如此之大的全球灾难。

　　现在有很多讨论针对次贷危机对金融和经济的影响。今天我们讨论这个事件对思想的影响，因为重大事件通常都会在思想上引起反应。美国的华尔街一出事情，政府大手救市，7000 亿美元拿出来，欧洲、日本很快跟上来，所以政府与市场的关系就变成了一个重大问题。媒体叫"美国特色的社会主义"，接下来就是中国面对这么大的一个变动，中国自己应该怎么看。我想关心这个问题的同学是不少的。我想讲讲我的看法。

　　我们有过 20 世纪 90 年代以来的经验，对从"主义"出发看待问题有所保留了。因为 1992 年中国进一步改革的时候，有过一个主义之争。邓小平到南方，一个很重要的看法就是，不要去炒这个"主义"，应该认真讨

论实际问题怎么解决。这是邓小平当年废除的"主义"之争。那我想这个传统，作为学术界可能还应有所考虑。那什么叫"主义"？什么叫"资本主义"？什么叫"社会主义"？这些都是比较大的词汇，要和里面具体的东西结合起来我们才会有内容。

所以我想首先从这里看，这次金融危机对思想的影响。我的第一个看法就是怎么来看市场经济制度。现在流行"市场失败靠政府救"的论调。反对的意见也有。美国和中国的经济学家都有持反对意见的，认为这首先是政府的失败。因为这次美国的"两房"，都是准政府信用，是联邦信用扶持的为按揭担保的公司，其政策意图是帮低收入的家庭买上房子，这个意图当然都是好的。因为低收入家庭要买房，在财务上会有问题，正常的商业银行一般不愿意借款给他们。于是联邦就支持"两房"提供担保。这"两房"，听起来很像是两个市场机构，但实际上是 state sponsor 的 company，就是由国家财政力支持的公司。这两个公司让商业银行给它们的目标人群放发购房贷款，同时承诺来收这些贷款的证券。"次贷"规模那么大，开始就是这样来的。

从这个现象出发，这个危机一开始就是政府对市场的不当干预造成的。因为政府为援助贫困家庭，要用财政来担保。它不是用财政给低收入家庭直接提供买房补贴，而是用财政经由金融安排来提供担保。最后被证明失败，说市场失败也可以，因为确实是在市场上发生的失败。华尔街是市场，出了这么大的问题，影响到全球，还不是"市场失败"？不过仔细分析，在市场失败里面，也有政府失败的"贡献"——没有准联邦机构的担保，次贷能发展到这么个规模？

这里就引出一个问题：在政府和市场之间的关系上，最基本的概念上还有很多地方值得推敲。我的看法是，从来没有政府不起作用的市场。没有那回事。所有的市场，多多少少都包含着政府的作用和政府的功能。我们走进一个集市贸易，看到买家卖家在讨价还价——这不是蛮奇怪的吗？

他们争来争去，为什么只讲价钱不比拳头？为什么争利益不直接下手？因为都是君子吗？仔细观察，市场背后还有一大套东西跟着。要是把警察、法庭、监狱全部撤掉，我们还能看到一个只讲价钱的市场吗？

当然，为集市提供服务的"政府"，不一定是现代意义上的政府，也许只是一个地方性的权威、一个当地的名门望族甚至一个什么老大。不过，总有一个可以行使强制力的机制在限制其他竞争、保护商业性竞争。譬如两个商人之间发生冲突，或买家卖家之间发生纠纷，怎么解决呢？打起来怎么办呢？总要有一个规则的执行者，特别是一个所谓"第三方"的权威执行者。所以，即使在最简单的集市上，我们也看不到一个市场与一个政府有清清爽爽的区分。

从产权概念讲，市场活动就是人们在行使他们的资源转让权。这个转让权，不但要有一套初始的界定，而且还要在过程中有效执行。因为总不能把邻居家的菜拿出来卖呀？不可以的。为什么不可以？有人非要卖怎么办？这就需要社会有一套规范在后面跟着才行。任何人只能卖属于他的商品，权利得到清楚的界定，才能顺畅地转让。所以在产权经济学家阿尔钦那里，定义产权（property rights），定义转让权、收益权、使用权等等，他一开始就用了一个词即"社会执行"（socially enforced），也就是产权要由社会强制执行，否则那一组行为的自由空间，那些构成我们称为"市场活动"的行为，都无从发生。

这些权利要执行才有用，不是拿来说说的。因为涉及利益，涉及竞争和竞争的种类，没有社会强制性的规范，没有中间力量、仲裁力量、第三方监督，没有拥有有效强制力的，何来"市场"？从这点出发来看现代市场经济，没有政府的市场经济更无从想象，最多是黑板上的市场经济，是纯粹想象出来的幻影。所以在概念上，如果把政府放在对面，把市场放在这里，动不动就说"政府如何、市场如何"，那在我看来是一个很奇怪的框架。

所有的市场，都内生地包含了政府和政府提供的服务。政府服务当然从不免费，所以政府要抽税。因此，税收当然是市场经济的一个重要组成部分，因为税收会影响生产和交易的意愿，影响市场和交易的行为。譬如最近危机的影响，上海市政府决定降低房产的交易税，鼓励买房卖房，这说明了什么？说明政府从来就是市场的一部分。完全没税收的市场谁见过？没有。想象一下都有困难。

政府凭借抽税权，还可以发债。所以政府债又是市场的一个组成部分。资本市场里卖的不光是股票，还有更大的一部分是政府债。国债是很大的市场，政府怎么会不在市场里头？再往下探查，政府有税收，有了以未来收税为基础的债，那政府当然就可以提供担保，以政府财力给市场活动、金融活动提供担保，比如刚才说到的美国"两房"。是政府，还是市场？又是政府又是市场。

上面提到了几项：产权的法律界定和执行、收税、发债和担保，都是市场里的政府活动。在今天的讲座中，我想着重讨论政府在市场中发生作用的另一个方面，那就是货币制度。我们知道市场离不开交易，交易离不开交易的媒介。最早自发产生的交易媒介是贵金属货币。因为贵金属便于保存也不难分割，适合做交易媒介；更重要的是，贵金属的分布、开采、勘探、发掘、冶炼，受自然、资源和技术条件的限制，不可能一下子冒出来很多，大体与人类多少年来经济活动的需要相称。自发的贵金属充当货币，似乎看不到政府的直接作用，但如果民间起了纠纷，像是有商品交易起了纠纷一样，还是需要合法强制力的干预，否则，市场秩序就没有了。

贵金属货币携带不便，逐渐演化为以贵金属为本位的纸币。中国历史上的银票，就是把银子存入票号，然后票号开出一张字据就是银票，存银人可以凭银票到用钱的地方去兑换实银。这类货币，基本上还是以商品为本位的货币体系，民间主导的，还没有被政府直接控制。但是，历史上也有记载，政府早就参与货币的发行，如官家的铸币、官方的可兑换纸币，以及近代以来越来越占主导地位的官方不可兑现的纸币，就是法定货币（fiat money）。到了这个阶段，各国货币差不多都变成政府直接控制、以政府信用来发行的纸币体系了。在法定货币的体制下，政府发出的票子与政府储备的贵金属常常脱节，这也开启了近代通货膨胀的新时代。

今天美元的全球地位，是建立在当年美国政府承诺的基础上的。1944年布雷顿森林会议定下来的主要就是美元对黄金挂钩，然后各国货币就可以对美元挂钩。具体讲，美国财政部储存了多少黄金，美国就发行多少美元，并按当时的金价，划下了每35美元兑1盎司黄金的固定兑换率。有了这一条，各国货币就可以固定汇率挂美元，因为美国政府承诺，世界上任何央行都可以拿了美元去美国财政部按上述固定兑换率换得黄金。当时的美国，早已经是世界上最强大的国家。超强国的承诺，信者如云，美元才替代了英镑，成为全球的储备货币和主要的结算货币。

问题是，美国并没有持续做到以黄金为本位。做不到的原因，也是两个方面的。一方面是战后国际贸易发展快，各国需要更多的美元来作为储备和结算货币。另一方面美国国内的财政需要，也迫使它超发货币。1971年，美元正式与黄金脱钩。从此，开启了一个政府的法定货币完全"无锚"的时代。这也是弗里德曼后来反复强调"货币祸害"的背景。奥地利派的经济学家，更对法定货币绝望，提出货币复古，也就是回到金本位的政策主张。

在道理上，贵金属货币是不容人随便捣鬼的货币。但是，货币复古的主张，就是至今也看不到可以被接受的前景。比较根本的原因，也许是现代经济增长需要的货币服务，不是黄金或任何其他贵金属货币可以满足的。现代技术进步加快了，全球交易的广度和深度今非昔比，坚持用黄金本位，通胀的危险可消除，但货币不足也一样影响经济。哈耶克到后来也承认，货币复古所需要的公众支持的条件，实在太难达到。

这样，我们在现实的市场经济里，就还有一个挥之不去的政府控制的变量——货币，即法定不兑现货币。当今世界，有谁看见过不用法定货币的"市场经济"呢？谁也没见过。我们看见的，都是以国家信用、政府信用为本位的法定货币。这更是一个市场经济里须臾不可或缺的方面，也是我们关于"市场里的政府"命题的最重要的根据。

这个法定的不可兑换货币，在提供便捷、统一的交易媒介的同时，也为不负责任的政府提供了方便的机会主义的工具。什么是政府的机会主义呢？就是入不敷出，财政开支大于税收，也等不及在人民信任的基础上放发国债，就发钞票解决问题。这就是"通货膨胀税"的由来，看起来没抽谁的税，谁也不特别痛苦。但票子发多了，一旦形成通胀预期，物价飞涨，就等于向全社会成员征税，特别是对无力靠购买资产保值的低收入群体征税。

历史的经验是，当政府的开支能力没有可靠的税收与发债基础为后盾的时候，不可兑现的法定货币总是在发出难以抗拒的诱惑。这方面，超级的恶性通胀可以"青史垂名"，譬如1921年到1922年的德国，还有新中国成立前我们的那位蒋委员长。当下也有不让古人的国家，比如津巴布韦。一位朋友从那里带回一张当地的钞票给我，面额是1后面加12个零，能买什么呢？一只鸡蛋！

回忆法定货币的历史，既然全盘退回金本位很困难，那么发行法定货币的权力被滥用的危险就始终存在。这是人类经济生活的一个困境。总不能没有货币吧？正如不能没有语言、文字、法律一样，否则人们交往、交易的费用会大得不可以道里计。但货币制度本身又充满矛盾和危险，特别是政府独家控制了法定不可兑现货币的发行之后，怎样约束滥发、超发货币的诱惑，是一个至今没有完全解决的问题。所以，过去那些研究货币的经济学说在今天还大有意义，不是说那些分析到今天我们不能挑它的毛病，或者说其政策建议我们都同意。最主要的意义是对货币制度内在的矛盾有一以贯之的关注，对法定货币约束机制的困难有持久的关注。

恰恰通过货币，我们可以清楚地看到根本就没有无政府的市场。从这一点来看美国最近发生的金融危机，首先就是货币出了问题。现在人们的注意力集中在五花八门的金融形式上，譬如次贷、种种衍生工具，以及所谓毒资产等等。但是我们还应该关心这些形式变换里的内容。讲到底，如果没有那么多的钱、那么多的流动性，什么金融游戏也是无源之水。

美国怎么会有那么多钱来玩那么复杂的游戏呢？不少人谴责华尔街的贪婪，找寻政府监管的错失，或一般性地断言"市场失灵"。都有道理。但是离开了美联储多年宽松的货币发行，离开了脱离金本位的"自由美元"，上述因素没有可能单独造成如此之大的全球灾难。说现在全世界政府在"救市"也是可以的。不过不可忘记，在这个等待拯救的市场的最基础部位即货币部位，政府的货币当局有不可推脱的责任和"贡献"。

就以美国为例，没有多少储蓄，却大手消费，成为消化全球出口的大市场。哪里来的钱呢？靠金融"融"来的：居民家庭大肆借债，公司大肆借债，政府也大肆举债。美国的债主60%是外国的，很多来自新兴市场经济体，这是亚洲金融危机后的一个重大变化。其中很多融资给他的还都是比他穷的国家，其中一个大头就是我们中国。

美国以美元计价大量发债，然后就有了可以大手进口商品和服务的巨大"需求"。反过来，美国的进口就是其他国家包括我们中国的出口，于是中国大手出口，刺激了我们的外向工业，也以"外向驱动"中国经济的高速增长。这对中国自己来说是了不起的成就，因为过去农业立国，制造业落后，现在大量制造产品被国际市场接受，意味着中国产品的质量，可以满足国际标准，也可以利用全球的商业通道，增加中国人的贸易知识与合约知识；又在出口部门容纳了数千万工人的就业。这些都对，抓住了全球化带给中国的机遇。问题是能不能持久。因为连年不断的净出口、巨额贸易顺差、外加外资大量的进入，既是成就，也是挑战。

最基本的一点是，无论怎样进来的外币，到了中国都要换成人民币。

跟谁换呢？最后都是跟央行换。央行拿什么换？基础货币。每进来1个美元，8元多人民币就是放到市场上去。这就是事情的另外一面，就是中国自己的货币供应被带上去了，国内的货币形势、流动性形势会发生变化。

这就是央行"被动"超发货币的由来。不是因为财政需要而主动超发，是因为大量外币进来被动地超发基础货币。这是一个新的特点。过去的超发，是基于财政性的需要，政府开支大于收入，靠发票子帮忙。无论过去的计划时代，还是改革开放以后，都发生过这类事，也是历次出现较高通胀的共同根源。1958年的"大跃进"，1980年的"洋跃进"，后来为了解决农民太穷实行的农副产品提价，以及由此而来的财政倒挂，直到90年代初的投资过热，靠的都是超发票子。1988年邓小平部署"价格闯关"，但是在货币过量的情况下，价格改革的关口闯不过去，因为一旦市场的通胀预期形成，出现大范围的抢购、挤兑，民心不稳，改革就没有深入的社会条件。

1994年以后，中国吸取了多年来的经验教训，由全国人大通过《中国人民银行法》，明确规定不得以央行超发票子去补财政收支的缺口。这就从制度上断了传统的超发货币的根子。自那时起，中国财政基础日益稳固，不再构成主动超发货币的压力。但是，随着中国进入全球化、参与国际贸易，在充分发挥自己比较优势的同时，也由于汇率机制的灵活性不够，累积起巨量的"双顺差"，逼迫中国被动地放出了过量货币。这样看，中国走出了1997年亚洲金融危机以后，特别是2003年以来一波接一波的"结构性经济过热"、"全局过热"以及通胀再起，从根本上看都是被动放出过量货币的结果。

还有一个新特点，与80年代不一样。那时票子多了大家就多买消费品，抢购农副产品，很快消费品物价指数就显示出来，然后政府就治理整顿，压通货膨胀。但是现在由于收入水平和分配结构的变化，票子多了，流动性先冲击资产价格，引发房地产、股票市场，以及其他投资品市场的价格上扬。在习惯上，资产价格上扬甚至飙升，从不被看做通货膨胀的表现，例如格林斯潘就明言美联储管不了资产价格。但是，资产价格也是"物价总水平"的一部分，货币过多必定推动物价总水平上扬，其中也应该包含资产价格的上涨。非要到消费者物价指数大幅度上来了，才看做通胀来临，这样的认识现在看来有缺点。

回到我们讨论的基本问题，市场总离不开政府。其中，政府控制法定货币，在离开了金本位制之后，对市场有重大的影响。货币出了问题，市场不可能顺利运转；货币出了大问题，市场就出大问题。等到市场危机，要政府来"救市"，首先就是救政府自己。过去经济学教科书在市场与政府之间划了一条清楚的界限，现在看这个框架大有修改的余地。

我们还要警惕全球性的通胀文化的影响，似乎市场越是出了问题，就越要靠政府超发票子来拯救。这样水多了加面、面多了加水，无非是把矛盾推到将来。

美国财长鲍尔森跟国会讲，"没有信心要跨台"。这句话有一定道理，因为金融有很大的外部性，一个人的情绪受他人情绪的影响。常常是危机打击信心，不是钱没有了，而是预期变了，信心没有了。结果反映到行为上，就是消费和投资的大幅度的、过度的收缩。这说明现在的钱受预期和信心的支配，没有信心，那个钱在那里，但不流动。

新闻报道说日本经济衰退，但保险柜热卖。就是那个钱还在。一旦预期和信心变化了，货币又被激活，山中老虎还会冲到山下来咬人的。不少人看得见通货，但叫嚷说看不见通胀。其实，通胀就是通货——流通的货币，而不是任何商品——的膨胀。我的观点，离开金本位之后，通胀始终是威胁经济平衡的主要危险。票子超发引起的资产价格和一般物价的先大起再大落，打击了预期和信心，不过是两次通胀中间的短期现象。

在这个意义上，说这一轮金融危机比1929—1933年大危机还严重，恐怕是有点言过其实了。大危机是金本位时代的产物，过去关于危机的理论也建立在金本位的基础之上。不过当年的英国、美国都是货币与黄金脱了钩，才走出大危机的。今天的情形完全不同了，主导全球的是法定货币制度，基础不同，危机的机制也不同。当然，不把当今的危机说得非常严重，怎么让国会同意大手放钱？

　　我主要讲了市场里面一直有政府在起作用，特别是在货币制度方面。这一波影响全球各国命运的金融危机，发生的基础是全球化背景下的法定不可兑现货币。我们要针对这个新的基本现实，探索当下金融危机和经济危机的发生机制，探索复杂经济现象背后的规律，找寻其政策含义，以便更好地应对全球金融危机。谢谢各位。

（来源：作者于 2008 年 10 月 21 日在《社会科学高级论坛》上的发言）

从美国次贷危机中学到什么？

陈志武　清华大学经济管理学院特聘教授

在本质上，危机起因跟中国国有企业失败的原因完全一样，那就是，当委托代理关系链太长或被扭曲之后，没有人会在乎交易的最终损失，时间久了问题就要酿成危机。但如果中国或任何国家从此限制金融创新、过度强化金融管制，那会像因噎废食一样地错。只有进一步鼓励自发的金融创新，放开金融市场的手脚，中国的金融市场才能深化。

金融危机对美国已不是新鲜事，自19世纪50年代到现在差不多每10年左右重复一次，每次起因和形式各异，但都促使金融法律与监管体系的改良，让美国整体资本化和金融化能力新上一层楼。正是那一次次危机让美国金融经济的深化成为可能。那么，这次由次级按揭贷款引发的金融危机结局会如何？是否会导致美国式金融经济全面崩盘？现在的问题是否真的是"如何拯救美国"的问题？给中国的启示是什么？

一 美国没有进入"水深火热"中

从媒体上得到的印象似乎是美国经济与社会已进入"水深火热"之中，但无论是从实际美国社会生活，还是从已公布的宏观数据中，都难以感受到或者看到这种危机。

从媒体上得到的印象似乎是美国经济与社会已进入"水深火热"之中，但无论是从实际美国社会生活，还是从已公布的宏观数据中，都难以感受到或者看到这种危机。也就是说，到目前为止，本次危机还主要集中在金融证券市场、信贷市场上，对多数美国人的生活影响有限，除了极少数人外，其他人照常是该花的在花，该奢侈的还继续奢侈，日常生活中还感觉不到与往日有太大差别。为什么会这样？我们可从三个方面看。

首先，美国的失业率仍然才 5.1%，收入虽然增长不多但还在长，GDP 也在增长（虽然增速低于 1%），是的，贝尔斯登等华尔街公司几近破产，但其他行业照常在经营。这些跟 20 世纪 30 年代美国失业率为 25%、经济全面萧条、众多行业的企业破产形成鲜明的对比。如果金融危机继续恶化并促使美国经济出现衰退，美国社会是否会出现像 30 年代那样的全面危机？这也很难发生，主要原因是今天美国的社会保障体系已相当完整，而在 20 世纪 30 年代之前政府提供的这些社会福利体系都不存在。有了这种社会保障体系，即使就业局面和收入局面出现恶化，受影响最深的社会底层至少能靠政府福利过上体面的生活，这是与 20 世纪 30 年代最大区别之一。

其次，今天美国经济与世界经济的联系程度超过美国历史上的任何时候。1960 年，国外赢利占美国公司总利润的 7%，到 1990 年国外利润比升到 18.5%，到 2000 年国外利润占 24.8%，到 2007 年第四季度，美国公司在海外的利润占其总利润的 33.33%。也就是说，今天，美国公司 1/3 的利润来自国外，使其对国内经济的依赖度比以前大大减少。比如，2007 年第四季度，美国公司的海外利润同比上涨 19.1%，而其美国境内的总利润下降 6.5%，两者加在一起之后，美国企业的总利润还是同比增长 2%。再比如，美国金融行业（包括房地产业）受这次金融危机冲击最大，但金融企业利润占美国企业总利润的 27%，低于美国企业的海外利润比重。因此，只要其他国家的经济增长能持续，美国企业的海外利润不仅能抵消金融业的损失，而且使美国企业的总利润不至于下跌，这样，就业水平、家庭收入水平也不会受到大的冲击。相对于过去而言，全球化已经改变并强化了美国经济对抗危机的能力，许多传统的金融风险、经济风险被淡化。

最后，在于美国的经济结构已与过去、与发展中国家完全不同，更多是财富型经济，而不再是生产型经济。美国经济早就超出了温饱型追求，基本物质需要不费吹灰之力就能满足，其恩格尔指数早已低于 20%。也就是说，这个社会早就以剩余的增加、为非生存必需的消费而发展了，当下的生存消费早就不是问题。到 2007 年，美国家庭的总体财富为 73 万亿美元，其中一半左右是靠过去 10 年资产升值累积来的。在财富结构上，房地产占家庭总财富的 11% 左右，剩下的主要在股权类财产上。这次金融危机使美国家庭财富缩水 5% 左右，这种损失当然大，任何人受到这种损失都会感到痛。但是，我们知道对于多数美国家庭来说，这些财富本来就是未来才要花的钱，是养老、意外事件发生时才用的钱，而不是今天要花费的，所以，财富缩水对短期内的生活基本没影响，特别是如果随着经济的复苏，资本市场继续恢复信心，那么，这些财富损失可能一年内即能还原。

去掉家庭债务后，美国家庭的净资产大约为 58 万亿美元，相当于全美家庭可支配收入的 6.9 倍。这些私人财富等于给美国社会提供了一种对冲经济危机、对冲金融危机的"缓冲器"，当经济出现萧条时，从这财富

"缓冲器"中取出一些即可让社会渡过难关，而在经济恢复增长时，资产的升值又可往这个"缓冲器"中补充一些新财富。这就是为什么自 20 世纪 30 年代经济大危机之后，美国虽然经历过多次金融危机和经济紧缩，但每次能以更健康的经济结构走出来。关键是在私有制之下生产性资产、土地财产都为私有，私人家庭就不仅能分享到经济增长所带来的资产升值，而且在经济出现萧条时能依靠这种财富"缓冲器"渡过难关。私有制给民间积累财富、拥有财产的权利，也等于给了每家建立并充实财富"缓冲器"的机会。

虽然媒体上关于美国金融危机的讨论让人对前景十分担忧，但到今天，美国股市从 2007 年的最高点也才回落 5%。其原因除了美联储的降息动作外，也因为美国公司 1/3 的利润来自境外，这样，只要其他国家的经济不出现大滑坡，美国公司利润受到源自美国的危机的冲击会有限，因此，美国股票价格受本国经济的影响较以前少了许多。

二　这次金融危机的起因到底是什么？

这次次贷危机的成因跟国有企业中所有者缺位，委托代理关系松散，致使管理层基本能对国有财产有不被问责的支配权，在本质上是一回事。不负责任的放贷行为、受利益冲突的证券评级等才是这次危机的主因。

对这次危机的解读已经很多，但在本质上，其起因跟中国国有企业失败的原因完全一样，那就是，当委托代理关系链太长或被扭曲之后，没有人会在乎交易的最终损失，时间久了问题就要酿成危机。为看到这一点，我们先回顾一下次贷危机的背景。

1938 年之前，美国的住房按揭贷款、消费信贷市场跟今天中国的情况类似，商业银行、储蓄信贷银行等金融机构，基本都是自己吸收存款资金、自己放贷、自己收账，当然也自己承担坏账风险，也就是，放贷者和风险承担者是同一家银行。那么，银行对放贷行为自然不会随意，而是会对借款方的还贷能力严格审查，只要银行是真正的自负盈亏，只要其内部激励机制合理，坏账概率一般会很低。可是，这样做的不足是，银行愿意提供的按揭贷款资金会很有限，因为如果提供的按揭贷款期限是15年、30年，那么，贷出去的资金要30年后才回笼，这种贷款对银行来讲流动性太差，万一银行急需资金，这些贷出去的资金可能难以召回，这即为银行的流动性风险。面对这种流动性风险，金融机构的贷款供应量只会有限，这当然对美国社会非常不利，因为这意味着许多老百姓家庭买不起房子。为了让更多美国家庭能买到自己的房子，这些按揭贷款的流动性问题必须解决。

这就有了1938年推出的半政府机构——联邦住房按揭贷款协会（Federal National Mortgage Association，简称Fannie Mae），它的作用是专门买那些银行想转手的按揭贷款，也就是，任何时候任何银行需要资金时，他们可以把已放出去的按揭贷款合同卖给Fannie Mae，后者付给前者现金。于是，这些15年、30年期限的按揭贷款就被变成"活钱"了，具有了充分的流动性，大大减轻银行为放贷所要承担的流动性风险，这也当然增加银行放贷的倾向性。总体效果是，银行的风险小了，社会能得到的住房按揭贷款资金多了，所要支付的贷款利息也低了。何乐不为呢？

接下来的挑战是，毕竟Fannie Mae的资金供应不是无限的，它不可能无止境地从银行手中买下按揭贷款。为了进一步增加按揭贷款资金的供应量，也为了分摊Fannie Mae的贷款风险，1970年成立另一个叫美国政府国民抵押协会（Government National Mortgage Association）的半政府机构，专门将从美国各地买过来的各种住房按揭贷款打成包，然后将贷款包分成股份，以可交易证券的形式向资本市场投资者出售。这种按揭贷款证券（mortgage backed securities）的好处很多，包括进一步增加住房按揭贷款的流动性、使按揭贷款资金的供应量几乎是无限的，等等。更大的差别在于，按揭贷款风险不再只由银行和 Fannie Mae 承担，而是通过证券化细化、分摊到成千上万个资本市场投资者的手中、分摊到全球各地的投资者手中，造就了前所未有的全球证券金融市场体系。

围绕住房按揭贷款的金融创新层出不穷，90 年代开始，特别是最近几年，许多华尔街公司也加入这个创新领域，与 Fannie Mae、Ginnie Mae 竞争，比如，华尔街公司把各种住房按揭贷款打成包之后，将这些贷款包的未来收入流分拆成 A、B、C、D 四层"子证券"，这样，如果这些按揭贷款在未来出现坏账，那么，最初的 5% 之内的损失由 D 层证券的投资者承担，如果坏账损失超过 5%，那么在 5%—10% 间的损失由 C 层证券的投资者承担，10%—20% 间的损失由 B 层证券的投资者承担，更大的损失发生时则由 A 层证券投资者承担。这样，A 层证券的风险最低，其他的依次类推。

金融创新还不只到此，因为在这些金融机构推出众多按揭贷款创新证券品种之后，对投资者而言，品种繁多到眼花缭乱的程度，并且这些创新证券的收入税率差异也很大。所以，就又出现了将这些不同类型的按揭贷款衍生证券进一步打成包，再以基金或衍生证券的形式把这些衍生证券包分成股份卖出去，这就是结构性投资工具（structured investment vehicle）这类金融产品的背景。这些由按揭贷款衍生出来的证券的衍生金融产品，其目的大致包括为不同风险偏好的投资者提供各类风险水平的投资品、为不同税率的投资者提供避税的投资品，等等。这真是"各尽所能"以满足"各尽所需"。

比如，按揭贷款抵押证券往往每年付息较多，这种利息属普通收入，没有税率优惠（税率在 40% 左右），相比之下，如果是证券价格上升，那么投资者的升值收入属资本所得，个人所得税的税率（约 20%）则只有普通收入税率的一半左右，因此，对于私人投资者而言，他们不喜欢太多的利息收入，而更偏好资本升值收入。可是，由于退休基金、捐赠基金等机构投资者不需要支付所得税，对他们而言，他们会更喜欢利息收入。这样一来，就有了将按揭贷款抵押证券的未来收入流进行拆分的金融创新，将其分成两种证券：一种证券的投资者得到所有利息收入，另一种证券平时不付息，等到若干年后只拿到贷款本金（也就是只有资本增值，没有利息）；前种证券是针对结构投资者，而后者针对私人投资者。

过去 70 年，围绕住房按揭贷款的多种金融创新为美国社会提供了巨大的购房资金，其贡献自不必多说。但是，也带来了严重的结构性问题，尤其是这一长条的按揭贷款衍生证券链，使资金的最终提供方与最终使用方之间的距离太远。由于每一环金融交易包含着新一环的委托代理关系，在资金的最终提供方与最终使用方之间的距离太远之后，多环节的委托代理关系必然导致道德风险、不负责任的程度严重上升。

例如，到近几年，许多在最前面直接跟借款方打交道的银行、金融公司（按揭贷款公司）根本就不管借款人是否有好的信用、今后是否有能力还债，因为这些银行和按揭贷款公司在把款贷出之后，赚取手续费，一转手就把按揭贷款合同卖给 Fannie Mae 和华尔街公司，由后者再将贷款打成包以证券化卖出去，这样，委托代理链上的每一方都可以不负责任，都只赚服务费，所有的风险都由最终投资者承担，而这些最终投资者又离前面的直接放贷者、打包者隔了好几环委托代理关系，没法行使太多的监督，于是，系统性风险就有机会日积月累了。

委托代理链太长之后，对中介服务机构的需要也当然增加，比如，需要专业证券评级、审计服务等，这些服务本身也是委托代理关系，自然催生道德风险。特别是当证券评级公司必须在证券发行方付费的情况下才给予评级的时候，其中包含的利益冲突、道德风险达到极点，使证券市场的信息可信度大打折扣。

这次次贷危机的成因跟国有企业中所有者缺位，委托代理关系松散，致使管理层基本能对国有财产有不被问责的支配权，在本质上是一回事。到目前为止，所有国家的国有企业实验都失败，以至于自 20 世纪 80 年代开始，全球范围内兴起国有企业私有化的浪潮。按照同样的道理，在美国的按揭贷款衍生证券市场上，由于所隐含的委托代理关系链太长，其隐含的结构性系统风险总有一天要爆发，这当然是必然的。"花别人的钱不心疼"这一简单天理在这次次贷危机中再次得到印证。

除了因委托代理链太长所带来的结构性问题之外，格林斯潘时代的美联储货币政策是不是本次金融危机的主因呢？一种观点认为，在 2000 年纳斯达克网络股泡沫之后，美联储大幅降息，让联邦基金利率在 1% 的水平上停留一年之久，给美国社会提供了大量廉价资金，使房地产泡沫持续膨胀，因此就有了当今的危机。从表面看，好像如此，廉价资金当然给资产泡沫火上浇油，持续的低利息政策在一定程度上使本次危机变得更严重，但是，这不是根本原因，因为上面谈到的不负责任的放贷行为是结构性问题，跟利率的高低没关系，不负责任的放贷行为、受利益冲突的证券评级等才是这次危机的主因。

那么，为什么格林斯潘时代的货币政策不是主因呢？判断货币政策是否适当的唯一最合适的指标是通货膨胀率，当然我们可以争论通货膨胀率指数的构成合不合适，是否让资产价格占更高的比重，等等，但这些是具体的技术问题，不能改变通货膨胀率是判断货币政策是否适当的最好指标这一基本原理。正如我们以前谈过，流动性相对于 GDP 或任何产出指标的比例上升，本身并不能说明流动性"过剩"，因为，一方面，随着交通运输和通信技术的提升，原来没有被市场化的许多隐形人际交易在相继被市场化，也就是被货币化、需要货币来支付，比如，原来靠家庭、家族实现的隐形养老、保险、信贷、融资服务，现在由金融市场在取代；原来靠朋友间的帮忙与礼尚往来所实现的互助隐形交易现在由搬运公司、出租车、旅馆、餐馆等市场化"企业"所取代；原来自家种粮食、自家做饭，因此不需要用货币结算，现在越来越少的家庭自己种粮、自己做饭，而是去市场上买。按照同样的道理，国际贸易的上升本身也会增加对货币供应的要求。这些市场化发展都要求有更多的货币供应，不仅在中国如此，而且在全球都基本如此，使各国的流动性对 GDP 之比持续上升。另一方面，随着各国将"死"财富、"死"资产和未来收入流做金融资本化的能力的提升，流动起来了的财富（包括未来预期的财富）都在上升，金融资本的增加自然也增多了各国的流动性，全球流动性也因此上升。由这两个方面原因（市场化和金融资本化）所引发的流动性上升跟中央银行货币政策无关，而是跟市场化进程和资本化发展有关，这种流动性的增加是事出有因，所以，不一定带来通货膨胀。换个角度看，其意思是，只要通货膨胀不是问题，单纯的流动性增加就不是问题，央行货币政策必须以控制当前的和未来的通货膨胀率为目标。

按照这一标准，我们看到，虽然 2000 年网络股泡沫之后，美联储让基准利率停在 1% 的水平上达一年之久，但美国通货膨胀率在 2001 年为 2.85%，2002 年为 1.58%，2003 年为 2.28%，随后的几年里从没超出 3.4%。实际上，在 1992—1999 年间，美国的通货膨胀率最高只有 3.01%，最低为 1.56%。从这些指标看，格林斯潘的美联储至少在货币政策上尽到了它的职责，成绩突出。

三　今后往哪里走？

美国靠金融推动的发展模式不仅会继续，而且也应该被更多的社会所吸收、推广，因为它既促进消费内需的增长，又增加个人一辈子的总体福利。像美国历次金融危机一样，这次不会改变美国的经济模式，也没有人要终止金融证券业在美国经济中的地位，面对的挑战仍然是一个如何改良的问题。

身处金融危机之中，我们自然想知道美国式金融资本主义是否已走到尽头？对于起步才几年的中国金融市场来说，是否还有必要深化发展各类证券型金融市场？是否该重新缩回到以银行为核心的金融体系？

我们首先看到，以证券市场为主旋律的金融体系是美国自19世纪后半期开始崛起的核心基础。我们可能认为科技创新、技术革命才是美国过去两个世纪的主要优势，从表面看这当然没错，但从更深层看，如果不是美国资本市场所提供的激励催化器，大家看到的美国创新与创业文化是难以持续的。正如笔者以前多次谈到的，股市给创新者、创业者提供了一种前所未有的将未来收入预期提前变现的机器，这种提前变现亦即"退出机制"催化创业、创新，所以，才有盖茨、戴尔二十几岁即成为亿万美元富翁；也因同样的原因，到今天中国的李彦宏、江南春三十几岁也成为亿万美元富翁。没有美国式资本市场，美国社会在过去一个半世纪中就没有那些千千万万个年轻的创新财富故事；正是这千千万万个盖茨故事激发了一代一代的创新者、创业者，以至于让创新、创业精神内化为美国文化的一部分，贯穿到大学、中学、幼儿园的教育中。

无论是最显性的股票市场、债券市场，还是基于按揭贷款、学生贷款、信用卡贷款等的衍生证券，其最终目的，一方面是为社会提供更多的资金和更方便、成本更低的配置资源的手段，另一方面是让个人、家庭、企业和政府能够更多地将"死"财富转化成能"以钱生钱"的资本，这包括土地、矿产、房屋等"死"的"不动产"财富，还有各种未来收入流，比如企业未来收入流、个人未来收入流，这些本身都是不能拿到今天来花或做再投资的财富，通过将这些"死"财富证券化，它们就都变成了"活"资本，也让人们能把未来的收入用来做新的投资，进而又改变未来的收入机会。

在这次金融危机中，我们再次审视美国人的借债消费模式，这种模式是否正在终结？或者说，是否应该终结？不用质疑，美国政府的财政赤字不能再继续膨胀，特别是在民间投资回报短期内会继续偏低的情况下，靠公债维系政府开支的模式是不合算的。也就是说，在新一轮激发生产力提升的技术出现之前，在财富创造力又发生新变革之前，减少政府开支、适当加税以降低财政赤字，应当是上策。但是，对个人和家庭而言，放弃住房按揭贷款、汽车贷款、学生贷款甚至偶尔用到的信用卡贷款以及其他金融工具，是既不现实，也不应该，这是由一般人一生中的收入周期所决定的。也就是，年轻时最能花钱、最需要花钱时，往往是一生中收入为负或最低的时候，而等到过了中年，最不需要花钱也不能花钱的时候，又偏偏是收入最高的时候；正因为这点，才有必要用住房按揭贷款、汽车贷款、学生贷款等金融产品，它们的作用是帮助我们尽可能把一辈子的收入在不同年龄段之间拉平，让个人一辈子的消费更趋合理，以免有时钱少得要饿死，其余的年龄段中钱多得无处花。由此看到，美国靠金融推动的发展模式不仅会继续，而且也应该被更多的社会所吸收、推广，因为它既促进消费内需的增长，又增加个人一辈子的总体福利。既然如此，为什么这种模式要终结呢？

因此，像美国历次金融危机一样，这次不会改变美国的经济模式，也没有人要终止金融证券业在美国经济中的地位，面对的挑战仍然是一个如何改良的问题，如果说"借债消费"过头了，那是量的问题，属于改良的范畴。更确切地讲，是如何找到一种新的制度安排，以减少多环节委托代理关系链所带来的道德风险，使每个环节的交易方都能勤勉负责，保证"花别人的钱也心疼"？这等于把我们又带回到社会组织、经济组织、市场交易设计中的经典问题，是委托代理关系和激励机制设计问题。这次次贷危机带来的教训是，在最前面直接与借款方打交道的中介商必须要分担一定的坏账风险，证券评级公司、审计公司也必须承担后果，而不能像现在这样，他们做好做坏照样收固定的服务费。

另外，随着资金的最终使用方与最初提供方之间的委托代理链不断增长，整个交易链中涉及的金融中介公司越来越多，就像这次次贷危机所表现出的那样，其中有按揭贷款公司、商业银行、华尔街券商、证券评级公司、信用保险公司、基金管理公司、投资咨询公司、机构和个人投资者，这些金融中介大家一环扣一环，如果一环崩溃，整个金融市场体系可能被拖下水，演变成系统风险。因此，金融交易链被拉长之后，市场中所隐含的公共利益也大大上升，为适应新局面，政府监管架构也必须做相应调整。这些也正是美国各界正在探讨的问题。但是，最终的改革会像历次金融危机之后的改革一样，让美国金融化、资本化的能力更上一层楼。

从目前看，虽然美国房地产市场还有一段下坡路要走，但经过美联储一系列的降息和救援措施，金融市场已基本稳定，金融危机期算是告一段落。联邦政府的"退税"支票于5月初将陆续寄到美国家庭，等这一财政救援措施于第二季度发挥效果后，如果不发生新意外的话，估计从今年第三四季度开始，美国经济将逐步复苏、回暖。至少到目前还看不到美国经济进入全面萧条的证据。

四　给中国的启示

今天中国因为没有那些五花八门的按揭衍生证券，所以没有金融危机，而美国有了这些才时常出现金融危机，这本身并不说明中国的金融欠发展是正确、是对中国社会更有利的事。

美国次贷危机对中国的启示是什么？对于当初认为"美国的金融证券市场最发达，所以不应该有金融危机"的人来说，这次危机或许显得很突然。但是，当我们看到金融交易的内容是无形、无味、无色的支付许诺，我们会认识到金融市场是最能滋生违约风险、道德风险的温床，因而最难发展，对制度的要求远高于一般商品市场。特别是当金融交易链中的环节不断增加之后，人的本性决定了委托代理关系必然会带来越来越多的系统风险，美国也不例外。这次危机再次证实了发展金融证券的艰难。

不发展金融自然不会有金融危机，只要发展，就必然时常碰到问题。今天中国因为没有那些五花八门的按揭衍生证券，所以没有金融危机，而美国有了这些才时常出现金融危机，这本身并不说明中国的金融欠发展是正确、是对中国社会更有利的事。而如果中国或任何国家从此限制金融创新、过度强化金融管制，那会像因噎废食一样地错。只有进一步鼓励自发的金融创新、放开金融市场的手脚，中国的金融市场才能深化。

说到底，中国无法回避金融发展这一挑战。

第一，中国人均 GDP 已超过 2000 美元，标志中国已解决好现时的温饱需要，接下来发展的重点是解决好未来生活安全问题，这包括养老、医疗、意外风险需要等，这些都涉及收入、价值在不同时空之间的配置，而这又是金融交易的核心，只能通过金融市场来实现。也只有发展好金融证券市场、深化各类金融产品，中国家庭才能安排好未来方方面面的生活需要、规避好未来的生活风险，人们今天也才敢增加消费，促进内需增长。随着人们收入的增加，对金融市场的需求必然上升，金融交易链必然越来越复杂。

第二，以住房按揭贷款、学生贷款等为基础的衍生证券，虽然美国因为按揭贷款证券化的交易链结构性问题而出现危机，但这些证券化技术本身是极好的金融创新，非常值得继续推广。目前在中国，住房按揭等贷款完全由银行提供，这不仅不利于风险在更广泛的范围内"各尽所能"地分摊，而且按揭贷款、学生贷款、信用卡贷款的流动性太低，增加银行的风险，制约资金的供应量，从而抑制国内消费需求的增长。没有这些"把未来收入往今天的消费转移"的金融工具，就无法改变中国人"年轻时最能花钱却是一生中最没钱的时候，年长时最不想花钱却现金最多"的局面，也不利于内需的增长。

第三，中国资本化、金融化的能力还有限，也就是说，自造金融资本的能力还有限，这也呼唤着金融证券市场的深化和多元化发展。正如笔者以前在许多文章中谈过，中国历来就有很多土地、资源、企业未来收入流、个人未来收入流，但这些"死"财富、不能动的未来收入却很难被资本化，不能变成今天能消费，也能用于再投资的"活"资本。好在最近十几年，随着海外资本市场通道的打开、国内资本市场对民企的开放，至少部分行业已经尝到将资产和未来收入流资本化的甜头，不仅激励了互联网、传媒、太阳能、零售、餐饮、制造等众多行业的创新、创业活力，而且资本化也带来了李彦宏、马云、江南春、沈南鹏、施正荣等许多年轻亿万富翁的榜样，激发整个社会的创新、创业文化。金融资本化发展给中国社会带来了创新的活力。

熟悉美国经济史、英国经济史的学者知道，不应该因一次金融危机就放弃金融化、资本化的发展。实际上，在1720年，因为南海公司股票泡沫的破灭给英国带来金融危机，英国议会"因噎废食"地通过著名的《反泡沫法案》，基本上使任何英国公司都从此不再能向公众发行股票。他们害怕股票类证券继续成为一些人骗钱、制造金融危机的工具。那次法案的实际效果是使英国停止股票市场发展130年，等到1860年英国重新允许私人公司发行股票、恢复股市发展时，美国已领先了，就这样，英国把股市这一人类至今为止最好的激发创新、加速实现未来收入的机器让给了美国，使美国成为全球的创新中心。这次美国次贷危机给我们提供一次极好的学习机会，如果是建设性地去跟踪、研究，对中国经济的进一步崛起会帮助无穷；而如果是浮于表面"大手笔"地否定美国式金融经济，那就是另一回事了。

（来源：《21世纪经济报道》2008年5月10日）

资本主义真的是一无是处吗？（节选）

[美] 史蒂夫·福布斯　《福布斯》杂志的主席、CEO 兼总编辑

伊丽莎白·艾姆斯

人们把责任统统归咎于资本主义，埋怨是资本主义引发了经济危机，其直接表现就是抵押贷款危机，以及天文数字般昂贵的医疗保险。而事实上，经济危机恰恰是由于政府阻碍了市场发挥其应有的作用而造成的。尽管批评家们把自由企业的前景描绘得既暗淡又无望，自由企业制度其实是一条最好的出路，而且一直以来都是，因为它能够调动一切可以动员的因素，让创造力、发明力及人类的潜能发挥到极致，来满足社会不同的需求。

资本主义真的是一无是处吗？最近几年是资本主义的多事之秋，使得不计其数的个人及媒体都跃跃欲试地——抑或说是迫不及待地——想为我们放任的自由企业制度写讣告。即便有些人没有公开宣告资本主义的终结，在他们看来，它离心脏停止跳动也为时不远了。我们的经济已经困顿不堪，灾难性的事件接二连三：金融机构瘫痪了，房地产市场委靡不振，股市行情犹如过山车忽涨忽跌，美国 401（k）养老计划遭破坏，失业率居

高不下，CEO 的薪水高得惊人，腐败案例层出不穷。

随着经济危机在 2008 年年末和 2009 年年初的进一步加深，华尔街的"贪婪一族"每天都会遭受谴责，他们险些造成整个世界金融体系的全盘崩溃。在国会听证会上，商业主管们像犯人一样被质问。一时间，惨淡的经济前景预测铺天盖地，失业状况似乎漫无止境。在许多人看来，所有的种种都在证明放任的自由市场只会导致经济动荡和灾难。

这场始于 2007 年夏的经济危机大大降低了人们对自由企业制度的信心。资本主义和自由市场突然间沦为惹人生厌的字眼。诺贝尔经济学奖得主、《纽约时报》专栏作家保罗·克鲁格曼一向批判自由市场经济，这回他更是义愤填膺。他痛斥华尔街是"麦道夫式的经济"，抨击那里的执行总裁们和庞氏骗局中的恶魔伯纳德·麦道夫相差无几。

甚至像美联储前任主席艾伦·格林斯潘这类最有名的资本主义拥护者的信心也开始动摇了。格林斯潘是著名的市场经济支持者，已故的自由意志论者艾茵·兰德是他的朋友，也是他早年的导师。在 2008 年的国会上，他表达了自己本应为调整金融体系再做些工作的心情。金融体系的崩溃是他始料未及的。他说："我们这些人，整天盯着借贷机构不放，因为只有调控好他们的利益，才能保护股民的利益。可就连我们，尤其是我自己，都无法相信危机真的来了。"

确实，我们很容易就能为经济衰退找到合理的解释。2008 年第四季度和 2009 年第一季度，美国的 GDP 下降了约 6%，这是自 20 世纪 30 年代后期以来的首次连续下降。并且全世界的经济都在紧缩，2009 年第一季度，日本的 GDP 惊人地下降了 9%，德国的 GDP 下降了 7%。一些新兴的经济体也遭受了严重的打击。

显然，这一切让格林斯潘等人乱了阵脚。许多人都已觉察，不论是布什政府还是奥巴马政府，一系列对企业的巨额财政援助已经标志着政府已经越来越清醒地认识到私营企业已经坍塌了。来源于不良资产救助计划和其他一些计划的数十亿美元的巨额资金已被注入各大银行和 AIG 美国国际集团（AIG）等保险公司，而这些企业曾经都是被认定为"庞大得不可能破产的"。美国政府已经将几家占主导地位的金融机构从本质上进行了国有化，接着是对汽车行业的财政援助，以及强制通用汽车、克莱斯勒申请破产。《华尔街日报》的通栏大字标题赫然醒目——"通用溃倒在政府的怀中"，不仅报道了这家曾经辉煌显赫的公司令人不堪的没落，还似乎在暗示，政府对于私营企业的援助，已经到了"该出手时就出手"的地步了。

2009 年年初，持续了数十年的非理性繁荣终于不复存在了，取而代之的是像跳水的道·琼斯指数一样没有尽头的绝望。人们满腹疑问：这到底是怎么回事？自由企业制度真的要为美国经济的几近崩溃埋单吗？

著名法学学者、作家兼联邦法官理查德·波斯纳在《资本主义的失败》一书中这样写道：经济危机和危机后的经济衰退就是资本主义的失败。他预言此次衰退换回来的将是一个改良后的、调控力度更大的自由经济制度，不过其自由度相比现存的经济制度要小得多。

《时代》杂志专栏作家贾斯汀·福克斯同时也是《理性市场的神话》一书的作者。他坚定地认为某些事情正在发生彻底的转变，并宣称人们已经不再相信"可以依赖金融市场纠正一切"的神话了，其中不乏一些曾经是这一神话的忠实追随者。他还表示长期以来认为市场是理性的观点不仅是错误的，而且是危险的。

他们说得对吗？

金融危机在 2008 年秋进入白热化阶段。它的发生让更多人对我们的经济体系产生了更多的怀疑和误解，这些误解又使得金融危机进一步恶化，并且诱导政府作出一些不合理的决策。

艾恩·兰德在她的经典小说《阿特拉斯摆脱重负》一书中出色地描写了这一切是如何发生的。公众和决策者把政府造成的经济毁坏归咎于自由市场，于是政府又制定出更多的政策，结果只能使经济破坏更加严重，指责声更加激烈。

资本主义经济在今天所引起的愤怒绝不是什么新现象，对于资本主义的斥责声早在卡尔·马克思之前就已经存在了。在经济困难时期，人们总会自然而然地去追究责任在谁身上。纵观历史，凡处经济动荡时期，私营企业的经营者们总是首当其冲被扣上"罪魁祸首"的帽子，例如：19 世纪30 年代，房地产滑坡，所有的矛头都指向了"丧尽天良的银行家"；1929年，股票大跌，随即引发了经济大萧条，"奸诈的投机商"又成了过街老鼠；人们认为"掠夺成性的放贷人"和"对冲基金的巨头们"对于金融危机和经济大衰退，是难辞其咎的。类似这样的看法虽然情有可原，但却有很强的误导性。

对资本主义的斥责声，我们从来都不陌生：资本主义的本质是贪婪与不道德，它使得富人更富，穷人更穷。那个开放的市场就如同达尔文笔下适者生存的社会：越是残酷无情的人就越能毫不留情地挤垮那些弱小的竞争者；而越是需要关照的人群却越是得不到应有的诸如医疗、能源等关乎民生的服务。此外，资本主义还催化了诸如空气污染、肥胖病等种种不良的社会现象。

不光是学识渊博的成功人士在叫板资本主义，就连学校也在宣讲资本主义的坏处，这使得最具影响力的舆论导向人、作家、思想家等都形成了一种思维定式，并直接影响了无论是共和党还是民主党内的最高决策者。早在股票市场崩溃之前，早在国会出面替美国国际集团（AIG）的执行主管们和汽车行业的 CEO 们圆场之前，民主党也好，共和党也好，都频频指责"天价收入"的执行主管们和"华尔街的贪婪一族"，责怪他们把美国的经济搞垮了。

在我们一流的高等学府中，对金融商业的敌对态度已是由来已久。非营利事业圈子内的工作，如学术界或艺术界内的工作，被普遍认为要比那些以"淘金"为首要目的的私营企业内的工作来得更为高尚。在娱乐行业，这种观点就更加盛行了。电影、电视剧中最喜欢把坏人形象刻画为诡计多端的企业主管，从电影《永不妥协》到电视剧《黑金家族》，无一例外。

甚至连一些资本主义的最大获益者也在拆资本主义的台。2009年度福布斯财富榜排名第二的沃伦·巴菲特声称，作为世界上最成功的投资商，他的财富和他的名声是不成比例的。2008年的世界经济论坛上，《华尔街日报》的一篇文章中曾提到比尔·盖茨在呼吁"资本主义的改革"。盖茨在接受记者罗伯特·盖斯的采访时说，他坚信资本主义在医疗、科技和教育等方面结出的累累硕果，并没有能够使世界上的穷人获益，而是仅仅让富人们过得更好。

对资本主义的一片骂声直接导致了一系列错误经济政策的出台。那些反对资本主义的人们，指望着政府能为他们"创造就业机会"，而恰恰忽略了最重要的一点：最能够为他们创造就业机会的机器一直以来都是私营企业。他们深信最为有效地提高政府收入的方法就是向所谓的"富人"和"贪求利润"的大企业多征税收。然而，纵观历史，无数次的教训摆在我们面前，对提供就业机会和创造财富的企业和企业家进行惩罚，只会导致经济的滑坡；相反，降低税收往往是刺激经济的最有效手段，这里我们说的降低税收，不是指政客们作秀似的一次性减税，而是指实实在在的减税政策。

在对资本主义的一片责骂声中，人们开始严厉声讨诸如沃尔玛这样的大型私营企业，斥责这些企业掌控过多的市场权力。然而，人们却对政府行为视而不见，殊不知政府拥有着强大的市场权力，对当今社会的经济危机必须承担不可推卸的责任。

以下两大真实案例很好地说明了这一点：政府创办的两大抵押贷款巨头——房利美和房地美，在推动此次次贷危机和金融危机中扮演了关键的角色；政府创建的大型保险计划——联邦医疗保险与医疗补助计划，对造成目前畸形的医疗服务市场有着不可推卸的责任。

由于对资本主义的斥责声听得多了，目前很多人认为：保持经济稳定健康发展的有效途径是采取保护主义政策。他们认为这样就能保护就业机会。而事实正好相反，不仅在美国，还在全球的其他国家，保护主义政策恰恰成了就业的最大杀手。

对资本主义的斥责声日渐高涨，人们对其愤恨的情绪也达到了极致，这严重阻碍了人们对经济活动根本原则的清晰认识。例如，人们并不理解现实世界中的市场究竟是如何运转的，换言之，他们并不清楚财富是如何创造出来的。他们一味地认定财富只是那些"贪婪一族"为了自身的利益而创造出来的，却没有意识到财富也可以作为投资新企业、创造新就业机会的资金来源。

同时，媒体与政治家还不忘在一旁摇旗呐喊，声讨"贪婪一族"与"自由市场"。他们的煽风点火模糊了人们的视线，使得人们看不清楚到底什么才是真正的"自由市场"。因而，人们把责任统统归咎于资本主义，埋怨是资本主义引发了经济危机，其直接表现就是抵押贷款危机，以及天文数字般昂贵的医疗保险。而事实上，经济危机恰恰是由于政府阻碍了市场发挥其应有的作用而造成的。

对资本主义的深深斥责，使人们无法看清现实。

20 世纪 80 年代初以来，美国经济一直呈现上升趋势，虽然在过去的几年中，出现过动荡，但相比繁荣的大趋势来说，其影响力是微不足道的。80 年代初期，里根总统出台了一系列支持市场改革的政策，使得美国经济从 20 世纪 70 年代卡特—尼克松时期的萧条中摆脱出来。这一系列的改革措施，包括降低税率和放宽法规限制，使得用于创造就业机会的资金摆脱了束缚。这样做的结果是：经济迅速腾飞，技术创新源源不断，无论是个人电脑、手机行业还是互联网都表现非凡。

　　的确，也许某一天当我们回顾历史时，我们会发现 1982 年到 2007 年这些年是经济发展的一个黄金时期。现在我们认为是理所应当的一些便利，无论是自动取款机或是 DVD 影碟机，又或是家用电脑和 CT 扫描仪，在 20 世纪七八十年代，要么根本不存在，即便存在也不会像现在这样被广泛应用。这一时期之所以辉煌，不仅仅是因为有了这些形形色色的新发明。只需看上一场 20 世纪 70 年代拍摄的老电影，看看影片中人们使用的家用电器、开的汽车或是住的房屋，我们就能清楚地发现，那时人们的生活质量要比现在低得多，更何况影片中的场景早就被好莱坞不知美化了多少倍了。这是一条漫长的发展道路。现如今，不仅是富人，社会上各个不同阶层的人们，大家的生活都比以前过得好。

　　过去稀缺的物品变得丰富了。就以电脑为例，40 年前，只有企业和政府才有能力购买那个既古老又庞大的主机，光是一台机器就可以占据整个房间。而今天，你掌中一台小小的"黑莓"，比起以前那些古老的庞然大物，拥有更多、更强大的计算功能。

　　通过资本主义经济的推动与发展，整个美国人民的生活质量提高了，平均寿命延长了，与 20 世纪初的情形相比发生了戏剧性的质变。在《空前伟大的时代——记过去 100 年里 25 个神奇的经济趋势》一书中，著名经济学家史蒂芬·摩尔及已故的商业教授朱利安·西蒙进行了细致的观察：自 20 世纪初以来，人们的平均寿命延长了；婴儿的死亡率降低到大约 100 年前的 1/10；致命疾病杀手，包括肺结核、小儿麻痹症、伤寒及肺炎，在世界上大部分地区虽然没有彻底根除，其发病率也已经在很大程度上降低了；农业生产率飙升；世界上大部分地区的环境质量得到了改善，自从 1977 年以来，美国大多数城市的空气质量提高了约 30%。

　　不仅如此，摩尔与西蒙还写道："商品的供货能力提高了，价格也变得容易接受。各式商品应有尽有，即使是美国最贫穷的人也选择颇丰，他们甚至可以购买到 1 个世纪前就算是洛克菲勒或是范得比尔特都无法买到的商品。"

直到信贷危机出现以前，全世界成千上万的人在短短的一年时间里陆续加入了中产阶级的队伍。

自由市场的经济改革，尤其是从柏林墙倒塌的那一刻起，激发了一场前所未有的财富大爆发，席卷印度、巴西、欧洲中东部地区及拉丁美洲和非洲。自由市场经济使财富与经济迎来了跨时代的迅速增长，这是第二次世界大战以来失败的国外援助计划所没能做到的。因此，从历史角度来看，最近的经济衰退应被视为是这一波不同寻常的经济增长中的一个小小的插曲，而并非是命中劫数。

尽管批评家们把自由企业的前景描绘得既暗淡又无望，自由企业制度其实是一条最好的出路，而且一直以来都是，因为它能够调动一切可以动员的因素，让创造力、发明力及人类的潜能发挥到极致来满足社会不同的需求。这是由于自由市场内的每一笔交易都是本着互利而绝非贪婪的原则，最大限度地保障交易直接参与方的利益，并最终为整个社会谋得福利。

人们认为资本主义下的自由市场一片混乱，前景难以捉摸。找工作或是丢工作的过程，都不是按照人们所预期的那样。对于像谷歌和沃尔玛这样的公司日益壮大、大获成功，官僚和专家们既没有事先预料到，更没有给予批准。人们变得富有了，这就已经触碰到了这个业已成熟的现存社会体制的敏感神经。

当今社会人们愤恨情绪的文化根源要追溯到几千年以前。远古时期，人们在疾病、饥荒及其他恶劣条件下求得生存，他们极度痛恨那些货币兑换者的相对富裕。基督教相信富人死后升入天堂的概率很小。这些信仰并不局限在西方国家。在封建主义制度的日本，商人们被视为社会的寄生虫，这是因为他们竟然以远高于自己买入价的价格出售商品来获取利益。

经济学家兼学者托马斯·索威尔把零售业与借贷业中一批活跃于制造

商和消费者之间的商人称为"少数中间商"，他写了大量的文章深入地阐释了人们对这一类人的普遍不信任。

长期以来，零售业与借贷业被那些经济头脑简单的人认为是不可能真正为社会带来任何经济财富的。

遭到流放的"少数中间商"中有犹太人、移民到美国的亚洲人、尼日利亚的伊博人、印度的帕西人。然而，在索威尔看来，事实上人们对他们的偏见并不全是来自种族歧视。

一名曾经是第二次世界大战期间德国战俘的英国经济学家，在一篇极具影响力的文章中描述了在战俘营中，中间商的经济活动是如何自发形成的。他还阐述了参与这类经济活动的人是如何遭到其他战俘的唾弃的，尽管这些中间商也都是有身份的人，他们中有天主教牧师，也有锡克教教徒。

美国人对于商人阶级的看法没有那么大的敌意，却一直以来都存在着矛盾，这一点还要追溯到两大政治阵营的对抗时期——两位建国之父：亚历山大·汉密尔顿和托马斯·杰斐逊。既是种植园主又信仰农业模式的杰斐逊并不信任城市与商业。他在脑子里构思出一片社会分工明确的农业社会景象。相反，汉密尔顿认为美国需要依托充满活力的商业来发展经济，在那里，人不论贵贱，都将有机会出人头地。

这两种相对立的思想将美国这一民族的灵魂彻底分裂了：虽然美国成为了一个推崇自由市场的国家，但是当中大多数成功的企业家却依然被视为"强盗贵族"，公司也被认为是压榨人类灵魂的机器。

然而当今社会人们的愤恨之情远远超过了文化上的矛盾情绪。事实是，数量惊人的人们根本不明白经济是如何运行的。尽管美国是世界上最杰出的技术创新者与财富创造者，是无数国家艳羡的对象，但是很显然，在我们当中还是有许多人并不了解开创了这个繁荣景象的经济体系。

难怪经济学被称为"沉闷科学"。"沉闷"一词概述了大多数课堂上老师是如何教授经济学的：经济学等于一连串的无生命等式外加技术性词汇，如摩擦性失业、GDP、需求的收入弹性等。难以想象这些主题与人们的现实生活有任何联系。

美国国家经济教育委员会 2007 年的一项研究显示：全美只有 17 个州要求学生学习经济学课程。

许多美国人都没有接受过关于经济原则的正式教育，这些原则与我们的生活息息相关，无论是一瓶牛奶的价格，还是房屋借贷的利润，抑或哪里有最适合你的工作，都离不开经济原则。研究发现，在事后测验中，有超过 60% 的美国中学高年级学生无法定义"利润"这个词；只有一半的大学高年级学生能正确说出"通货膨胀"、"生产率"及"财政政策"的定义。

若干年前，《华盛顿邮报》、亨利·J. 凯泽基金及哈佛大学调查研究部将 1500 多名普通美国人就多个经济事件的观点与 250 名经济学家的观点相比较。乔治梅森大学经济学教授布赖恩·卡普兰报道说：接受调查的普通美国人比经济学家更易倾向于产生消极的态度及"反市场偏见"。

换句话说，了解经济的运行规律的人越少，人们就越有可能对自由市场采取更消极的态度。

（来源：摘编自史蒂夫·福布斯、伊丽莎白·艾姆斯：《福布斯说资本主义真相》一书引言，张锷译，中华工商联合出版社 2011 年 4 月版）

勿让金融危机葬送资本主义

［美］加里·贝克尔　芝加哥大学教授、诺贝尔经济学奖 1992 年得主
［美］凯文·墨菲　芝加哥大学教授、克拉克奖 1997 年得主
和　风　译

意在加快复苏的新的经济政策，应当遵循医学上的第一原则：不造成伤害。这与一种普遍但错误的观点相悖，这种观点就是：与其无所作为，不如做点什么来试着帮助经济。政府的各种反应已展示出这样一种危险，即意在帮助的干预行为，可能反而会加剧问题。楼市和股市暴跌，在一定程度上引发人们对商人和资本主义的敌意再度急剧上涨。然而，一个以资本主义为主要特征的世界，仍是人类的唯一选择。

资本主义已受到全球经济衰退的重创，不幸的是，这场衰退在好转之前，还会变得更糟。在各国政府继续考虑对市场（尤其是金融市场）实施多少限制之际，我们看待本次衰退造成的财富缩水，不应脱离过去 30 年巨大财富创造和生活改善的大背景。金融和其他改革不得危及这些致富的源泉。

看看有关 1980 年以来世界经济表现的非凡统计数据吧。从 1980 年到

2007 年，世界实际国内生产总值（GDP）增长约 145%，即每年平均增长
约 3.4%。所谓的"资本主义贪婪"激发着商人和雄心勃勃的打工者，帮
助数亿人摆脱赤贫。中国和印度在推行市场化改革（中国在 20 世纪 70 年
代后期，印度在 1991 年）后，人民收入大幅上升，印证了资本主义在财
富创造中的角色。按不同年龄段的预期寿命来衡量，全球健康水平也快速
提高，尤其是在较低收入国家。

当然，总结资本主义的表现，必须既包括本次衰退和其他衰退，也包
括繁荣的几十年。即使将本次衰退完全归咎于资本主义（它确实应该承担
相当大部分的指责），衰退造成的损失与此前数十年的伟大成就相比，也
算不上什么。比如，假定本次衰退变成萧条，按悲观假设，世界 GDP 在
2008 年至 2010 年期间下降 10%。那么世界 GDP 从 1980 年至 2010 年的净
增长将达到 120%，即在 30 年期间平均每年增长约 2.7%。即便同期世界
人口每年增长约 1.6%，这也使实际人均收入上升近 40%。

因此，在设计相关改革，以降低未来严重萎缩的概率时，应当意识到
资本主义的成就。各国政府不应如此严重地束缚市场，以至于它们无法把
快速增长带到非洲、亚洲和其他地方的贫穷经济体，这些经济体迄今参与
全球经济的程度有限。意在加快复苏的新的经济政策，应当遵循医学上的
第一原则：不造成伤害。这与一种普遍但错误的观点相悖，这种观点就
是：与其无所作为，不如做点什么来试着帮助经济。连不少自由市场的支
持者也持这种观点。多数干预行为，包括随机政策，其本质都决定了它们
将带来损害而非帮助，这在很大程度上是因为它们将增添本轮萎缩期间已
经十分突出的不确定性和风险。

政府的各种反应已展示出这样一种危险，即意在帮助的干预行为，可
能反而会加剧问题。即便我们有颇为合格的政策制定者，但自 2007 年 8 月
以来，我们仍从错误走向错误。

布什和奥巴马政府的多项政策，都违反了"不造成伤害"原则。美国

财政部（US Treasury）在金融市场上的干预，增添了不确定性，还迟滞了市场反应，而此类反应会有助于稳定系统，并调整其资本结构。政府推翻了合同，回报了当初决策不当、推动造成眼下烂摊子的许多人。政府在提议推翻更多合同。美国财政部行动的结果之一是我们面临更多扭曲的决策，因为政府对大型金融机构的所有权意味着，在这些企业的经营中，有可能让政治议程取代商业判断。尽管这样的戏剧性措施也许能用做权宜之计，但它们很可能具有严重的负面后果。

这些问题反映了当前应对危机方式的三个基本缺陷。这些缺陷是：对问题过于宽泛的诊断、有关市场失败能用政府解决方案轻松克服的错误看法，以及未能关注当前各项行动的长期代价。

急于"解决"危机问题的心态，在许多方面为政府行动打开了大门，其中不少方面与本次危机或其起因几乎或完全没有关系。比如，奥巴马政府已提议，对劳工市场政策进行全面改革，鼓励成立工会，提高薪资设定的中央化程度，即便美国劳工市场的相对自由根本不是造成本次危机的因素之一，反而有助于缩短危机的持续时间。类似的，针对资本主义和"贪婪"的反弹，已被当做理由，要进行更多反垄断审查，要对一系列市场加大监管力度，还要扩大对医疗和制药业的价格控制。本次危机已导致美国汽车业得到纾困，以及政府在汽车行业的经营中扮演角色。连保护主义这种最遭人唾弃的主意之一，也在刺激经济的幌子下得到支持。这样的政策将是一个错误。它们在几年前站不住脚，今天也同样站不住脚，还可能需要很长时间才能逆转。

各种金融创新的失败，比如次贷支持的证券，忽视房价暴跌可能性的风险模型所引起的问题，以及系统风险过载，都代表着明显的市场失败，尽管金融领域的创新也曾为过去30年间的全球繁荣作出贡献。

判断错误的人们蒙受了亏损，许多人损失惨重。持有不良贷款和投资的机构财富大幅缩水，而为这些机构提供资金却未伴之以妥善监督的投资者看到自己的财富减半甚至更多。举债过度的家庭也已受到重创。

鉴于这些亏损，这些市场的参与者具有强大的激励在未来纠正自己的错误。从这方面说，许多政府行动迄今是事与愿违的，它们庇护着行为者，使其不必承受自己行为的后果，还阻止了私营部门的调整。美国财政部针对银行资本金和所有权结构的混乱政策所带来的不确定性，政府愿意单方面变更房贷和债务合同，以及未来监管和补助的不确定性，都妨碍着私营部门进行更大程度的资本结构调整。这样的政策与其说是解决问题，不如说更倾向于延长问题。

美国的刺激方案属于同一类别。该方案的部分依据是这样一种信念，即需要政府支出刺激经济，因为私营部门的支出将会不足。鉴于政府解决方案在对付美国和其他许多国家的危机（如卡特里娜飓风过后救援不力以及未能有效推进伊拉克战争）方面的糟糕记录，当今对政府解决方案的专注特别令人失望。

有关危机根源在于监管不力的说法，也不能令人信服。比如，商业银行受监管的程度，超过其他多数金融机构，然而它们的表现并不出色，在许多方面还更糟。监管者当初与投资者一样卷入泡沫心态，未能运用自己可用的监管职权。

产出、就业和赢利都已受到本次危机的打击，情况在好转之前，还会变得更糟。然而，只要长远增长的发动机仍在，即使是大幅下滑也只代表长期进步过程中的暂停。这种增长取决于对人力和有形资本以及新知识产生的投资。这些都要求有一个稳定的经济环境。围绕监管范围的不确定性，很可能带来一个意外后果，即加大那些投资的风险。

20 世纪 30 年代的大萧条，在世界各地引发了大规模抛弃资本主义，转而拥抱社会主义和共产主义，这一趋势一直持续到 20 世纪 60 年代。大萧条还强化了这样一种信念，即未来依赖于政府对经济的管理，而非更加自由的市场。结果是，在那几十年里，多数不发达国家增长缓慢，包括中国、苏联集团国家、印度和非洲。

楼市和股市暴跌，在一定程度上引发人们对商人和资本主义的敌意再度急剧上涨。然而，一个以资本主义为主要特征的世界，仍是人类的唯一选择，这个世界能为贫穷和富裕国家都带来财富和健康方面的进一步大幅提高。我们希望，我们的领导人不会严重背离一个以市场为导向的全球经济体系，否则他们就有可能破坏一个为我们有效服务了 30 年的体系。

（来源：英国《金融时报》2009 年 3 月 23 日）

对经济发展过缓原因的讨论可以停止了

约翰·泰勒 美国斯坦福大学经济学教授

余 遥 编译

经济复苏过缓的症结在于现阶段美国政府放弃了建国时期的两项重要基本原则，即实行自由经济和自由政治体系。为了获得更大的权力，美国政府再次选择了制定像 70 年代时的"干预式"政治经济政策。这种"干预式"政治经济政策所带来的结果是灾难性的。现在可以把美国经济真正带出泥潭的不是更多消费，也不是更多借贷，更不是持续"零利率"政策，而是回归美国建国时的基本原则，即自由市场经济原则。

自 2009 年 7 月至今，美国经济缓慢复苏刚好近两年之久，可如果要为之庆祝却似乎不大妥当。这两年所谓的"复苏"其实只是徒有虚名而已：经过 1981—1982 两年的经济衰退，美国在之后经济复苏中的实际国内生产总值增长为 7.1%。相比之下，美国于近两年内平均每年的实际国内生产总值增长仅为 2.8%。而今年美国的经济增长可能更加缓慢，其第二季度的经济增长只有 1.5%。总体来说，近两年来的年平均经济增长速度要比 20 世纪 80 年代初经济复苏时期的经济增长速度低 60%—70%。

不仅如此，美国的实际劳动人口从 2009 年缓慢复苏至今不增反降，这与 1983—1984 年经济复苏时期实际劳动人口迅速增加形成了鲜明的对比。面对现阶段高达 9% 的失业率，美国政府所要作出的必需性调整实在是太多了，不过在政府作出任何政策改变之前，有一个问题是首先要解决的，即究竟政府应先对经济体的哪个环节进行调整呢？

有些人指责这两年经济复苏过缓是由于高储蓄率阻碍了消费。但这似乎不切实际，因为与 1983—1984 年两年的经济复苏时期相比，现在美国民众的消费占其个人收入的比例明显要高，而且近两年来的个人储蓄率在 5.6% 左右，而 1983—1984 年的个人储蓄率曾高达 9.4%。还有另外一些人认为，问题的关键是某些行业由于受金融危机重创发展过于疲软，例如房地产业。但这也不尽然，相比 1983—1984 年净出口严重下降对经济的影响相比，当今疲软的房地产业对经济的负面影响实在是太小了。简而言之，投资与消费并不是现阶段微弱经济增长问题的关键。

我个人认为，经济复苏过缓的症结在于现阶段美国政府放弃了建国时期的两项重要基本原则，即实行自由经济和自由政治体系。经历了 20 世纪 30 年代经济大萧条以及 70 年代的高通胀以后，美国经济在 80 年代和 90 年代不仅稳定而且发展速度非常之快，那些年美国所创造的就业机会接近 4400 万。20 世纪 80 年代和 90 年代可谓是美国历史上经济发展最辉煌的时期。

在这段时期，美国的经济政策是以"自由式"著称的，像 70 年代政府强制介入实行工资和价格控制的现象在 80 年代和 90 年代少之又少。当时的自由政治经济体系主要包括：一定程度上限制政府对经济的干预、政府实行经济激励机制、政府支持私营市场的建设以及制定可预见性和有规律性的法律条文。从那时的货币政策角度看，保持物价的稳定是相关政策的重心所在。一系列当时的体制改革也是十分行之有效的：税务改革使得公民边际税率降低、监管改革变相鼓励竞争和创新、福利制度改革使得各州有权制定符合本州特定情况的福利政策。经济良好发展、体制改革成功加之政府有效控制支出，那时美国联邦预算逐渐到达了平衡状态。

进入 21 世纪后，许多人认为只要美国政府延续 80 年代和 90 年代的"自由式"政治经济政策，特别是继续实行对社会福利、教育和医疗方面的改革，美国就会创造更多的就业机会并最终使人们的生活水平有所提高。但众望所失的是，美国政府显然改变了其执政方向，无论民主党或共和党任何一方都认为限制政府职能对经济发展不利，因为当政府被限制制定相关经济政策时，执政党无法对经济体进行必要干预：比如对经济周期波动进行调和，或者使老龄人群得到更好的医药补助。

有鉴于此，为了获得更大的权力，美国政府再次选择了制定像 70 年代时的"干预式"政治经济政策。这种"干预式"政治经济政策所带来的结果是灾难性的：金融危机、经济大萧条、政府债台高筑，以及今天徒有虚名的"经济复苏"。

其实美国政府所制定的所有"干预式"经济政策并非发生在一夜之间：美国联邦政府早在 20 世纪 90 年代开始就已介入房地产业；在 2000 年，美联储出台了新的政策，该政策允许美联储无须向任何机构或个人报告即可增加美元在市场的流通量；在 2001 年，美国政府制定了反波动周期的财政政策，其形式为对民众大量的退税；自 2003 年至 2005 年，为了刺激经济发展，美联储制定了超低利率政策；到了 2008 年，美国政府"干预式"经济政策发挥到了极致，体现在其上千亿美元的救市行为。

自 2009 年以来，华府并未停止对经济的干预，为了购买大量房产抵押贷款和国债，美联储于 2009 年和 2010 年两次实行"超级宽松"货币政策，该政策非但未使美国经济走入真正意义上的复苏，反而增加了高通胀的可能性。在财政方面，美国政府的介入方式也是比比皆是：从 2009 年考虑极其不周而制订的"刺激经济一揽子计划"到后来决定为首次购房者提供税收补助。同样地，这些生硬介入经济的方式不仅未使美国经济有所好转，还某种程度上加重了政府的高国债和高财政赤字。

政府拥有过多的权力并不是件好事，更何况现阶段美国政府干预的不只是货币和财政政策的制定。自奥巴马就任美国总统以来，其政府已经直接对医疗系统进行了干预并制定了《病人保护与低价医疗法案》，在金融方面，政府制定了《多德—弗兰克华尔街改革法案与消费者保护法案》。这些法案所致的结果是：医疗保健费用明显增加、投资受阻。

如果上述所有的政府干预行为纯属于经济问题，解决的方法很简单：去除政府干预即可。有些人感叹道，面对如此之高的债务和财政赤字，美国政府已经是江郎才尽了。如果真是如此，这也未尝不是件好事，至少我们不必担心美国政府再对其经济有新的干预行为了。现在可以把美国经济真正带出泥潭的不是更多消费，也不是更多借贷，更不是持续"零利率"政策，而是回归美国建国时的基本原则，即自由市场经济原则。

不幸的是，当两党为债务上限争论不休的时候，似乎我们可以感觉到最终偏狭的政客还是会以他们的方式提出解决方案。上述史实已经清楚地显示出执政党究竟该如何面对当今严重的经济问题。20 世纪 70 年代，美国民主党和共和党曾对一系列"干预式"政策表示支持，而 20 世纪 80 年代和 90 年代，两党又力挺"自由式"相关政策。对于在两种政策体系上反复不定的共和党和民主党来说，到底将来的执政党会选择哪条路继续前进呢？

（来源：《华尔街日报》2011 年 7 月 21 日）

后记

　　为深入推动学术交流，全景式地反映学术界对中外热点问题的观点，引领读者较为全面和集中地了解中外热点问题上的论争，2012 年 10 月我们开始组织选编近年来具有代表性的文章，2013 年 2 月结集出版《中外热点论争》丛书。

　　丛书编委会在选编文章时按照法律规定的相关程序征得了作者的版权许可，得到了作者的大力支持，对此深表感谢。对于文章已入选而未能联系上的作者我们深表感谢，请在丛书出版后尽快和我们联系，我们将按照相关规定支付稿酬、赠送样书，联系邮箱：zwrdlz@163.com。

《中外热点论争》丛书编委会

2013 年 1 月